D1729927

AG SPAK

Arbeitsgemeinschaft sozialpolitischer Arbeitskreise

Materialien der AG SPAK – M 283

Impressum

© bei den AutorInnen bzw. Herausgeberin
1. Auflage 2015

ISBN 978-3-940 865-64-9

Satz und Umschlaggestaltung: Hannelore Zimmermann
Fotos: Daniel Kulla
Titelfoto: © industrieblick - Fotolia.com
Herstellung: Digitaldruck leibi.de, Neu-Ulm

Zu bestellen über den Buchhandel oder direkt bei:

AG SPAK Bücher	Fax 07308/919095
Holzheimer Str. 7	E-Mail: spak-buecher@leibi.de
89233 Neu-Ulm	Internet: www.agspak-buecher.de

Auslieferung für den Buchhandel: SOVA, Frankfurt, Fax 069/410280

Das Buch wurde gefördert durch die

STIFTUNG
MENSCHENWÜRDE
UND ARBEITSWELT

Bibliografische Informationen Der Deutschen Bibliothek

Die Deutsche Bibliothek verzeichnet diese Publikation in der Deutschen Nationalbibliografie
Detaillierte bibliografische Daten sind im Internet unter: http://dnb.de abrufbar.

Lavaca (Hg.)

Sin Patrón – Herrenlos
Arbeiten ohne Chefs

Instandbesetzte Betriebe
in Belegschaftskontrolle

**Das argentinische Modell:
besetzen, Widerstand leisten, weiterproduzieren**

**Übersetzt, eingeleitet und aktualisiert
von Daniel Kulla**

Inhalt

Aber doch nicht hier bei uns!

Vorwort des Übersetzers

Dieses Buch dokumentiert etwas Unerhörtes. Es zeigt uns Menschen, die um ihre Arbeitsplätze kämpfen, und die, während sie das tun, immer besser verstehen, was das noch alles bedeutet. Es zeigt uns, wie Belegschaften für bankrott erklärte Betriebe besetzen und als Kooperative weiterführen; wie sie es nicht als alternativlos hinnehmen, wenn der Markt etwas aufgibt.

Und dieses Buch war selbst ein Teil dieser Entwicklung. Diego Ruarte, derzeitiger Pressesprecher der Hotel-Kooperative *Bauen* in der Innenstadt von Buenos Aires, erinnert sich im Interview für dieses Vorwort an die Zeit, als nach 2003 die Bewegung der Kooperativen abgeschrieben wurde und es allgemein hieß, sie würden bald wieder verschwinden. Damals propagierte die argentinische Originalfassung dieses Buchs, erstmals 2004 erschienen, die „recuperación" – das spanische Wort, das „Genesung" und „Wiederherstellung" heißen kann, und das hier nun dafür steht, die Betriebe „wieder flott zu machen", die dann entsprechend „fábricas recuperadas" oder „empresas recuperadas" heißen, am besten übersetzt als „instandbesetzte Betriebe".

Als die erste große Welle der Instandbesetzungen gerade abgeklungen war, bot das Buch einen wertvollen Überblick über die Zahl und Vielfalt der entstandenen „recuperadas". Diego: „Es war ein großartiges Erlebnis, das Buch aufzuschlagen und die Geschichten anderer Betriebe mit ähnlichen Problemen und ähnlichen Errungenschaften zu lesen, darin befreundete Aktivisten zu entdecken, die noch dazu gut wiedergegeben waren." Gabriela von der Tischlerei *Maderera Córdoba* nennt das Buch schlicht eine „Einführung in die Organisation einer Arbeiterkooperative" und verweist auf seine Funktion als „Telefonbuch der Bewegung" – im Original finden sich im Anhang Kontaktdaten und Kurzbeschreibungen Dutzender Kooperativen, nach Branchen sortiert, dazu auch Links zu Praxisanlaufstellen, den Dachverbänden, relevanten Behörden und Unterstützungsstrukturen.

Diese Rolle als Beispiel, Anregung und Ermutigung wünsche ich mir auch für diese Übersetzung. Und da wird es nun sicher heißen:

Hier? Hierzulande?

In Argentinien sind die „fábricas recuperadas" längst bekannt und beliebt genug, dass ihr praktisches Beispiel und ihre direkte Hilfe immer wieder neue Instandbesetzungen inspirieren und unterstützen, so wie jüngst im Falle des Druckhauses *RR Donnelley*, dessen amerikanischer Mutterkonzern nach Abschöpfung von staatlichen Subventionen die Insolvenz erklärt hatte. Auch in Europa gibt es bereits erste Belegschaften, die dem Beispiel folgen und sich aus Argentinien Rat holen, wie etwa die griechische Baustoff-Fabrik *Vio.Me*, die mittlerweile auch unter dem Motto der argentinischen Bewegung firmiert: „Besetzen. Widerstand leisten. Produzieren."

Hierzulande scheint jedoch die Idee erst einmal vorgestellt werden zu müssen, auch wenn es mit der Fahrradkooperative StrikeBike in Nordhausen, den nach dem Kollaps von „Schlecker" in Eigenregie fortgeführten Filialen und den Flugzeugwerken in Speyer[1] zumindest ähnliche Vorgänge schon gab. Es ist nötig, neben den unleugbaren Unterschieden der argentinischen Situation zur hiesigen die zahlreichen Ähnlichkeiten und Anknüpfungspunkte herauszustellen.

Auch in Argentinien hatte am Anfang kaum jemand vor, einen Betrieb als Genossenschaft zu übernehmen, wichtig war vielmehr der Erhalt oder die Wiedergewinnung des eigenen Arbeitsplatzes. In den Worten von Claudio Valori aus dem Textilbetrieb *Brukman*: „Es begann mit ,Ich verliere meinen Job', nicht mit der Entscheidung, Eigentümer zu enteignen". Der Mechaniker Salvador schildert die Anfänge in der Autoteilefabrik *19 de Diciembre* in San Martín, einem Vorort von Buenos Aires: „Die Leute hier waren keine Sozialisten, keine Kämpfer, sie waren nicht organisiert – sie waren einfach draußen, saßen auf der Straße. Und das erste, was sie dachten, war einfach: Lasst uns reingehen, damit wir auf die Anlagen aufpassen können und, wenn sie's verkaufen, unseren Lohnausfall bezahlt bekommen. Es war ein langer und langsamer Prozess bis zu der

Salvador aus der Autoteilefabrik
19 de Diciembre in San Martin

---

1   Presse zu Speyer: „Mehr als das Prinzip Hoffnung", *Die Welt*, 7.9.1996 (http://www.welt.de/print-welt/article654987/Mehr-als-das-Prinzip-Hoffnung.html)

Diego Ruarte im Pressebüro des Hotel Bauen

Entscheidung, hier gemeinsam weiter zu arbeiten." Gustavo Ojeda aus der Grafikkooperative *Conforti* wird später im Buch mit dem Ausspruch zu lesen sein: „Für mich war das eine Metamorphose... Ich war neun Jahre lang Gewerkschaftsdelegierter und nun plötzlich hieß es, dass wir alle zu Eigentümern des Betriebs werden sollten".

Auf solche Entwicklungen und Lernprozesse kommen fast alle der Beteiligten immer wieder zu sprechen. Claudio von Brukman beschreibt es so: „Ich wurde zu einem Aktivisten durch diesen Kampf, vorher war ich's noch nicht. Es war wie eine Reise: Ich beteiligte mich am Kampf und fand dann heraus, dass ich wohl ein Sozialist bin. Wir lernen hier immer noch jeden Tag mehr, aber nicht vorwiegend aus Büchern."

Neben dieser Ausgangslage, zunächst ohne weitere politische Ziele oder Rahmenvorstellungen einfach den Arbeitsplatz verteidigen zu wollen, dürfte auch etwas anderes sehr nahe an der hiesigen Situation sein: die Rolle der Politik und der Gewerkschaften. Auch in Argentinien gibt es einen neoliberalen Ausverkauf wie hier, und auch dort geben sich bestimmende Teile des politischen Betriebs dabei dennoch sozial. Die Leitideologie ist der Peronismus, der auf den autoritären Populismus des Generals und Staatschefs Juan Perón aus den 1950er und 70er Jahren zurückgeht, am ehesten mit der rechten Sozialdemokratie vergleichbar – ein sozialstaatlicher Nationalismus, der die Arbeiter für die Nation gewinnen will, einige ihrer Forderungen erfüllt, ihre Selbstorganisation jedoch zerschlägt.

Aus den Forderungen der in Argentinien mächtigen anarchistischen, syndikalistischen und sozialistischen Bewegungen vom Anfang des 20. Jahrhunderts hatte die peronistische Partei – „Partido Justicialista", Gerechtigkeitspartei – die Parole vom „Recht auf Arbeit" entwickelt. Eng daran angelehnt war der Begriff der „genuinen Beschäftigung", die sich am stabilen und ausreichenden Einkommen bemisst und den prekären, informellen Jobs ohne Versicherung gegenübergestellt wird.[2] Diese Ideen kamen mit den neuen Arbeitskämpfen seit den 1990er Jahren wieder auf den Tisch, erst mit der Erwerbslosenbewegung der Piqueteros, dann mit der Bewegung der instandbesetzten Betriebe. Hier wurde und wird der regierenden Politik sozusagen ihre eigene Propaganda entgegengehalten, leider jedoch auch vielerorts geglaubt und reproduziert.

Der Peronismus betrieb also erfolgreich die Einbindung der Arbeiter in die Nation durch politische Einbeziehung der sozialen Frage – immer im katholischen Sinn der Bevormundung und Fürsorge, und politisch gekennzeichnet durch Ordnung, Disziplin und Hierarchie nach dem Vorbild der Armee.

Direkter Ausdruck dieser Bestrebungen sind die großen und quasi-staatlichen Gewerkschaften, die so wie hier eher darauf aus sind, Arbeitskämpfe auszubremsen und Aneignungsvorgänge zu verhindern, um den „sozialen Frieden" zu wahren und damit die Eigentumsordnung zu schützen. Und auch dort war es etwas Unerhörtes und Niedagewesenes, sich gegen diese Apparate durchzusetzen, wie wir in der Einleitung über die Aktivisten im Keramikwerk *Zanón* zu lesen bekommen: „Sie vollbrachten etwas, das kaum jemals in argentinischen Gewerkschaften passiert: Gewerkschaftsaktivisten besiegten die alte Bürokratie und übernahmen die Kontrolle der Gewerkschaft, mit Raúl Godoy als ihrem Generalsekretär."

Ebenso sollten wir Vorstellungen über vermeintlich ausschlaggebende „Mentalitätsunterschiede" oder „Temperamente" beiseite schieben, denn einerseits sind solche fixen Ideen von Wesensmerkmalen im Kern rassistisch und zum andern werden wir auch in den hier im Buch dargestellten Geschichten immer wieder auf ganz konkrete Gelegenheiten, Situationen und Abwägungen stoßen, die uns vielleicht doch sehr bekannt vorkommen.

Über die Eigentümer von *Brukman* heißt es zum Beispiel: „...*wenn* sie gekommen wären, auch noch drei Tage später, mit zehn Pesos, hätten wir uns diese zehn Pesos geschnappt und wären gegangen". Und: „Bis etwa zum 15. Ja-

---

2   Siehe dazu: Astrid Karlstad Larsen: „Worker-Recuperated Enterprises in Argentina – A Comparative Case Study of Two Print Shops in Buenos Aires", Magisterarbeit Universität Bergen 2011, S. 51f.

nuar, als wir die Produktion wieder aufnahmen, warteten wir, dass sie kommen würden. *Wären* sie gekommen und hätten das Werk wieder eröffnet, wäre alles gut gewesen." Ähnliches gibt es über die Politik zu lesen: *„Wenn* die Justizialisten (Peronisten) uns zu Hilfe gekommen wären, wären wir nie mit der Linken gegangen". Auch über den Eigentümer von Zanón lesen wir, er „hätte eine große Spaltung unter den Arbeitern ausgelöst, *wenn* er gesagt hätte: ,Ich werde die Gewerkschaftsaktivisten nicht bezahlen, weil sie faul sind' oder aus welchem Grund auch immer".

Der Alltagsverstand würde nun sagen, dass die fraglichen Eigentümer und Politiker einfach vermeidbar unklug oder ungeschickt gehandelt hätten, doch besser ist zu fragen: Warum konnten sie es nicht vermeiden? Warum konnten sie den „sozialen Frieden" nicht wahren? Warum sind die Interessen so weit auseinandergeklafft, dass den Belegschaften nichts anderes übrig blieb, als zu kämpfen oder ihre Jobs zu verlieren?

Wie sehr sich viele der Beteiligten bis heute zum Kampf vor allem genötigt sahen, ist exemplarisch in der Formulierung von Diego (*Hotel Bauen*) zusammengefasst: *„Wenn* die Regierung und die Eigentümer keine Lösung anbieten, *müssen* die Arbeiter eine finden."

Am Beginn standen also immer ganz konkrete Zwänge, auf die die Belegschaften mit Kampf oder Aufgabe reagieren konnten, und ganz konkrete Gelegenheiten, die sie nutzen oder verstreichen lassen konnten. Wollten sie ihre Arbeitsplätze nicht verlieren, musste der Betrieb weitergeführt werden. Wenn es außer ihnen niemand machen wollte oder konnte, mussten sie es selbst tun. Wenn sie das selbst tun wollten, mussten sie ihn im Rahmen des Insolvenzverfahrens übernehmen, und um das tun zu können, mussten sie eine Kooperative, eine Genossenschaft aller Beschäftigten bilden. Um für die Übernahme eine möglichst günstige Ausgangsposition zu haben, mussten sie versuchen zu verhindern, dass Maschinen und Material aus dem Betrieb entfernt wurden, und mussten sie, wann immer das möglich war, versuchen im Betrieb zu bleiben oder wieder in den Betrieb zu gehen – und vor allem mit den vorhandenen oder beschaffbaren Mitteln und Möglichkeiten wieder oder weiter zu produzieren.

Dieses Buch versammelt die Geschichten von Betrieben, die diesen ganzen Prozess durchlaufen haben (der übrigens in Deutschland prinzipiell genauso aussehen würde). Zehn von ihnen werden in einzelnen Kapiteln ausführlich dargestellt, weitere finden sich kürzer in Vorwort und Einleitung. Insgesamt gibt es heute in Argentinien mehr als 300 solcher Betriebe, und ihre Zahl wächst weiter an. Bis auf wenige Ausnahmen konnten die Belegschaften bis heute ihre Arbeitsplätze erhalten, und in vielen Fällen entdeckten sie, dass ihnen die genossenschaftliche Selbstverwaltung über die bloße Fortführung des Betriebs noch weitere Möglichkeiten eröffnete: die Einrichtung von Schulen, Polikliniken, Kulturzentren und sogar einer Universität, aber auch ganz konkrete Änderungen an der Betriebsorganisation.

Diese Änderungen, die nach wie vor in den meisten dieser Betriebe wirksam sind, ergaben sich fast überall als Konsequenz aus der Unzufriedenheit über die vorherige Betriebsführung und aus dem Eindruck heraus, dass Ungleichheit und die Eigentümerstruktur die schließliche Misere hervorgerufen hatten. Positiv entsprangen sie dem neu erwachten Sinn von Gleichheit und Ebenbürtigkeit unter den Kollegen sowie dem Drang, alles den Betrieb Betreffende fortan mitentscheiden zu wollen.

Claudio vom Textilbetrieb Brukman

Die erste dieser Änderungen betrifft die Einkommensgleichheit, die Claudio für *Brukman*, aber auch exemplarisch für die meisten „fábricas recuperadas" so zusammenfasst: „Wir eignen uns niemandes Arbeit an, wir bekommen alle das gleiche Geld und teilen Überschüsse wie Verluste." Die zweite Änderung betrifft die Entscheidungsfindung im Betrieb: „Die Entscheidungsgewalt liegt bei der Vollversammlung – das ist das Wichtigste von allem. Ein Arbeiter, eine Stimme. Spielt keine Rolle, ob jemand schon lange dabei ist oder ganz neu, ob hochqualifiziert oder ungelernt. Wir versammeln uns, wann immer es nötig ist. Alle können sprechen, wir reden, streiten und beschweren uns, und dann stimmen wir ab. Und die Entscheidung ist verbindlich. Du kannst alle zu überzeugen versuchen, aber wenn du verlierst, verlierst du." In der erst im Sommer 2014 besetzten Druckerei *RR Donnelley* (jetzt *Madygraf*) wurden die Vollversammlungen durch „asambleas reducidas" genannte Kleingruppendiskussionen ergänzt, um in informellem Rahmen „vorbereitende Diskussionen zu führen und zurückhaltende Kollegen zum Mitreden zu animieren"[3].

3   Christian Rollmann: „Übernehmen, in aller Ruhe", Jungle World 49/2014

Aus den Einkommens- und Entscheidungsstrukturen ergeben sich oft Konflikte mit den großen Gewerkschaften wie auch mit der Regierung und dem Staat. Manche der Kooperativen haben sich dem Druck gebeugt und Einkommensgefälle und Hierarchien (wieder) eingeführt. Die meisten der „fábricas recuperadas" bleiben jedoch bei ihrer Organisationsstruktur, weil sie von den Vorzügen überzeugt sind. Beflügelt werden sie dabei oft von der Erfahrung des gemeinsamen Kampfs. Claudio: „Ich bin stolz darauf, wo ich arbeite und mit wem ich arbeite – meine Kolleginnen haben sich ohne jede Kampferfahrung mit der Polizei, dem Staat und der Justiz angelegt, und sie sind immer noch da."

Das Wichtigste an diesem Buch sind die Stimmen derer, die über ihre eigenen Aktionen und Erfahrungen sprechen, die überwiegend ein erstaunliches Bewusstsein für ihr Tun und ihre Rolle offenbaren und die auch in vielen Fällen eine leider gar nicht übliche Ehrlichkeit in Bezug auf ihre eigenen Lernprozesse an den Tag legen. Wie schon zu sehen war, habe ich mit Beteiligten in mehreren Betrieben und Schulen gesprochen und greife einige ihrer Äußerungen hier im Vorwort auf.

Ich will außerdem einiges zur Rahmensituation in Argentinien erläutern und besonders auf Veränderungen seit Erscheinen des Buches eingehen, im Sinne der häufigsten Aktualisierungswünsche der von mir Befragten vor allem auf neue Erfahrungen in der Auseinandersetzung mit Regierung und Staat sowie auf die in mehreren Betrieben entstandenen Schulen, welche Menschen, die aus dem Bildungssystem herausgefallen sind, den Zugang zu Abschlüssen und weiterer Ausbildung ermöglichen und zusätzlich Wissen über Selbstorganisation und Selbstverwaltung vermitteln. Schließlich will ich kurz eine Übertragung der argentinischen Erfahrungen nach Deutschland skizzieren.

Nach meinem Vorwort folgen die einleitenden Worte der Verlagskooperative, die das Buch im Original aus bearbeiteten Reportagen und Artikeln der Zeitschrift *MU* und der Internetseite *lavaca.org* zusammengestellt hat. Darin wird der Rahmen der argentinischen Misere gezeichnet, gewürzt mit zum Teil landestypischen, zum Teil völlig eigentümlichen Einfassungen und Einlassungen, die in schlechteren Momenten nationalistische und moralistische Diskurse bedienen, in den besten Momenten mit wachem Blick auf Betrug und Machenschaften jedoch sehr viele Auskünfte über die konkreten Akteure und Sachverhalte sowie über das Innenleben der argentinischen Gesellschaft geben.

Am Ende gibt es noch einen Text, der aus einer eher theoretisch-akademischen Perspektive vor allem den Stand der überwiegend regierungsnahen bis -freundlichen Forschung zum Thema wiedergibt.

Sin Patrón – Sin Patrones

Das Buch trägt den Titel „Sin Patrón", was einfach übersetzt „ohne Herrn" oder „herrenlos" heißt, wobei der Herr in der Einzahl steht. Meist wird das so verstanden, dass die Arbeiter ohne ihren bisherigen Boss weiterarbeiten: „Es ist ein Motto. Wenn es keinen Boss mehr gibt, haben wir die Verantwortung, den Betrieb selbst zu führen. Genau das versuchen wir hier jeden Tag" (Zulma Morales, *Zanón/FaSinPat*). Wegen des Mehrfachsinns des Worts „patrón", das sowohl Eigentümer und Boss als auch (Feudal-)Herr heißt, hat die Wendung jedoch weitere mitschwingende Bedeutungen, die immer wieder aufgerufen werden, wenn versucht wird, Teile der Bewegung zu vereinnahmen oder ihnen die Spitze zu nehmen. Zum Beispiel: Die armen Arbeiter sind nun sich selbst überlassen und die Regierung muss sich ihrer annehmen. Oder: Die alte feudale Herrschaft hat versagt, es muss ein moderneres Management her. Von linker Seite: Jenseits des Arbeitsplatzerhalts passiert doch gar nichts Famoses, es werden nur die herrenlosen Arbeiter selbst zu neuen Herren und Eigentümern.

Diese Rede verdreht vor allem die Klassenverhältnisse, was aus peronistischer Richtung sehr oft und sehr systematisch zu hören ist, etwa wenn die gegenwärtige Präsidentin Kirchner erklärt, dass Arbeiter, die genügend Lohn bekommen, dadurch aufhörten Arbeiter zu sein und zu Eigentümern werden. Auch werden die Grenzen zwischen Herrschaft und Selbstverwaltung verwischt, ganz ähnlich wie in vielem, was auch hierzulande über modernes Management und „flache Hierarchien" zu lesen und zu hören ist. Bekannt ist, wie etwa die deutsche Fußballnationalauswahl als „Mannschaft ohne Chef" vorgestellt wurde, ohne dass das mehr heißen würde, als Zustimmung zu Entscheidungen zu gewinnen, die dennoch vom Chef getroffen werden:

> *„Die Zeit ist vorbei, in der man Dinge vorgibt und die Spieler oder die Mitarbeiter schlucken das, ohne es zu hinterfragen. Führungsstärke hat heute enorm viel mit Kommunikation zu tun", sagt Joachim Löw der „Welt am Sonntag". Als Trainer brauche er einen guten Zugang zu den Spielern, ich „will ihnen vermitteln, warum ich bestimmte Entscheidungen oder Maßnahmen ergreife". Er möchte die Spieler „mit ins Boot holen, sie für meinen Weg gewinnen".[4]*

Aus der Erfahrung mit diesen anderen Bedeutungen heraus sind manche der „recuperadas" zu einer deutlicheren Wortwahl übergegangen. Raúl Godoy von *FaSinPat* sagt: „Nach drei Jahren tauften wir den Betrieb *fábrica sin patrones* [„Betrieb ohne Eigentümer/Bosse"], weil wir gar keine Eigentümer/Bosse mehr wollten". Anderswo wurde das Motto der Instandbesetzungen zu „Sin patrones ni jefes" („Ohne Eigentümer/Bosse und Anführer/Führung") präzisiert, um sowohl die interne Gleichheit zu betonen wie auch den Umstand, dass es in den meisten dieser Betriebe keine separate Managementebene mehr gibt.

Dennoch ist an diesen Bezeichnungen nichts verbindlich – Godoy sagt: „Jeder hier wird das für sich anders verstehen – ich kämpfe jedoch unbedingt für eine Welt ohne *patrones*". Und: „Für mich hat es auch die Bedeutung, dass es vielen Leuten klarmachen kann, dass das möglich ist: ein Betrieb ohne *patrones* und eine Welt ohne *patrones*." Auch Enrique Iriarte von *19 de Diciembre* verweist auf die Außenwirkung und Beispielfunktion, wenn er sagt: „Was überall auf der Welt von unserer Erfahrung nachvollzogen werden kann, ist, dass es nicht nötig ist, einen *patrón* zu haben. Ein Betrieb ohne *patrones* kann funktionieren, wie hier ja zu sehen ist – ein Betrieb ohne Arbeiter nicht."

Enrique Iriarte, 19 de Diciembre

---

4   *Die Welt*, 16.6.2014 – http://www.welt.de/sport/fussball/wm-2014/article128830039/Warum-Lahm-fuer-Loew-der-ideale-Chef-ist.html

Peronismo – Revolution – Kirchnerismo

Was ist nun los in Argentinien? Was ist anders als zur Entstehungszeit des Buches? Wie steht es um die Bewegung der instandbesetzten Betriebe?

Immer noch gibt es Repression, wie sie auch im Buch geschildert wird. Aber die Regierung geht geschickter vor als früher. Sie setzt beispielsweise den Teil der Polizei, der ihr direkt untersteht, nicht mehr offen gegen soziale Proteste ein, hat aber andere Wege der Unterbindung von Protest gefunden. Die „recuperadas" werden gleich mehrfach benutzt: als soziales Aushängeschild gegen die Konservativen, als politisches Vehikel (vor allem in Buenos Aires), als Billiglohnsektor, als Buhmann (Linke helfen der Rechten durch Unterstützung der aufständischen Betriebe...).

Und immer noch gibt es die Bewegung, die Dachverbände, dazu die zahlreiche Unterstützung aus den Nachbarschaftsstrukturen, Anwaltsverbände usw. Mittlerweile spielen aber die auch im Buch da und dort schon mal auftauchenden Kommunisten in Gestalt des Bündnisses FIT eine größere Rolle.

Aber wie ist es zu alldem gekommen – was ist das für eine Regierung, die auf versteckte Repression und Unterwanderung setzt? Warum muss sie das tun und wo kommt sie her? Und wie sind aus diesen Parteien, die in den Erzählungen im Buch wohl recht treffend als trotzkistische Dogmatiker abgebildet sind, diese wichtigen Verbündeten der kämpfenden Betriebe geworden?

Um diese Fragen zu beantworten, müssen wir uns die Beinahe-Revolution von 2001/2002 anschauen, die mit dem Zusammenbruch des neoliberalen Wirtschaftsmodells in Argentinien einsetzte. Ab der Machtübernahme der letzten Militärdiktatur 1976 wurde staatlicherseits ein radikales Programm der Privatisierung und des Ausverkaufs verfolgt, das von Anfang an auch klar gegen die Arbeiterbewegung, die Gewerkschaften und allgemein alle mehr oder weniger linken und sozialistischen Bewegungen gerichtet war. Auch nach dem Ende dieser offen faschistischen Terrorherrschaft 1983 wurde unter nun wieder parlamentarischer Regierungsform die Wirtschaftspolitik fortgeführt und sogar noch ausgeweitet. Argentinien wurde zum „Musterland" des Internationalen Währungsfonds.[5] Die regierenden Peronisten, die sich mindestens zum Zwecke des Machterhalts recht vollständig zum Neoliberalismus bekannten, konnten sich unter Verweis auf den vorangegangen Faschismus stets als das kleinere

---

5   Hierzu die Einleitung von Fiederike Habermanns Buch „Aus der Not eine andere Welt. Gelebter Widerstand in Argentinien", Königstein 2004

Übel präsentieren, so dass es trotz bereits aufflammender Proteste ab Mitte der 1990er Jahre erst zum Aufstand kam, als im Moment des Staatsbankrotts eine konservativ-liberale Regierung dafür verantwortlich gemacht werden konnte.

Nun wurden von einer aufgebrachten Mittelklasse mit den berühmten Kochtopf-Protesten nacheinander mehrere Regierungen aus dem Amt gejagt. Die Parole „Alle müssen sie gehen" konnte aber auch einfach heißen, dass alle neoliberal korrumpierten Politiker gehen sollten und es wieder eine gute, alte saubere peronistische Regierung geben sollte. Nicht zuletzt wurden die Proteste in Teilen des Landes auch von peronistischen Regionalpolitikern unterstützt.

Die Proteste ließen jedoch auch nach dem Dezember 2001 nicht nach und weiteten sich auf andere gesellschaftliche Gruppen aus, die sich auch zu verbinden begannen, was das Geschehen vom Aufstand zur revolutionären Situation werden ließ. Als sich wiederholt Zehntausende aus der Erwerbslosenbewegung (piqueteros) mit ähnlich vielen Kochtopf schlagenden Mittelklassefrauen aus der Metropole und aufständischen Arbeitern (auch aus den ersten „recuperadas") zusammentaten, entstand vorübergehend ein unversöhnlicher Kern des Protests, der nicht nur einen Regierungswechsel, sondern eine gesellschaftliche Umwälzung anstrebte.

In dieser Wendung von klassisch konservativ-rechtsperonistischer Repression gegen noch vergleichsweise überschaubare Proteste einzelner gesellschaftlicher Gruppen zur sozialdemokratisch-linksperonistischen Umarmung

Magui López

© Mary Lezcano

und Vereinnahmung der nun in die ganze Gesellschaft ausgreifenden Proteste liegt die Geburtsstunde des Kirchnerismo. Hier beginnt der Aufstieg des Provinzpolitikers Néstor Kirchner und seines Familienclans zur First Family mit eigener Staatsdoktrin.

Diese zeichnete sich durch eine zweigleisige Vorgehensweise aus. Zum einen gab es Kontinuität und Repression. Das bedeutet, Ausplünderung und Ausverkauf des Landes wurden fortgesetzt – bis heute. Die Sozial- und Politikwissenschaftlerin Magui López schreibt mir: „Sie erfüllen alle Wünsche der großen Unternehmen, gewähren ihnen Kredite und erlauben ihnen, die Preise für so ziemlich alles – Transportmittel, Öl, Nahrungsmittel – immer weiter anzuheben." Und fortgesetzt wurde auch die Repression gegen die Bewohner der Slumviertel („villas"), gegen die Ureinwohner und unabhängige Gewerkschaften. Entsprechend der Selbstdarstellung der Regierung als postrevolutionäre Volksfront wurde zwar auf den Einsatz der Bundespolizei dabei verzichtet, doch konnten weiterhin lokale Autoritäten und regierungsnahe Gruppen die Repression übernehmen, so etwa aus dem Umfeld der Staatsgewerkschaften oder – wie wir es über *Brukman* noch lesen werden – aus den Reihen militanter Fußballfans.

Das zweite Gleis war jedoch die Unterwanderung und Vereinnahmung der Protestbewegungen. Mit einer Strategie, die in Anlehnung an die klassisch trotzkistische „Übernahme durch Eintritt" als eine Art „Entrismus von oben" bezeichnet werden könnte, bildeten Regierungsanhänger in vielen Organisationen ihre eigenen Vorposten, die sogenannten „K"-Fraktionen, die danach mittels Erpressung, Bestechung und zum Teil auch durch Überzeugungsarbeit im Laufe der Jahre fast alle diese Organisationen auf die Seite der Regierung bringen konnten, angefangen mit den Piqueteros und vorläufig endend mit Teilen der LGBT-Bewegung.

Überall werden nun Errungenschaften der sozialen Bewegungen als Errungenschaften der Regierung verkauft, was diese nach erfolgter Vereinnahmung wenig mehr als ein paar Lippenbekenntnisse und gelegentliche Almosen kostet. Oriana Peruggini, Lehrerin in der Schule der *Maderera Córdoba*: „Die Regierung nimmt sich einige Prozesse, die von sozialen Organisationen auf den Weg gebracht wurden, und benutzt sie für ihre Propaganda". Und der Kirchnerismo kann sich, trotz seiner oft klar den Interessen der Bewegungen zuwiderlaufenden Politik und trotz der unverblümt autoritären Struktur als Vorkämpfer und Schutzmacht der Bewegungen präsentieren. Dazu kommt eine öffentliche Inszenierung als linke „Volksregierung" mit entsprechenden Fahnen und Slogans, optisch besonders wirksam von der Studentenorganisationen *La Cámpora* und der „Peronistischen Jugend" (JP) umgesetzt und nach dem Tod Néstor Kirchners unter der Regierung seiner Frau Cristina Fernández de Kirchner noch ausgebaut.

Insgesamt verband sich hier ein augenscheinlich linkes, sozialistisches Auftreten mit übelsten parteikommunistischen Methoden und einem letztlich rein nationalistischen Inhalt.

Kirchnerismo und die Betriebe

Auch gegenüber den „fábricas recuperadas" fährt die Regierung ihre zweigleisige Strategie. Claudio (*Brukman*): „Ein Teil der Bewegung der instandbesetzten Betriebe wurde von der Regierung übernommen, bestochen, bequatscht." Während die Kirchners und ihre Parteigänger die politische und finanzielle Unterstützung der Betriebe immer wieder zum Wahlkampfthema erhoben und die fortdauernde Existenz dieser Betriebe gern als Erfolg ihrer eigenen Politik hinstellen, wird kaum je irgendeine der Versprechungen eingehalten und stattdessen die juristische wie wirtschaftliche Erpressung forciert, in einigen Fällen die Ausschlachtung der Betrieb sogar noch fortgeführt.

Noch mal Claudio: „Einerseits betont die Regierung, wie wichtig es sei zu kämpfen, und andererseits haben 5000 Arbeiter in den *recuperadas* rechtlichen Ärger wegen der Besetzungen". Er verweist auch auf das krasse Ungleichgewicht der finanziellen Unterstützung: „In den letzten zehn Jahren gab der Staat an 200 *recuperadas* insgesamt 100 Millionen Pesos. Sie geben 70 Billionen jedes Jahr an private Unternehmen. Cristina Kirchner entschied, *General Motors* 50 Millionen US-Dollar zu zahlen, damit sie im Land bleiben."

Konkreter erklärt es Raúl Godoy für *FaSinPat* und das direkt benachbarte Privatunternehmen *Ceramica Neuquén*: „Es ist ein Kampf wie am ersten Tag. Unseren Nachbarn gewährte Regierung Hunderte von Millionen an Krediten, und diese konnten ihre Anlagen erneuern. Und uns gaben sie nichts. Also erzeugt der Privatbetrieb mit einer Fertigungsstraße den gleichen Ausstoß wie wir mit zwölf." Zulma Morales: „Sie konnten vom Druckpressen bis zu den Selektionsmaschinen alles erneuern – sie haben diese Kredite bekommen, weil sie nicht in Belegschaftskontrolle sind." Zu allem Überfluss besteht die Regierung für den Abschluss der Enteignung auch auf die Rückzahlung der vier Millionen Pesos Steuerschulden des Alteigentümers.

Ich frage: „Und werdet ihr dagegen unternehmen?" Zulma antwortet: „Wir blockieren den Highway vorm Betrieb. Für jede Hilfe, die wir je bekommen haben, haben wir kämpfen müssen."

Die „recuperadas" werden auch zum politischen Mittel, wie etwa im Falle des *Hotels Bauen*, das sich gegen die konservativ-liberale Stadtregierung von Buenos Aires, die den „recuperadas" als Anschlag aufs Privateigentum feindselig begegnet, auf die Seite der Regierung geschlagen hat. Wie Magui López mir schreibt, ist das Hotel nicht in dem Sinn räumungsbedroht, sondern es gibt eine gerichtliche Aufforderung, das Gebäude den vormaligen Besitzern zurückzugeben, weshalb die Arbeiter nun erwägen, sich an dieser Stelle auf ein Miet- oder Kaufgeschäft mit der Regierung einzulassen. Die Regierung stellte sich auch in der Vergangenheit bereits deutlich auf die Seite der Kooperative, die in unmittelbarer Nähe des Regierungsviertels als Unterkunft der Wahl für besuchende soziale Bewegungen aus aller Welt ein unverzichtbares linkes Aushängeschild darstellt.

Das Hotel war vor einigen Jahren Gegenstand einer empirischen Feldforschung des amerikanischen Soziologen William Todd Evans, der zu dem Schluss kam, dass sich hier auch durch den Verweis auf die Zustände unter dem Eigentümer offenbar neue informelle Hierarchien etablieren konnten, die sich vor allem in einem realen Entscheidungsgefälle zwischen den Alteingesessenen und den neu Hinzukommenden äußern. Er schreibt: „Zurschaustellungen von Gleichheit stellen interne Spannung ruhig."[6] Die Ähnlichkeiten zur Strategie der Regierung, durch Verweis auf die Vergangenheit (Faschismus, Neoliberalismus, Krise 2001) die gegenwärtige Situation zu beschönigen, Probleme herunterzuspielen und die eigene Macht zu legitimieren, liegen auf der Hand.[7]

Wichtiger jedoch als im Kontext politischer Manöver dürften viele „recuperadas" für die Regierung jedoch als selbstorganisierter Billiglohnsektor sein. Magui López: „Die Regierung benutzt die recuperadas als einen billigen und zugängli-

---

6   Evans: „Counter-Hegemony at Work", S. 36, meine Übersetzung
7   Evans hatte seine Ergebnisse aus der direkten Befragung auch der einfachen Arbeiter gewonnen, was mittlerweile schwieriger geworden zu sein scheint. Ich bekam nur den Termin im offiziellen Pressebüro und die Aussicht auf ein offenbar betreutes Einzelgespräch mit ein oder zwei ausgewählten Beschäftigten. Und so instruktiv die Auskünfte des Pressesprechers und der einen im Pressebüro vorgestellten Arbeiterin über die Besetzungsgeschichte waren, so merkwürdig wurden doch die Ausführungen über die Gegenwart, wenn er von einer „Revolution der Rentabilität" sprach und meinte, es ginge nicht mehr darum, dass sich Arme untereinander ökonomisch zusammenschließen, sondern darum, Überschüsse und Profite zu erzeugen.

chen Arbeitsmarkt, den sie dafür preist, dass die Arbeiter dort tun könnten, was sie wollten, weil ihnen die Regierung das erlaubt." Salvador von *19 de Diciembre*: „Ich bin völlig davon überzeugt, dass die nationale Regierung die instandbesetzten Betriebe als Möglichkeit ansieht, die Arbeiter noch mehr auszubeuten. Es geht um Auslagerung. José Angel Pedraza, der beschuldigt ist, den unabhängigen Gewerkschaftsaktivisten Mariano Ferreyra ermordet zu haben, ist zum Beispiel durch Auslagerungen auch Eigentümer von Bahnunternehmen geworden, und sie alle arbeiten für den Staat. Das Kooperativenwesen kann offensichtlich als eine Möglichkeit des Subsourcing [‚tercerización'] funktionieren."

In diesem Zusammenhang fällt immer wieder der Name Luis Caro, der hier im Buch noch vorwiegend als mutiger und einfallsreicher Anwalt Dutzender Instandbesetzungen auftaucht, der mittlerweile jedoch auch eine andere Rolle zu spielen scheint. Enrique von *19 de Diciembre* sagt, dass Caro und die CNCT (Confederación Nacional de Cooperativas de Trabajo, Genossenschaftsverband aus 35 Kooperativen) die Verbindung der Regierung zur Bewegung darstellen, Salvador drückt es unverblümter aus: „Luis Caro ist ein Agent des Staates. Er ist in der Vergangenheit immer wieder als Anwalt in Kooperativen gegangen, nur um sie dann auszuschlachten, Leute zu feuern und die Betriebe in den Dienst der Regierung zu stellen. In einem Geflügelbetrieb in Morena in der Provinz Buenos Aires warf er die interne Kommission und die gesamte Verwaltung raus und leerte dann den Betrieb."

Auch wenn ich diese Beschuldigung gegen Luis Caro bisher nicht ausreichend belegen kann, ist jedoch eine massive und oft erpresserische Einflussnahme der Regierung auf die instandbesetzten Betriebe nicht von der Hand zu weisen. Dafür spricht neben zahlreichen mündlichen Berichten von verschiedensten Sanktionen oder Straferlassen auch das Vorgehen gegenüber den selbstverwalteten Schulen, zu denen wir gleich kommen werden.

Sehr vielsagend ist jedoch auch schon die Position, die die Regierung offiziell zur Bewegung vertritt, exemplarisch zu erkennen in dem, was mir die Soziologin Denise Kasparian vom regierungsnahen Institut Gino Germani im Interview als wichtigste Aktualisierungen für dieses Buch nannte.

Sie führt zunächst das reformierte Insolvenzrecht an, das von der Regierung immer wieder als große Errungenschaft und Wunderwaffe im Kampf um die Betriebe gefeiert wird. Die drei wesentlichen Änderungen von 2011 bestehen laut Natalia Poleti vom Dokumentationszentrum der instandbesetzten Betriebe in

Natalia Poleti im Dokumentationszentrum Chilavert

der Kooperative *Chilavert* darin, dass die Arbeiter nun an der Gläubigerversammlung teilnehmen können, dass sie vom Besitzer über die Insolvenz informiert werden müssen und dass sie ihre ausstehenden Löhne in einen Kredit verwandeln können. Poleti sagt, dass völlig unklar ist, ob diese Regelungen praktisch durchsetzbar sind. Es ändere sich ohnehin nichts daran, dass schon die Anerkennung der Enteignungsgesetze stark vom politischen Willen der betreffenden juristischen Instanzen abhängt, und dass die Arbeiter häufig das Geld für den Kauf des Betriebs nicht aufbringen können: „Um die Enteignung abzuschließen, müsste der Staat zahlen – und in fast allen Fällen hat der Staat nicht bezahlt."

Salvador von *19 de Diciembre* sagt es kurz: „Nach wie vor musst du, wenn du den Betrieb behalten willst, bezahlen."

Als zweites verweist Kasparian zur Aktualisierung auf die veränderte Rolle der Polizei, die wie schon erwähnt seit 2003 nicht mehr zur Niederschlagung sozialer Proteste eingesetzt werden darf. Das gilt aber eben nur für die Bundespolizei, nicht für die lokalen und regionalen Polizeistrukturen sowie die verschiedenen anderen zum Teil halbmilitärischen Sicherheitsorgane des Landes, was der Regierung auch eine Positionierung gegen alle andere als „ihre" Polizei ermöglicht, indem sie für sämtliche Repression verantwortlich gemacht werden können – Kasparian verweist auch sogleich auf brutale Aktionen der Polizei von Buenos Aires gegen eine besetzte Psychiatrie, die einem Neubau weichen sollte, sowie gegen die Grafikkoperative MM in Pompeya. Die Regierung hat ohnehin längst Wege gefunden, die offene Repression durch subtilere und versteckte Formen zu ersetzen – und die Arbeiter und Unterstützer bei *Lear* prügelte im Sommer 2014 eben die Gendarmeria Nacional blutig.

Als drittes nennt sie die in den Betrieben entstandenen „neuen Ungleichheiten", für die aber in ihrer Darstellung nur interne Gründe und kapitalistische Zwangsläufigkeiten (mehr Gewinn führt zu mehr Ungleichheit), nicht aber der Druck von außen verantwortlich scheinen – selber schuld, nicht zu helfen.

Schließlich verweist sie auf ein erweitertes „Repertoire" der Bewegung, für das sie die Kampferfahrungen aus den Betrieben mit der „Hilfe, die die Regierung den Betrieben gewährt", zusammenwirkt.

Selbstverwaltete Schulen

Die Bewegung der „bachilleratos populares" ging konkret auf einer der ersten erfolgreichen Instandbesetzungen zurück, die Metallteilefabrik *IMPA*, die bereits seit 1998 in Selbstverwaltung betrieben wird. Dort wurde, wie wir später noch ausführlicher im Interview mit einem der damaligen Aktivisten, Eduardo Murúa, erfahren werden, von Beginn an versucht, mittels eines Kulturzentrums, eines Radios, einer Poliklinik und ab 2004 auch einer Schule sich sowohl besser in der Nachbarschaft zu verankern als auch dieser „etwas zurückzugeben", wie Murúa sagt. Die Schule startete ohne Gehälter und anerkannte Abschlüsse – es wurden erst Fakten geschaffen und dann vehement für Geld und Anerkennung gestritten.

Die Einrichtung der Schule folgte wie auch in der kurz darauf eröffneten „Bachi" der Tischlerei *Maderera Córdoba*, wie es der dort offiziell als Schulleiter firmierende Ezequiel Alfieri schildert, einer weitergehenden Überlegung: dass nämlich „die Krise nicht nur eine der Wirtschaft, des Sozialstaats, der Kultur und des Rechtswesens war, sondern auch eine Krise der Bildung. Das Bildungswesen half den Ausgeschlossenen nicht wieder hinein, nein, es verdoppelte den Ausschluss."

Am Beginn stand also die Frage, wie diesem Ausschluss entgegengewirkt, wie er umgekehrt werden könnte. Dazu nennt Ezequiel einige der Grundideen und Herangehensweisen. Zunächst war es wichtig, die Verschiedenheit der Schüler anzuerkennen, besonders die zum Teil großen Altersunterschiede und auch die Vielzahl der sozialen Hintergründe und spezifischen Probleme mit dem Bildungssystem. Konkret ging es in den „Bachis" darum, ausschließende Methoden abzuschaffen, wie etwa die normalerweise schon recht frühzeitig einsetzenden Tests, mit denen die Schüler sehr schnell nach Herkunft und Disziplin sortiert und aussortiert werden. Des weiteren wurde nun versucht, sich immer den ganzen Vorgang anzuschauen, die Probleme des Ausschlusses nicht nur als individuelle anzusehen, sondern sie als Teil gesellschaftlicher Ausschlüsse zu begreifen. In der Unterrichtspraxis bedeutet das, kollektive Wissensproduktion anzuregen, die Schüler möglichst an einem Tisch zu versammeln und sich, mit der Hilfe der Lehrenden, in einem fortlaufenden Bildungsprozess gegenseitig zu unterrichten.

Viele Fächer und Themen wurden umbenannt und umgruppiert, um akademisches Wissen besser mit dem Wissen um soziale Kämpfe und lebenspraktischen Kenntnissen zu verknüpfen. Insgesamt ging es darum, Wissen nicht einfach nur aufzudrücken, sondern den Schülern Möglichkeiten an die Hand zu geben, die Gesellschaftsordnung und ihren Platz darin selbst zu verstehen. Viele Ansätze entstammten den Arbeiten des brasilianischen Befreiungspädagogen Paulo Freire, für den Bildung immer auch hieß, Menschen in die Lage zu versetzen, die Gesellschaft zu verändern. Auch sind die Parallelen zur polytechnischen Bildung in der DDR unübersehbar – dem Inhalt nach, nicht der Form: Auch hier geht es um die Vermittlung von Grundkenntnissen und -techniken, um sich die Welt erschließen zu können, sowie um ein dynamisches Geschichtsbild, allerdings fehlt die autoritär-staatliche Struktur im Hintergrund, die *Bachis* sind gewissermaßen Polytechnik ohne Hierarchie.

Um nicht in die Falle der üblichen staatlichen „Armenbildung" zu tappen, wo den ohnehin Benachteiligten meist nur überhaupt irgendeine rudimentäre Ausbildung zukommen soll,

Von einem Schüler gestaltetes Freire-Wandbild in der Bachillerato Chilavert

wurde Wert darauf gelegt, die Fachspezialisierungen der Lehrenden möglichst gut zur Geltung kommen zu lassen und so im Rahmen der Möglichkeiten eine hohe inhaltliche und pädagogische Qualität des Unterrichts zu erreichen.

Als Beispiel nennt Ezequiel für den Geschichtsunterricht die Abwendung von den „Taten weniger wichtiger Einzelner" und eine Hinwendung zur Frage, was die meisten Menschen für einen Anteil am geschichtlichen Geschehen hatten und haben, wie sich etwa soziale Kämpfe und Selbstorganisation auf die Gesellschaftsordnung und auch das Handeln der Herrschenden auswirken. Im Unterricht wird dergleichen dann beispielsweise in Form eines Rollenspiels behandelt, in dem einige die Position der Werktätigen und andere die Position der Eigentümer und Herrschenden einnehmen.

Die Schulen sind – ganz wie die Betriebe, in denen sie sich befinden – stark auf Einbeziehung und Ebenbürtigkeit der Beteiligten ausgerichtet: Auch hier gibt es kein Einkommensgefälle unter den Lehrenden und über die internen Angelegenheiten wird per Versammlung entschieden.

In der Auseinandersetzung mit ausgrenzendem Verhalten und diskriminierenden Äußerungen wird versucht, bei den Schülern ein Bewusstsein dafür zu schaffen, wie Diskriminierung und Ausschluss in der Gesellschaft funktionieren, dass sie alle nur in verschiedener Weise von im Grunde gleichen Ausschlussmechanismen betroffen sind und dass es darum gehen müsse, die Selbstverständlichkeit der Vorstellungen vom „Anderen" zu knacken, weil sie die Betroffenen gegeneinander aufbringen.

In die Weiterentwicklung und den Ausbau der Schule sollen möglichst alle mit einbezogen werden, wie als die *Bachi* in der Grafikkooperative *Chilavert* kollektiv ein Festival organisierte, um Geld für ein zweites Klo zusammenzubekommen.

All diese Prinzipien und Strukturen führen immer wieder zum Konflikt mit dem Staat, denn obgleich in den Schulen selbstorganisiert Schulabbrechern und anderen Ausgeschlossenen überhaupt Zugang zu Bildung und wenn möglich auch zu einer anderen und besseren Bildung verschafft wird, bestehen die Lehrenden darauf, dass es eigentlich Sache des Staates wäre, für die Bildung aller aufzukommen. Dieser wiederum verfügt in Form von Gehaltszahlungen, finanziellen Hilfen und vor allem der Anerkennung der Abschlüsse über mehrere Druckmittel, die er – ganz ähnlich wie bei den „fábricas recuperadas" – dazu einsetzt, der Bewegung die Spitze und die Besonderheiten zu nehmen und um sie für sich einspannen zu können.

Auch hier gilt, was für die meisten „recuperadas" gilt: So gut wie alles, was es vom Staat an Hilfen und Anerkennung gab, musste in langwierigen und zähen Auseinandersetzungen erstritten werden, häufig mit Unterstützung durch die Betriebe und andere soziale Bewegungen. Vanesa Jalil von der *Chilavert*-Schule: „Die Beziehung zum Staat ist angespannt – alles, was wir bekommen, ist ein Sieg für uns und eine Niederlage für sie. Alles, was wir haben, haben wir, weil wir dafür gekämpft haben."

Vanesa Jalil, offiziell Präsidentin der Lehrendenkooperative Chilavert

Auch bei *FaSinPat* wurde eine Schule eingerichtet, wie Zulma Morales erzählt: „Das Projekt wurde von einer Gruppe von Arbeitern und einer Gruppe von Lehrern ins Leben gerufen. Sie verlangten Unterstützung vom Bildungsministerium der Provinz, das aber keine Schule im Betrieb haben wollte. Also mussten wir kämpfen. Die Provinzregierung muss die Gehälter der Lehrer bezahlen – und sie wollten das nicht, aber nun müssen sie."

Meist ging es bei den Auseinandersetzungen um die Durchsetzung bestimmter Auflagen. So gehen etwa die staatlichen Gehaltszahlungen klar entgegen der internen egalitären Struktur der Schulen meist nur an die formalen Vertreter der von staatlicher Seite verlangten Hierarchie. „Für die Regierung bin ich die Direktorin dieser Schule", also die Präsidentin der Lehrendenkooperative, sagt Vanesa Jalil. „Ich bekomme das Geld auf ein Konto, das wir dann als Schulbudget benutzen." Über diese Art der Zuteilung ist immer die Möglichkeit einer realen Hierarchie sowie von Missbrauch und Erpressung in die Schulen eingepflanzt, die bisher jedoch fast alle ihre Prinzipien von Ebenbürtigkeit und Einbeziehung aufrechterhalten konnten.

Gehaltszahlungen für Lehrtätigkeit gibt es in der Regel nur einmal pro Klasse, obwohl die Lehrenden der *Bachis* angesichts der Verschiedenheit der Schüler Doppelunterricht für unverzichtbar halten. Ständig müssen also staatliche Mittel gewissermaßen zweckentfremdet und selbst gleichmäßig verteilt werden.

Doch die Regierung möchte nicht nur in die Organisation, sondern auch in die Inhalte und damit in die Ausbildungsdauer hineinregieren. Im Kontext des sogenannten „Phoenix-Plans" (Plan Fénix), einer Art neokeynesianistischer wirtschaftspolitischer Strategie, wurden dem argentinischen Bildungssystem eine Reihe von „Vereinfachungen" verordnet. Das Ziel ist, bei starker Reduzierung von Aufwand und Kosten in möglichst kurzer Zeit möglichst viele Abschlüsse zu erzeugen, was selbstverständlich den Ausschluss, dem die *Bachis* entgegenwirken wollen, erst noch verstärkt.

Wie bei den „recuperadas" wird von Zeit zu Zeit versucht, einzelne Schulen durch bestimmte Hilfen oder Zuwendungen zur Preisgabe ihrer Prinzipien zu bewegen und sie aus dem kämpferischen Verbund mit den anderen Schulen zu lösen. Das politische Hauptziel des Dachverbands *CEIP*, in dem derzeit zehn Bachis organisiert sind, besteht entsprechend darin, verbindliche Regelungen für alle Schulen dieser Art durchzusetzen, um die staatliche Taktik der Vereinzelung auszuhebeln.

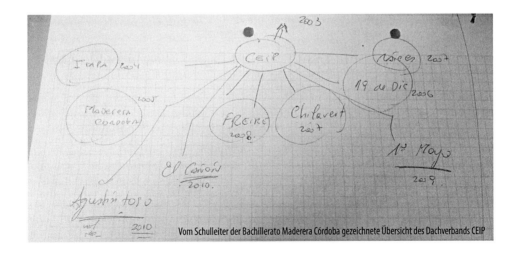

Vom Schulleiter der Bachillerato Maderera Córdoba gezeichnete Übersicht des Dachverbands CEIP

Mocha Celis

Während fast alle der selbstverwalteten Schulen ihren Prinzipien treu geblieben sind, gibt es jedoch ein Beispiel, bei dem die Doppelstrategie von Erpressung und Unterwanderung erfolgreich war und das sehr anschaulich zeigt, wie diese Strategie in der Praxis aussieht.

Am Beginn stand hier die Idee einiger Aktivisten aus der Queer- und LGBT-Szene, eine Schule für Menschen einzurichten, die sich im regulären Bildungsbetrieb aufgrund ihrer sexuellen Orientierung benachteiligt sahen oder deren Sexarbeit zeitlich-praktisch den Besuch von Abendschulen verhinderte. Benannt nach der Trans-Aktivistin und Sexarbeiterin Mocha Celis, die mutmaßlich von einem Bundespolizisten erschossen wurde,[8] begann das Projekt mit einer verhängnisvollen Arbeitsteilung. Während die queeren Aktivisten auf den Straßen unterwegs waren, vor allem im großen Transsexuellen-Rotlichtdistrikt von Buenos Aires potenzielle Interessenten ansprachen und sich um ein geeignetes Gebäude für die Schule kümmerten, saß eine Gruppe von Männern aus dem Umfeld der regierungsnahen Organisation *Cámpora* an Telefon und Papierkram, um Geld aufzutreiben. Diese zogen, als Stiftung „Divino Tesoro" (wörtlich „Göttlicher Schatz", benannt nach einer Rockband gleichen Namens, die sich wiederum nach einem berühmten Tango benannt hatte), alle offiziellen Befugnisse an sich, so dass sich ab Eröffnung der Schule Anfang 2012 parallele Entscheidungsstrukturen entwickelten. Während die Lehrenden und Aktivisten nach dem Vorbild der anderen *Bachis* auf Versammlungsentscheidungen und ermächtigenden Unterrichtsinhalten bestanden, regierte die Stiftung an ihnen vorbei und stellte sie vor vollendete Tatsachen. So lehnte die Vollversammlung die Annahme von Regierungsgeldern wegen der Auflagen ab, nur um zu erfahren, dass die Stiftung sie bereits akzeptiert hatte.

In der Folge fand Ende 2012 eine radikale Umgestaltung der Schule statt, wobei die staatlichen Mittel und Auflagen nun als Erpressung zur Geltung kamen. Zwei der Lehrenden, die diese Veränderungen nicht mitmachen wollten, wurden unter dubiosen Begründungen gefeuert. Im Zuge der weiteren Auseinandersetzungen verließen die meisten der Lehrenden die Schule, so dass schließlich in der nicht zuletzt als Trans-Projekt gestarteten und wahrgenommenen Schule keine Trans-Lehrer mehr waren, weil sie sich alle gezwungen sahen zu gehen.

---

8   Siehe http://www.ipsnews.net/2012/04/first-school-for-transvestites-opens-in-buenos-aires/

Die von der Stiftung durchgedrückten Veränderungen griffen weit in das Selbstverständnis und die intendierte Rolle der Schule ein. In den Worten von Gabi, die von Anfang an dabei gewesen war, wurden nun aus „einer queeren selbstverwalteten Schule eine Privatschule zur Rettung gefallener Mädchen". In bezug auf die Sexarbeiterinnen ging es nicht mehr darum, auch ihnen eine möglichst gute Bildung zu ermöglichen, stattdessen wurde nun Druck auf sie ausgeübt, der Sexarbeit nicht mehr nachzugehen, sondern „typische Frauenberufe" wie Köchin oder Sekretärin zu ergreifen.

Die selbstermächtigenden Bildungsinhalte wurden gestrichen. Im Computerunterricht ging es nicht mehr auch um Selbstveröffentlichung im Internet und alternative Software, sondern wieder nur noch um Office fürs Büro – Linux wurde überall deinstalliert. Im Biologieunterricht gab es wieder nur noch zwei Geschlechter – und nun bekommen alle wieder, so Gabi, „die gleiche falsche Bildung". Und generell kamen die Themen Selbstverwaltung und Selbstorganisation, die vorher fast alle Fächer durchzogen hatten, nicht mehr vor. Parallel wurde auch die Versammlung de facto entmachtet – übrig geblieben sind nur Meetings, wie sie aus jedem Betrieb und jeder Schule bekannt sind.

Die Regierung präsentiert die Schule nun als ein weiteres Aushängeprojekt ihrer LGBT-freundlichen Politik, die sich jedoch bislang letztlich in der Legalisierung gleichgeschlechtlicher Ehe und der freien Wahl des Geschlechtseintrages auf den Personalausweisen erschöpft, welche auch keineswegs von der Regierung, sondern von sozialen Bewegungen gegen sie erstritten wurde.

Ohne mit der Wimper zu zucken wird nun in den Werbefilmchen und den regelmäßigen öffentlichen Vorstellungsveranstaltungen die Schule, aus der das gesamte transsexuelle Lehrpersonal vertrieben wurde, als Trans-Schule präsentiert. Und sofern die Nachfrage kommt, werden die Konflikte von 2012 zu Sexgeschichten heruntergelogen.[9]

Es könnte hier eine ähnliche taktische Entscheidung wie im Falle des Hotels *Bauen* vorliegen, sich gegen die konservative Stadtregierung lieber mit der nationalen Regierung zusammenzutun. Ebenso dürfte auf Seiten der geschassten Aktivisten einige Naivität gegenüber der Regierung vorhanden sein, da sie bis

---

9 Ein Schüler der *Chilavert*-Schule erzählte mir darüber Folgendes: „Ich hörte zwei Versionen. In der einen begannen die Probleme, als die Regierung dieser Stiftung Geld gab. In der anderen ging es um Liebesgeschichten zwischen Lehrern und Schülern. Die erste Version war von einer Website der abtrünnigen Lehrer, die andere hörte ich, als ich die Schule besichtigen ging."

heute der Meinung sind, diese hätte nicht geahnt, was für unverantwortlichen Menschen sie das Geld in die Hand gab. Die Geschassten sehen sich nach wie vor selbst als Kirchneristas und sind auch zum Teil in „linksperonistischen" Gruppen aktiv. Es stellt sich zudem die Frage, inwiefern manche queer-feministischen Anschauungen hier so interpretiert wurden, dass sie entmachtend wirkten – dass einige der Beteiligten sich mit dem Verweis darauf, dass „Männer eben so seien" und das „eben so liefe im Patriarchat", davon abhielten, um die Schule zu kämpfen und sie stattdessen fast kampflos den anderen überließen. Auch könnten solche Auffassungen dazu beigetragen haben, dass es zu praktisch keinen Versuchen kam, sich an die anderen *Bachis* zu wenden, wo der Tenor der von mir Befragten lautet, dass die Schüler von *Mocha Celis* auch zu ihnen kommen könnten.

Wichtiger jedoch als die Fehleranalyse ist erst mal das Resultat: Der Regierung ist es erstmals gelungen, eine selbstverwaltete Schule auf ihre Seite zu bekommen, in ihr eine Hierarchie durchzusetzen und die selbstermächtigenden Bildungsinhalte loszuwerden – und sie kann sich gleichzeitig dennoch als gewollte Schutzmacht der LGBT-Bewegung präsentieren. Dass es bei den Kirchneristas mit Genderemanzipation genauso weit her ist wie mit Sozialismus und Arbeiterbewegung, dass es ihnen hier also von vornherein vielmehr darum ging, sich als „Retter der gefallenen Mädchen" aufspielen zu können, zeigt der Blick auf ihre übrige geschlechter- und familienpolitische Ausrichtung, etwa die strikte Gegnerschaft der Präsidentin zur Abtreibung. Die aktuelle Neufassung des argentinischen Zivilrechts, eins der großen Projekte der kirchneristischen Regierung, verschärft beispielsweise die diesbezügliche Rechtslage massiv.

Immerhin sind jetzt von den Aktivisten noch bittere Selbsterkenntnisse zu vernehmen, wenn sie im Ausgang der Ereignisse einfach nur eine sehr typische Form der klassisch katholisch-patriarchalen „karitativen Erpressung" sehen, die auf das kostenlose Wirken der besonders Engagierten bei den besonders Verzweifelten setzt, um es bei Erfolg institutionell einzuverleiben und ihm jeden darüber hinausgehenden Sinn oder Effekt zu rauben.

FIT

So sehr es der Regierung gelungen ist, im Laufe der Jahre immer mehr soziale Bewegungen unter ihre Fittiche zu bekommen und ihnen die Spitze zu nehmen, umso wichtiger ist der sich verdichtende Kern derer, die sich nicht übernehmen lassen: die „fábricas recuperadas", die auf ihre interne Gleichheit bestehen; die Schu-

len, die sich den Auflagen nicht beugen oder sie umgehen; ebenso wie die unver-
söhnlichen kämpfenden Strukturen in Elendsvierteln und unter Ureinwohnern.

Ein höchst interessanter und immer wichtigerer Ausdruck dieser Entwicklung ist die Entstehung und der Aufstieg des kommunistischen Wahlbündnis-
ses *FIT* – „Frente de Izquierda y de los Trabajadores", „Front der Linken und der
Arbeiter" –, das nicht zuletzt als Allianz der Nicht-Vereinnahmten für die verbliebenen linken Gegner der Regierung attraktiv und für die Regierung offensichtlich zum Hauptfeind auf der Linken wurde. Das Bündnis bildete sich aus drei
trotzkistischen Parteien – der *Partido Obrero* (PO), der *Partido de los Trabajadores
Socialistas* (PTS) und der *Izquierda Socialista* (IS) –, um die neu eingeführte Wahl-
hürde zu überwinden und errang drei Sitze im nationalen Parlament.

In der *FIT* und unter ihren Sympathisanten finden sich jene zusammen, denen bewusst ist, dass auch nach dem Ende des Faschismus weiterhin missliebige
Personen verschwunden sind, die auf die nach wie vor stattfindende Repression
hinweisen, die gegen die neoliberale Ausplünderung des Landes und die Ver-
drängung der Indigenas von ihrem Land sind – und die sich vor allem konsequent an die Seite der instandbesetzten Betriebe und anderen selbstverwalteten Strukturen stellen, wie es gerade bei den neuesten Arbeitskämpfen um *Lear*
und *Donnelley* sichtbar wurden, in deren internen Kommissionen auch Leute
von der *FIT* sitzen und nun offenbar die größten bisherigen Instandbesetzungen
mit auf den Weg bringen. Die „recuperadas" waren auch vorher schon bekannt
und beliebt, es wurde aber nicht mehr viel über sie gesprochen – nun, da sie wegen dieser neuen Beispiele wieder Thema sind, ist auch die Beteiligung der *FIT*
unübersehbar. Die Hoffnung der Regierung, die für den aktuellen Krisenschub in
der argentinischen Wirtschaft befürchtete Welle neuer Instandbesetzungen auf
Grundlage der jahrelangen Erpressungs- und Vereinnahmungstätigkeit abwür-
gen und für sich ausnutzen zu können, scheint sich nicht zu erfüllen.

Die am Bündnis beteiligten Parteien mussten, um diese Rolle spielen zu
können, einiges vom Kernbestand ihres trotzkistischen Programms über Bord
werfen, wozu etwa die in den Geschichten dieses Buches noch auftauchende
Forderung nach Verstaatlichung der Betriebe gehörte. Auch *FIT*-Mitglieder in
den Betrieben wollen nicht diesen Staat und diese Regierung als Chef haben.[10]

---

10 Auch wenn im Fall der Druckerei Donnelley die Verstaatlichung unter Arbeiterkontrolle wieder zum Thema geworden ist, bildet das doch bislang eine einsame Ausnahme unter sehr
   speziellen Bedingungen.

Aber auch andere klassisch-trotzkistische Ansätze wie der schon erwähnte „Entrismus" (Unterwanderung durch Eintritt) oder aber die „Volksfront" (breite Bündnisse auch mit sozialdemokratischen Parteien und Organisationen) sind angesichts der politischen Entwicklung der letzten Jahre offenbar hinfällig geworden. Vielmehr geht es um die Schaffung einer autonomen politischen Plattform jenseits der von der Regierung unterwanderten Linken und um die Sammlung der widerständigen Teile der Bevölkerung gerade durch konsequentes Vertreten ihrer Interessen, wie es etwa die *FIT*-nahen Menschenrechts- und Rechtshilfestrukturen ständig tun.

Die Regierung hat die Auseinandersetzung aufgenommen und in den Worten von Magui López eine „aggressive Kampagne gegen die *FIT*" gestartet, die sie nun beschuldigt, sich als nützliche Idioten der Rechten zu verdingen, indem sie ganz in deren Sinn gegen die angeblich linke Regierung Stimmung macht. Wir haben diese Strategie, Widerspruch durch Verweis aufs noch größere Übel abzuwehren, schon mehrfach am Werk sehen können.

Bei einem Auftritt Anfang 2014 in Berlin führte der PTS-Aktivist und *FIT*-Abgeordnete

Wahlplakat der PTS mit einem Kandidaten aus der Kooperative FaSinPat/Zanón

Christian Castillo den Wahlerfolg auf ein Zusammenspiel günstiger Umstände und fleißiger Basisarbeit zurück. Einerseits wandern seiner Einschätzung nach endlich immer mehr Arbeiter vom Peronismus ab, was sich vor allem in immer umfangreicheren Streiks bemerkbar macht. Andererseits haben die Parteien aber auch geduldige Aufbauarbeit betrieben, konsequent gegen die Regierung gekämpft und sich auch deutlich gegen Polizei und Repression gestellt.

Die *FIT*-Parteien seien klar als Vertreter der Werktätigen zu erkennen, als antikapitalistische, sozialistische Kraft. Besonders wirksam seien ihre Forderung nach Einführung eines Mindestlohns, ihr Kampf gegen Prekarisierung und Subsourcing, für die Wiedererhöhung der Renten, Wiederverstaatlichung privatisierter Betriebe, gegen die Gewerkschaftsbürokratie und für unabhängige Gewerkschaften, für das Recht auf kostenlose und sichere Abtreibung und für die Einführung von Arbeiterlöhnen für öffentliche Ämter. Ihre eigenen Abgeordnetenbezüge würden sie sich nur in Höhe von Lehrergehältern auszahlen, der Rest ginge in Streikkassen.

Zeitgleich zur Instandbesetzung bei *Donnelley/Madygraf* veröffentlichte die PTS in Zusammenarbeit mit der Filmgruppe *Contraimagen* eine vierteilige Serie mit dem Titel „Marx ha vuelto" („Marx ist zurück"), in der die Geschichte des Arbeitskampfes und der Übernahme einer Druckerei mit Zitaten aus dem Kommunistischen Manifest parallelisiert wird.

Praxis: Dranbleiben und Aufpassen

Welche praktischen Lektionen sind nun aus den jahrelangen Erfahrungen der „fábricas recuperadas" zu beziehen? Was für Anregungen lassen sich für ähnliche Vorhaben aus ihrer Geschichte gewinnen?

Lesen wir über den Fall von *Crometal*, dass es „zusätzlich zu Entschlossenheit, Willenskraft und einer unermesslichen Dosis an Mut auch einer genauen Kenntnis der Gesetze bedarf", klingt das eher wie eine Abschreckung. Dabei sind die Geschichten voller Ermutigung – etwa, wenn zu lesen ist, wie die unorganisierten, kampfunerfahrenen Näherinnen bei *Brukman* sich einfach weigerten zu gehen, und dann alles weitere durch die folgenden Auseinandersetzungen lernten. Das Grundprinzip ist sehr einfach: Tatsachen schaffen und dann ihre Anerkennung durchsetzen.

Der größte Teil des alltäglichen Kampfes fällt entsprechend unter die beiden Rubriken Beharrlichkeit nach außen und pragmatische Wachsamkeit nach innen.

Ersteres bezieht sich auf den Umgang mit den Alteigentümern und ihren rechtlichen Vertretungen sowie mit den politischen und sozialen Institutionen und Organisationen. Die Erfahrung lehrte, dass hier nichts von allein geschieht, Versprechen gewohnheitsmäßig gebrochen werden und nur in wenigen Ausnahmefällen von irgendeiner Stelle eine zuverlässige Unterstützung erwartet werden kann. Also gingen fast alle Betriebe zu einem unermüdlichen Lobbyismus in eigener Sache über. Dieser besteht zum einen in direkter Öffentlichkeitsarbeit von persönlicher Ansprache in den Vierteln oder Veranstaltungen in der Stadt, mit denen auf die eigene Situation aufmerksam gemacht, aber auch auf Gemeinsamkeiten mit anderen Problemlagen und auf die Bedeutung über den Ort hinaus hingewiesen werden soll. Zum anderen gehört dazu aber auch, bei den zuständigen Behörden und Gerichten Druck zu machen, sich dazu nötige Informationen zu beschaffen und wenn möglich überall selbst hinzugehen. „Alles, was du tun kannst, ist, an jede Tür klopfen und nicht locker lassen", sagt Salvador *(19 di Diciembre)*. Über die *Brukman*-Belegschaft lesen wir, dass einige von ihnen für Nachforschungen sogar nach Uruguay fuhren, wo sie Belastendes über ihren Eigentümer herausfanden. Aber auch die Suche nach potenziellen Unterstützern kann weit ausgreifen. Eva Maria Vasquez vom Hotel *Bauen* berichtet, wie sie sich an die venezolanische Botschaft wandten, weil sie zwar eine Kooperative gebildet hatten, das Hotel jedoch nicht in einem betriebsfähigen Zustand war. Die staatliche Ölgesellschaft Venezuelas half ihnen dann, das Gebäude flottzumachen.

Zur Haltung nach außen gehört auch, sich so wenig wie möglich erpressbar zu machen, weshalb Gabriela *(Maderera Córdoba)* das Grundprinzip der instandbesetzten Betriebe darin sieht, „jede Rechnung und jede Steuer zu bezahlen". Eine andere Möglichkeit besteht in kreativen Improvisationen und technischen Hacks. Um nicht ständig teure Kartuschen für den Musterplotter nachkaufen zu müssen, kam eine Designerin bei *Brukman* auf die Idee, diese durch eine Kugelschreibermine zu ersetzen, die nun tadellos ihren Dienst tut.

Gabriela in der Tischlerei Maderera Córdoba.

Eva Maria Vasquez, Hotel Bauen

Nach innen ist es für die meisten Betriebe besonders wichtig aufzupassen, dass nicht in die hierarchischen Strukturen der Eigentümerzeit zurückgefallen wird. Positiv heißt das, sich immer wieder vor die Aufgabe zu stellen, alles für den Betrieb Nötige selbst und möglichst gemeinsam zu organisieren. Eva Maria Vasquez: „Wir haben lernen müssen, die Arbeit zu sozialisieren und zusammenzuarbeiten. Wir haben lernen müssen, gemeinsam in der Versammlung Entscheidungen zu treffen. Und wir haben gelernt, weitere Arbeiter miteinzubeziehen, darunter viele junge Leute und Familienangehörige, die zuvor den Kampf unterstützt hatten."

Der „gehackte" Plotter bei Brukman

Um die Ebenbürtigkeit untereinander aufrechtzuerhalten, ergriffen die Betriebe aber auch ganz konkrete organisatorische Maßnahmen, die vor allem verhindern sollen, dass sich aus unterschiedlichen Spezialisierungen, Ausbildungsgraden und Berufserfahrungen interne Gefälle ergeben. Am wichtigsten dürfte hier neben der Einkommensgleichheit und der Entscheidungsfindung über die Vollversammlung das Prinzip der Rotation sein. Zunächst bedeutet das einfach, dass in fast allen Betrieben die Spezialfunktionen (Vorsitz, Kasse, Öffentlichkeitsarbeit, politische Ämter usw.) unter allen Mitgliedern der Kooperative rotieren.

Wandbild an einer Außenwand der Kooperative IMPA

Das soll vor allem der Sonderstellung entgegenwirken, die besonders engagierte Arbeiter gern für sich reklamieren und die sich oft aus der klassischen Gewerkschaftsperspektive speist. Typische Haltungen aus der Eigentümerzeit werden zu Wesenseigenschaften „der meisten Arbeiter" erklärt, während sich die Aktivisten darüber und daneben stellen, um von dort aus auf die „faulen, eigensinnigen, dumpfen" Kollegen einzuwirken, ihr „Bewusstsein schärfen" oder es „heben" – der einstmalige Gewerkschaftsfunktionär bei *Conforti* spricht etwa immer noch wie früher: „Sehr oft wollen die Arbeiter einfach nur zur Arbeit gehen, ihr Geld bekommen und wieder nach Hause". Mit diesen Positionierungen werden immer wieder Rückfälle in die alte Logik der Betriebsführung gerechtfertigt oder begründet; häufig sind wohl auch Ansätze zu Selbstorganisation und Selbstbewusstsein der Arbeiter damit abgewürgt oder ausgehebelt worden.

Wo es die Art und Größe des Betriebs zulässt, wird das Rotationsprinzip jedoch auch auf den Arbeitsplan ausgedehnt, besonders konsequent zum Beispiel bei *FaSinPat/Zanón*. Das heißt, alle Tätigkeiten, die rotieren können, rotieren. Alle versuchen sich gegenseitig so viel wie möglich über die verschiedenen

Arbeitsabläufe im Betrieb beizubringen. Das Ziel besteht darin, dass der größte Teil der Arbeit vom größten Teil der Mitglieder der Kooperative übernommen werden kann und dass alle ein möglichst vollständiges Bild vom Betrieb haben, um auf dieser Grundlage auch bessere Entscheidungen treffen zu können.

Das interne Gefälle besteht aber auch aus der Benachteiligung und Herabsetzung von Frauen. Auch wenn diese in Deutschland – wie u.a. die Popularität sexistischer Entertainer wie Mario Barth, die erstarkende „Männerrechtsbewegung" und politische Diskussionen wie die um die sogenannte „Herdprämie" zeigen – alles andere als überwunden sind, ganz im Gegenteil eher ein mächtiger Rollback zu konstatieren ist, so ist doch der sprichwörtliche „Machismo" in Argentinien ungleich umfassender und vielerlei Hinsicht brutaler. Prominente Beispiele instandbesetzter Betriebe wie *Brukman* mit überwiegend weiblicher Belegschaft mögen zwar einen anderen Eindruck erwecken, doch ist auch diese Bewegung vom Sexismus der Gesellschaft geprägt. Der Kampf gegen diese Ungleichheiten, Ab- und Ausgrenzungen ist dort, wo er geführt wird, ein wichtiger Teil der egalisierenden Alltagspraxis.

Vollversammlung bei FaSinPat/Zanón

Der Machismo hat verschiedene typische Gesichter. Sehr dominant ist nach wie vor die Vorstellung vom Mann als dem Familienernährer, wie sie sich auch in vielen Selbstbeschreibungen über die persönlichen Krisen nach der Betriebsschließung finden. Von Daniel Martins bei *Crometal* lesen wir, dass er sich, weil er kein Geld nach Hause brachte, „als Mann, Ehemann, Vater herabgewürdigt" sah. Es gibt eine große Selbstverständlichkeit, mit der Frauen in bestimmte Tätigkeitsbereiche und Rollen sortiert und praktisch gedrängt werden – und mit der sie diese Zuordnungen zu oft auch selbst übernehmen: „Dieser Machismo wird oft von den Frauen geteilt und verinnerlicht" (Elisa Cisterna, *FaSinPat*). In diesen Rollenbildern steht dann dem kämpfenden, harten, schaffenden Mann die fürsorgliche Frau als familiäres und soziales Gewissen zur Seite, oft verkörpert durch den überall präsenten Kult um Eva „Evita" Perón, die Frau Juan Peróns, welche zahlreiche karitative Einrichtungen ins Leben rief, die größtenteils bis heute existieren.

So wie die von der Regierung ihres Mannes begründeten Staatsgewerkschaften die Selbstorganisation der Arbeiter durch bevormundende Strukturen ersetzten, verwandelten diese Einrichtungen die Selbsthilfe und gegenseitige Versicherung der Werktätigen in Fürsorge nach katholischem Vorbild. Eine „Evita" taucht in vielen Erzählungen als gutes Gewissen ihres jeweiligen Mannes wieder auf, so zum Beispiel Tola Gaglianone, die Frau des Eigentümers von *Chilavert*, „die Moral in die Druckerei brachte" und sich um Arme und Kranke kümmerte. Als sie starb, war ihr Mann „nun ohne Gewissen".

Doch selbst wenn es um die Anerkennung kämpfender Frauen in führender Rolle bei den Betriebsbesetzungen geht, wie Monica Acosta bei *Renacer*, steckt die Herabsetzung noch im Lob, da sie nun „nicht mehr nur das hübsche Gesicht" ist, als das sie vorher demnach wahrgenommen wurde und woran sie weiter gemessen wird.

Während in manchen kleineren Recuperadas und besonders in den Schulen die Hegemonie der Männer gebrochen scheint, begegnen wir gerade in den größeren Industriebetrieben einer Situation, wie sie Elisa Cisterna für *FaSinPat* schildert: „400 der 450 Mitglieder der Kooperative sind Männer, und viele von ihnen Machisten." Sie verweist jedoch darauf, dass unter den besonders engagierten Arbeitern die sexistischen Einstellungen kaum präsent sind. Sie spricht von einer politisierten Avantgarde, die keinen Unterschied zwischen Männern und Frauen macht, während die übrigen männlichen Arbeiter Frauen jedoch nicht als ebenbürtig betrachten und auch nicht so behandeln.

Unter dem Alteigentümer arbeiteten nur eine Handvoll Frauen bei *Zanón*, und zwar ausschließlich in der Kantine und als Putzkräfte, ohne jede Möglichkeit der Organisation. Seit der Übernahme durch die Kooperative sind immer mehr

Frauen auch in der Produktion beschäftigt. Sie haben einen eigenen Frauenaus-
schuss gebildet, der etwa die Einrichtung eines Haushaltstages durchsetzte, so
dass nun ein Werktag pro Monat für Hausarbeit freigenommen werden kann.
Das ist ausdrücklich aber nicht nur auf Frauen beschränkt, wie Zulma Morales
erklärt: „Weibliche Mitglieder der Kooperative bekommen zwölf Haushaltstage
pro Jahr, Männer acht. Aber wenn ein Mann keine Ehefrau hat und allein Kinder
großzieht, kann er die Vollversammlung um zwölf Tage bitten. Wir wägen jede
persönliche Situation ab."

Sie beteiligen sich auch an übergreifender Selbstorganisation wie dem nationalen Frauenkongress, für den sie sich mit den beiden anderen Keramikko-
operativen in ihrer Provinz zusammentun (*Stefani in Cutral Co* und *Ceramica Del
Valle*). Sie versuchen auch, der einzigen Frau, die im benachbarten privatwirtschaftliche betriebenen Keramikwerk arbeitet, die Teilnahme zu ermöglichen.

Zulma sagt, der Kampf der männlichen Arbeiter für ihre Rechte habe als Vorbild und Inspiration für die Frauen gewirkt, auch ihre Rechte einzufordern. Sie
konnten sich mit manchen Forderungen bereits durchsetzen, und die Männer
gewöhnen sich daran, nun auch von den Frauen zu lernen.

Es ist nicht nur wichtig, auf der formalen Ebene Benachteiligungen entgegenzuwirken, sondern für die selbstorganisierten Frauen bei *FaSinPat* spielt
auch der ganz alltägliche Kampf gegen Übergriffe und Belästigungen eine
zentrale Rolle. Wichtigstes Mittel hierbei ist die persönliche Ansprache, das Einzelgespräch, für das sich auch an die jeweiligen Koordinatoren gewandt werden kann; „Der sagt ihnen dann, dass sie sich entweder ändern oder bestraft
werden" (Elisa). Häufigere oder besonders krasse Vorfälle werden jedoch auch
Thema bei den Vollversammlungen. Dort wird dann vor allem die Frage aufgeworfen, warum die Männer diese Übergriffe begehen und wie sie ihr Verhalten
ändern können. Manchmal hilft nur die Strafversetzung.

Leider ist zu beobachten, dass die Frauenthemen auch Angelegenheit der
Frauen bleiben, dass Benachteiligungen und Belästigungen fast immer von ihnen selbst thematisiert werden müssen, zu viele Männer diese Ungleichheit nicht
für ihre Angelegenheit halten. Viele weitergehende Maßnahmen bleiben denn
auch bislang undiskutiert, etwa die Einrichtung von Kindergärten oder andere
Formen, die Reproduktionsarbeit aufzuteilen oder gemeinsam zu übernehmen.

Das Bestreben, allen Tendenzen entgegenzuwirken, sich als etwas Besseres
vorzukommen, ist teilweise auch erkennbar an dem Kontrast zwischen dem,

was bewundernd-vereinnahmend über die Betriebe gesagt wird, und dem, was aus den Betrieben über sich selbst zu hören ist. Das findet sich auch hier in diesem Buch. Wenige Seiten, bevor Celia Martinez von *Brukman* darüber spricht, wie andere ihre Erfolge für sich reklamieren und auch für sie sprechen, ist zu lesen, wie Politpopstar Naomi Klein *Brukman* in ihre Großerzählung einbaut („Ein Gerücht geht um in der Welt…") und auch der begleitende Text von einer „privilegierten Position" des Betriebs spricht.[11]

Aus den Erfahrungen mit der zum Teil bizarren Außenwahrnehmung erklärt sich auch das oft sehr distanzierte Verhältnis zu sympathisierenden politischen Gruppen und Bewegungen. Hier hat sich vielerorts ein fundamentales Misstrauen gegen Vereinnahmung entwickelt, was im besten Fall dazu führte, dass die jeweilige Organisation ihre Forderungen und Programme den Betrieben anpassten und so erst zu wirklichen Verbündeten wurden.

Eine weitere Gruppe von wichtigen Lektionen bezieht sich weniger auf die konkrete alltägliche Praxis als vielmehr auf allgemeinere Bewusstwerdungs- und Lernprozesse. Dabei steht wohl an erster Stelle die Haltung zum Gesetz.

Gabriela (Maderera Córdoba): „Ich will nicht über die rechtliche Situation nachdenken, das macht mich nur traurig. Also mache ich mir keine Sorgen – ich will hier bleiben. Und ich werde hier bleiben, hier ist mein Platz."

Während zwar immer wieder betont wird, wie wichtig es ist, sich über die rechtliche Lage möglichst klar zu sein, sich Rechtsbeistand zu suchen und den juristischen Rahmen voll auszuschöpfen, ging es jedoch an entscheidenden Stellen immer wieder darum, ungerechte Gesetze nicht hinzunehmen, sich ihnen zu widersetzen und veränderte oder neue Gesetze zu erwirken. In den Worten von Albert Esparza *(FaSinPat)*: „Wissen Sie, Kinder und Studenten kommen hierher und fragen uns, wie wir das gemacht haben. Das erste, was wir taten, war, das Gesetz zu brechen."

Es wurde die Erfahrung gemacht, dass sich Recht durch politische Aktion verändern lässt und die juristischen Verhältnisse, besonders in der Eigentumsfrage, keineswegs so in Stein gemeißelt sind wie es einem der Alltagsverstand gern suggeriert.

---

11 Die amerikanische Ausgabe dieses Buchs beginnt mit einem Vorwort von Naomi Klein, in dem sie gleich den Bogen von der US-Besatzung im Irak nach Argentinien spannt. Seltsam ist auch zu lesen, wie sich die Autorin von „No Logo" darüber wundert, dass *Brukman* nicht sogleich ein neues Logo für sich entwarf. Überdies erwähnt sie die Übernahme der Unternehmensmarken („brands") durch die Betriebe mit keinem Wort, was sicher noch mal ein spannendes Thema wäre.

Neue alte Bilder

Aber es gab noch weitere Lernprozesse, die meist mit Erkenntnissen über die eigene Stellung im Betrieb einsetzten, sich dann auf die Stellung zu anderen gesellschaftlichen Gruppen ausweiteten und schließlich zu einem veränderten Bild von der Gesellschaft insgesamt führten. Dieses Umdenken hing meist direkt damit zusammen, dass vorher für unerschütterlich Gehaltenes erschüttert werden konnte, dass vermeintlich Konstantes in Bewegung gebracht werden konnte und sich als variabel erwies.

Diego Ruarte schildert, wie sie den vormaligen Besitzer des Hotels *Bauen* als eine gottähnliche, unfehlbare Autorität angesehen und sich selbst wegen ihres halbwegs guten und regelmäßigen Einkommens für Angehörige der Mittelklasse gehalten hatten – und wie sie dann feststellten, dass ihr Boss tatsächlich Fehler beging und sie nicht, wie behauptet, wegen schlechter Arbeit, sondern wegen seiner unbezahlten Kredite gefeuert wurden. Diego spricht von einem grundlegenden Sinneswandel, durch den sich die Arbeiter erst wieder als Arbeiter begriffen, und gleichzeitig den Eigentümer nicht mehr als eine vom Pech verfolgte, möglicherweise tragische Figur, sondern als einen Kapitalisten, der unterstützt vom neoliberalen politischen Rahmen seine Fehler und Verluste auf die Arbeiter abwälzen konnte.

Sie entdeckten, dass andere ganz ähnliche Probleme hatten, was ihnen vorher nicht klar gewesen war. Die Piqueteros galten den Arbeitern von *Zanón* zunächst, wie den meisten anderen, als faule Wegelagerer, derentwegen sie zu spät zur Arbeit kamen. Erst allmählich begriffen sie, dass diese Leute in der gleichen Klemme steckten wie sie, nur einfach keinen Betrieb mehr zu besetzen hatten. Nun änderte sich die Haltung den Piqueteros gegenüber, und einige Protagonisten ihrer Bewegung wurden als Mitglieder der Kooperative eingestellt.

Die Arbeiter begriffen also, dass sie Arbeiter waren und sich in einem Interessenkonflikt mit den Eigentümern befanden. Auf diese Einsicht folgend, richteten sie oft einen hoffnungsvollen Blick auf den Staat und versprachen sich von ihm Unterstützung. Claudio *(Brukman)*: „Wenn die Arbeiter einen Betrieb besetzen, glauben sie erst mal immer, dass der Staat auf ihrer Seite ist, weil der Feind ja der Eigentümer ist. Dann stellen sie fest, dass der Staat die Polizei und die Justiz auf sie loslässt. Dadurch wird ihnen klar, dass der Staat auch gegen sie ist, auch zur gegnerischen Seite gehört. Das alles ist ein Reifungsprozess, das muss alles passieren."

Jene, die wie Claudio diesen Überlegungen weiter folgen und die den *FIT*-Parteien meist nahestehen, heben besonders hervor, dass sie als Kollektive von prekären Kleinselbstständigen wirtschaftlich schlechter dastehen als regulär nach Tarif bezahlte Beschäftigte: „Wir müssen aufhören, eine Idealisierung der *fábricas recuperadas* zu betreiben. Es ist keine Revolution, sondern eine defensive Strategie – es geht um die Verteidigung der Arbeitsplätze. Bei *Brukman* verdienen wir alle weniger als Tariflohn, wir bekommen keine Jahresendprämien und haben keinen bezahlten Urlaub. Wir haben auch Probleme damit, Rente und Rechtsschutz zu bezahlen – und manche von uns sind immer noch wegen Landfriedensbruchs angeklagt."

Für Claudio müsste der Staat nach wie vor für all die verlorenen Versicherungs- und Bonuszahlungen aufkommen, „die wir uns nicht leisten können – doch es ist ein kapitalistischer Staat, also läuft es nicht so." Da sich Arbeiter wie Claudio von diesem Staat weder eine stabile Unterstützung versprechen, noch – wie es mache Kooperativen ja gemacht zu haben scheinen – sich in direkte Abhängigkeit vom Staat begeben wollen, setzen sie auf ständigen Kampf um bessere Bedingungen für ihre Selbstorganisation.

Sie schließen sich den Forderungen der Bewegung der instandbesetzten Betriebe an, zuallererst nach einer verbindlichen gesetzlichen Regelung für die Enteignung und Übernahme insolventer Betriebe – was der Regierung jedoch bislang eindeutig zu weit geht. Wie es Denise Kasparian ausdrückt: „Das Privateigentum bildet die Grenze." Im Zweifelsfall kann also das Eigentumsrecht zwar aufgeweicht, aber nicht aufgegeben werden, nicht einmal in diesen besonderen Fällen.

Weiter fordern sie Subventionszahlungen, die jedoch jenseits von symbolischen Beträgen nur in zäh erstrittenen Einzelfällen zustandekommen. Und sie fordern bessere Steuer- und Versicherungsbedingungen für sich.

Sie halten dennoch ihre kollektive, prekäre Kleinselbstständigkeit („monotributismo") für besser als die vereinzelte Version davon oder die Erwerbslosigkeit, da sie ihnen ermöglicht, sich gegenseitig zu unterstützen und gemeinsam Forderungen durchzusetzen. Denn – und das ist wohl der Dreh- und Angelpunkt in der veränderten Sichtweise – sie versprechen sich stets mehr von einer Situation, die sich als günstiger für den gemeinsamen Kampf erwiesen hat, als von einer, die sie in Duldung und Abhängigkeit festhält.

Dieser Positionswechsel befördert auch, wie schon angedeutet, ein anderes Bild von der Gesellschaft insgesamt, das auch über vieles von dem hinausgeht, was wir in diesem Buch in der Einleitung der herausgebenden Verlagskooperative und ihren Rahmenerzählungen zu lesen bekommen. Hier tauchen nun auch die schmutzigen Wörter auf, die in Argentinien wie in Deutschland meist lieber durch jedes erdenkliche Synonym und durch jede greifbare Behelfserklärung umgedeutet oder ganz ersetzt werden – es geht um Kapitalismus und um Klassenkampf. Um keinen neuen, anderen, fremden oder missratenen Kapitalismus, sondern einfach um den, der zeit seines Bestehens darauf beruht, Lohnarbeit gewinnträchtig auszubeuten und dazu von den Bedürfnissen der meisten Menschen abzusehen. Um den Kapitalismus, der schon immer Elend und Ausgrenzung hervorbrachte und in dem es schon immer ein Subproletariat und Konkurrenz gab – und das Bestreben, die abstrakte Herrschaft des Kapitals durch autoritäre politische Formen und Figuren zu ergänzen. Um den Kapitalismus, in dem nach wie vor die Lage der Arbeitenden nur durch Kampf mehr oder weniger direkt verbessert werden kann. Und der auch nur durch Kampf zu überwinden ist.

Diese Auffassung zerreißt natürlich die auch in diesem Buch allgegenwärtige Idee von der einstmals guten Nation und ihrem von gutwilligen Politikern eingerichteten Sozialstaat, vom zerstörerischen Ausverkauf dieser Nation aus entsprechend bösem Willen, dem nun, zur Wiederaufrichtung der guten Nation, wiederum ein guter (in Argentinien: „linksperonistischer") politischer Wille entgegengesetzt werden muss. Das entspricht in den Grundzügen den Überzeugungen der überwältigenden Mehrheit sich als links oder sozialistisch verstehender Menschen auf der ganzen Welt – und befindet sich auch recht nahe an der Regierungspropaganda des Kirchnerismo (wenn auch nicht unbedingt an seiner politischen Praxis).

Die Fehler in diesem Bild wurden Menschen wie Claudio im Zuge ihrer Auseinandersetzung mit eben jener Nation, mit Staat und Kapital, im Laufe der Zeit immer klarer. Grob skizziert besteht dieses Bild aus drei Elementen. Da ist zunächst das Ideal, das sich aus einer unvollständigen und verklärten Sicht auf die Vergangenheit speist und sich fast immer auf die eigene Nation bezieht. Es folgt zweitens der Verfall dieses Ideals, der sich aus dem Vergleich der Gegenwart mit dem Bild von der Vergangenheit ergibt. Und drittens tritt das Element der Intention hinzu, also die Erfindung, Unterstellung oder Vermutung von bösen Absichten, die von der idealen Vergangenheit in die nicht-ideale Gegenwart geführt haben sollen.

Aus letzterem ergibt sich dann meist implizit die Forderung nach einer Gegenintention, einem guten politischen Willen, der diese Vergangenheit wieder herstellen soll.

Um sich das Ideal, wie es sich etwa in David Harveys in der Einleitung zitierter Formel vom „vormaligen kapitalistischen Gleichgewicht" findet, vorstellen zu können, muss vergessen oder ignoriert werden, wieviel Krieg, Plünderung und Elend es auch in der „guten alten Zeit" der Sozialstaaten gab, wieviel Widerstand dies hervorrief und mit welch vielfältiger Überrumpelung und welch grenzenloser Gewalt diese Widerstände gebrochen wurden.

Zu diesem Ideal gesellt sich eine Beschwörung der sogenannten „Realwirtschaft" und der Industrie, die unter kapitalistischen Bedingungen natürlich niemals ohne Kredite und Investitionen ausgekommen sind und die stets auf die Zirkulationssphäre, also auch die Banken und Börsen, für den Umsatz ihrer Produkte angewiesen waren. Ebenso sind viele Konzepte eines „dritten Weges" und einer an Keynes angelehnten Wirtschaftspolitik zu verstehen, wie sie sich etwa im Phoenix-Plan des Kirchnerismo niederschlägt, dem wir später im Buch in der Geschichte von *Comercio y Justicia* als „alternativem Kapitalismus" mit „Schwerpunkt auf nationaler Produktion" begegnen werden. Zur Realwirtschaft gehört auch die schaffende, überhistorische Arbeit, die auch hier im Buch als zu erleidende Plackerei und „Mysterium des menschlichen Schicksals" vorgestellt wird.

Dann aber verfällt im zweiten gedanklichen Schritt das Ideal ab unterschiedlichen Zeitpunkten, und im Abgleich mit dem Verfall strahlt das Ideal umso kräftiger. Die kaputtgewirtschafteten Unternehmen waren vorher „gesund", Familienbetriebe usw. Wenn, wie Zygmunt Bauman zitiert wird, in der neoliberalen Welt so wie in den Anfängen des Kapitalismus der „Bargeld-Nexus' (Thomas Carlyle) die einzige soziale Verbindung" und „halsabschneiderischer Wettbewerb das einzige Gesetz im Land" sind, heißt das natürlich, dass das zwischendurch, in der guten Nation, nicht der Fall war. Dass der „globale Kapitalismus diese Formen" der Nationalstaaten „zerbricht" (die er doch erzeugt hatte und ständig immer wieder hervorbringt!), lässt die einst noch unzerbrochene Nation umso imposanter dastehen. Dass Macht „nicht länger ein Ort" ist, „sondern eine Fähigkeit", heißt, dass sie das vorher, als es den Ort, also die Nation noch gab, noch nicht war. Dass nun die Macht in den Federstrichen liegt, unterstellt ebenfalls, dass sie vorher noch persönlicher und menschlicher gewesen wäre – obwohl sie doch schon eine kapitalistische Herrschaft aus den Geschäfts- und Gesetzbüchern war.

Nun steht die Welt aber auf dem Kopf: „Was für ein Scheißland", ruft die MNER-Anwältin Kravetz aus, „du kannst neben Kindern Drogen nehmen, du kannst klauen und machen, was auch immer du willst, aber du kannst nicht arbeiten." Wehe! Die gute Arbeit steht allein am Pranger, die geordnete Welt ist aus den Fugen, der schlechte Staat greift nicht durch – nur gegen die Schaffenden und Tüchtigen!

Und dieser Verfall ist Absicht, Produkt bösen Willens – die angeprangerten Maßnahmen der Privatisierung von öffentlichen Einrichtungen und Staatsbetrieben, der Zerschlagung von Gewerkschaften und Arbeiterbewegung wurden nicht etwa ergriffen, weil die Konkurrenz der Staaten und ihrer Volkswirtschaften dazu zwingt, die Arbeitskosten zu senken und dem Kapital möglichst ungehinderten Verkehr zu ermöglichen; auch nicht, weil es zur Aufrechterhaltung der kapitalistischen Gesellschaftsordnung nötig war und länderübergreifend gefördert wurde, Systeminfragestellungen niederzuschlagen;[12] und auch nicht schlicht aus Gründen der persönlichen Bereicherung, nach der im Kapitalismus nun mal alle streben. Sondern hier waltete eine Bösartigkeit gegen die gute Nation, die gerade ihrer Gut- und Großartigkeit wegen ins Fadenkreuz geriet.

So wird aus Maßnahmen zur Verbesserung der eigenen Position in der Konkurrenz der Staaten (Ab-, Umbau und Verlagerung von Industrie, „Freisetzung" von Arbeitskräften durch Rationalisierung und Automatisierung) eine „Strategie der Arbeitslosigkeit und des gesellschaftlichen Ausschlusses – das ökonomische Verschwindenlassen von Menschen", die die vormalige „Strategie der Repression" ersetzt. Die Parallelen zur Deindustrialisierung nach dem Ende der DDR, aber auch zu anderen Regionen in Europa sind augenfällig, besonders wenn es weiter heißt, dass unter den „unter den zehn größten Arbeitgebern des Landes vier Supermärkte, eine Fastfood-Kette und eine private Sicherheitsfirma" firmieren. Doch sind diese Maßnahmen im Rahmen der kapitalistischen Konkurrenz nicht widersinnig – der Widersinn ist diese Konkurrenz selbst, deren Prinzipien sich immer vollständiger untergeordnet werden muss und die die Zertrümmerung noch der magersten sozialen Sicherheiten erforderlich macht.

Und auch wenn es in all diesen Vorgängen viel bösen Willen geben mag, gerade beim Brechen von Widerständen oder der Zerstörung von Erinnerun-

---

12 In den antikommunistischen Terrorkampagnen der „Operation Condor", denen Zehntausende zum Opfer fielen, taten sich, mit US-amerikanischer Unterstützung, in den 70er und 80er Jahren die Regierungen und Geheimdienste Chiles, Argentiniens, Paraguays, Boliviens, Uruguays und Brasiliens zusammen

gen an gesellschaftliche Alternativen, so ist er doch an den meisten Stellen gar nicht nötig.

Weder braucht's ihn im Kleinen, wo jeder einzelne Schritt einer gewinnorientierten Betriebsausschlachtung oder die Unternehmensverschuldung auf dem Höhepunkt ausbrechender Wirtschaftskrisen zur perfiden Niedertracht erklärt wird. Der idealistische Blick will hier immer eher die fiese Intention sehen als die meist banaleren anderen Erklärungen: „Wenn in der Wirtschaft etwas keinen Sinn ergibt, kann die Erklärung oft [!] in einem Begriff gefunden werden, der irgendwann noch eine klare Bedeutung hatte: Geldwäsche."

Noch braucht's den bösen Willen unbedingt im Großen – und dort landet seine Unterstellung schnell und zuverlässig bei mindestens unappetitlichen Wendungen wie „diese Macht, gestützt auf eine kriminelle Verschwörung des globalen spekulativen Kapitalismus (gemanagt von den internationalen Kreditinstituten)" oder „enthüllt, wer *in Wahrheit* Abhängigkeit und sozialen Ausschluss in Argentinien bewirbt, finanziert und unterstützt" – dagegen muss immer wieder betont werden, dass es diese Trennung zwischen „Real- und Finanzwirtschaft" in der Realität so nicht gibt und im Kapitalismus auch nicht geben kann, dass Kriminalität und Verschwörung im Kapitalismus vor allem eine Frage der Gelegenheit und der Möglichkeiten ist und nicht die eines bestimmten „Menschenschlags" oder „krimineller Energie".

Im dritten Schritt tritt, meist implizit, vor die böse Intention die gute Gegenintention. Wenn „nationale Führung" in Anführungszeichen gesetzt wird und es danach heißt: „wenn diese beiden Wörter zusammen noch einen Sinn ergeben", impliziert das den Wunsch nach einer „richtigen" nationalen Führung, die dem alten Ideal entspricht. Über die konkrete Gestalt dieser guten Nation und ihrer Wirtschaft wird jedoch in Rätseln gesprochen.

Im Kleinen gibt es hier die Idee, dass eine nicht-kapitalistische Wirtschaft durch die Kooperativen bereits verwirklicht ist. So lesen wir den merkwürdigen Gedanken, dass es dort „zwischen dem Gebrauchswert deiner Arbeit und dem Tauschwert der Produkte deiner Arbeit keine Differenz gibt" und dass sie „völlig fair" sind, „da die Erträge an die gehen, die sie erzeugen". Der Tauschwert ergibt sich jedoch daraus, dass die Produkte auf dem Markt verkauft werden müssen, worum auch die Kooperativen nicht herumkommen. Ebenso sind sie, gleichgültig wie egalitär sie sich nach innen organisieren mögen, als Marktteilnehmer auch Teil der kapitalistischen Konkurrenz.

Im großen Maßstab wird gegenüber Kapital und Tauschwert eine Haltung eingenommen, die sich in zahllosen Äußerungen der kirchneristischen Regierung und ihrer Anhängerschaft wiederfinden, aber auch zum Beispiel in Naomi Kleins Recuperada-Doku „The Take" – es entsteht der Eindruck, als wären das Land und seine Betriebe vom Kapital verlassen worden, und nun würde man nach der Trennung alles wiedergutmachen wollen, um es zur Rückkehr zu bewegen, bei gleichzeitiger Hoffnung, das Kapital habe sich vielleicht in der Zwischenzeit geändert und wäre nicht mehr so gemein wie vorher.

Zumindest ein stimmiges Freund- und Feindbild lässt sich jedoch entwickeln – wenn man so will, eine idealistische Entsprechung zum Klassenkampf mit der Rollenverteilung böse Intention/gute Intention. In den Worten des *Conforti*-Altgewerkschafters: „Es gibt Leute, die morgens aufstehen und sich überlegen, wie sie andere übers Ohr hauen können, und es gibt die, die überlegen, wie sie dieses Argentinien wieder aufbauen können, das auseinandergerissen wurde."

Dieser ganzen verkehrten Gesamtschau setzen Arbeiter wie Claudio oder Salvador ein Beharren auf den eigenen Kampferfahrungen entgegen, ein grundsätzliches Misstrauen gegenüber dem Staat und seinen Versprechungen – und die Gewissheit, nur durch den gemeinsamen Kampf die eigene Lage verbessern zu können. Eine gesamtgesellschaftliche Verbesserung versprechen sie sich nicht von der Wiederaufrichtung vergangener Ideale, sondern vom Zusammenschluss aller Werktätigen und der gemeinsamen Übernahme der gesellschaftlichen Produktion. „Wir unterstützen die Bewegung und die anderen Betriebe", sagt Salvador, „aber wenn es aus den Unis von der tollen ‚entstehenden sozialen Bewegung' tönt, ist das nur Bullshit für uns. Es geht hier mehr um einen Reifungsprozess. Es ist nett, überall Freire in den Schulen zu sehen und über die Betriebe Forschungen anzustellen – aber wir machen hier einfach nur weiter und die staatlichen Schulen verfallen."

„Wichtig wird in Zukunft sein, inwieweit die Linke sich von ihrem peronistischen Erbe befreien und die disziplinierende Macht der Gewerkschaftsbürokratie brechen kann."[13]

---

13 Brand, Ulrich (Hg.): „Que se vayan todos! Krise und Widerstand in Argentinien", Assoziation A, Berlin 2003, S. 10f.

Hier & jetzt!

Ganz Ähnliches, wie es die Arbeiter in Argentinien herausgefunden haben, ließe sich auch in Deutschland entdecken. Auch hier klaffen Selbstbild und Realität, oft verstärkt durch die Außenwahrnehmung, erheblich auseinander. Auch hier gibt es verklärte Vergangenheit und verkannte Gegenwart. Und auch hier werden immer wieder die falschen Antworten gegeben.

Argentinien – das ist doch weit weg! Die haben doch dort eine ganz andere Mentalität! Und Betriebe besetzen – sowas würde hier doch niemand machen! Wir sind doch schon viel weiter! Und uns geht's doch ganz gut!

Wenn Diego vom Hotel *Bauen* sagt, Deutschland habe das beste Sozialsystem der Welt, würden das viele Deutsche sicher gern glauben, obwohl sie wissen, dass es, wenn es denn je gestimmt hat, längst nicht mehr stimmt, dass Deutschland eine Klassengesellschaft ist, in der es Millionen von Armen und Tausende von Obdachlosen gibt.

Und er fügt aber garstigerweise genau das hinzu, was in den letzten zwanzig Jahren zur wohlvertrauten Ergänzung dieses Bildes geworden ist: „Wenn es zuviel Arbeitslosengeld gibt, dann gibt es keinen Grund zu arbeiten." Und schon ist die Katze aus dem Sack: Die ökonomischen Probleme sind nur psychische Motivationsprobleme, alle müssen für Staat und Kapital so viel tun, wie sie können, und wenn aus ihnen gerade kein Gewinn und Nutzen zu beziehen ist, müssen sie sich doch für die mögliche Verwendung jederzeit bereit und fit („aktiviert") halten – und sei es durch die sinnlosesten Arbeitssimulationen.

Doch es gäbe noch mehr (wieder) zu entdecken als die Demontage des Sozialstaats und die (wieder) ganz unverblümte Propaganda der Nützlichkeit von Menschen. Im Kontext neuer Arbeitskämpfe könnte zum Beispiel die Frage (wieder) auftauchen, woher dieses Sozialsystem eigentlich stammte und wie und warum es eigentlich eingerichtet wurde. Dann käme, wie bei den argentinischen Arbeitern, vielleicht (wieder) in den Sinn, dass diese Arbeitskämpfe wie dort auch hier eine Geschichte haben, dass die staatlichen Sozialversicherungen ihren Anfang nahmen, als die deutsche Arbeiterbewegung eine der größten und revolutionärsten überhaupt war und sich nur mit der Kombination von staatlichem Verbot und sozialen Zugeständnissen („Zuckerbrot und Peitsche") vorübergehend niederhalten ließ. Auch läge die Erinnerung nahe, dass diese Zugeständnisse die Arbeiter nicht davon abhielten, am Ende des Ersten Weltkrieges im ganzen Land eine ausgewachsene Revolution loszutreten, die so lange fast überall auf Rätedemokratie, Vergesellschaftung und Selbstverwaltung der Betriebe hinauslief, bis die Arbeiter von ihren sozialdemokratischen Anführern verraten wurden und diese die ersten Nazis mit militärischer Gewalt gegen sie vorgehen ließen. Dennoch dauerte es fünf Jahre mit Tausenden Toten, um diese revolutionäre Aufwallung in Deutschland zu ersticken. Und erst das begründete die Friedhofsgesellschaft, als die Deutschland seither bekannt ist, entweder für ihren „sozialen Frieden" gepriesen oder für ihre konterrevolutionären Untaten verdammt – zu selten wird das beides zusammengedacht.

Noch mal: Die Niederschlagung der Arbeiterrevolution gebar die faschistischen Monster und vernichtete zugleich einen großen Teil des Widerstands, der ihnen hätte entgegengesetzt werden können. Und da wir in der hässlichen Welt der kapitalistischen Staatenkonkurrenz leben, wurde Deutschland für all diese und die ihnen folgenden Verbrechen insgesamt weit mehr belohnt als bestraft – mit Schuldenerlass und Wohlstand. Wichtigstes wirtschaftliches Resultat war jedoch die folgsame und fleißige Arbeiterklasse, welche die konkurrierenden Volkswirtschaften in den Bankrott produziert und in Krisensituationen lieber Fremde und Linke jagt als Widerstand zu leisten.

Wie in Argentinien war der Faschismus auch in Deutschland viel weniger der Bruch, als der er gern hingestellt wird, sondern vor allem Fortsetzung und Folge, und er fand wie dort seine Fortsetzungen und seine Folgen.

Solange die Erinnerung an die Arbeiterrevolution in ihrer verdrehten Form des „Realsozialismus" ständig präsent war, solange es dort neben allem unbestreitbaren Terror und Autoritarismus auch Errungenschaften wie ein egalitäres Schulsystem, kostenloses Gesundheitswesen und Frauenvollbeschäftigung gab, blieb der Bestechungszusammenhang des Sozialstaats weitgehend unangetastet – erst nach dem Ende der DDR und der sozialistischen Staatenwelt wurde munter mit seinem Abbau begonnen.

Dass die Fassade auch in Deutschland erkennbar weggebrochen ist, konnte Raúl Godoy selbst feststellen, als er acht Jahre nach seinem ersten Besuch zurückkehrte: „Als ich 2005 hinfuhr, wurde Instandbesetzung von Betrieben als exotische Folklore von weit her angesehen. Jetzt waren die Reaktionen völlig anders, weil den Leuten die Probleme viel näher waren."

Aber all das soll nur ein kurzer Vorgriff auf das sein, was im Zuge neuer Arbeitskämpfe und Aneignungen wieder ins Bewusstsein treten könnte – eine

Geschichte, in der es wieder Handlungsmöglichkeiten gibt, in der die eigene Rolle klarer wird und sich von dort aus mit anderen zusammengetan werden kann, mit allen Arbeitenden, ob sie nun gelernt oder ungelernt, beschäftigt oder arbeitslos, heimisch oder fremd, legal oder illegal sein mögen.

Wir gehen aber den zweiten Schritt vor dem ersten. Erst einmal müßte natürlich der Stein ins Rollen kommen. Es müssten sich Arbeiter finden, die ihre insolventen Betriebe nicht verlassen wollen, die ihre Arbeitsplätze nicht einfach aufgeben wollen. Und die von der Möglichkeit des deutschen Insolvenzrechts Gebrauch machen, im Rahmen eines Konkursverfahrens als Belegschaft den Betrieb zu übernehmen. Vielleicht können die Erfahrungen, die in diesem Buch versammelt sind, dabei eine Hilfe sein. Vielleicht sieht die Unterstützung auch konkreter aus: „Wenn ich in Deutschland bei einer Instandbesetzung helfen sollte, würde ich das sehr gern tun" (Salvador, *19 de Diciembre*). Das meiste wird jedoch, ist der Entschluss erst mal gefasst, selbst herauszufinden und zu erproben sein.

Ich habe in Argentinien auch danach gefragt, was es an die Adresse der deutschen Arbeiter zu sagen gäbe, und Raúl Godoy von *FaSinPat* und Claudio Valori von *Brukman* haben mir darauf besonders eindringlich geantwortet.

Raúl Godoy: „Arbeiter in Deutschland müssen verstehen, dass wir das kapitalistische System loswerden müssen, bevor es uns los wird. Wir müssen diese akzeptierende Haltung überwinden, zu denken, dass es nicht möglich wäre oder zu schwierig sei. Dieses Denken lässt einen die Klappe halten und das kleinere Übel akzeptieren: 'Naja, wenigstens haben wir ja...' Auf diese Weise zieht man sich immer weiter zurück. Und wenn man das merkt, steht einem das Wasser schon bis zum Hals.

In Zanón waren wir beispielsweise nur eine kleine Gruppe von Aktivisten, die gesagt haben, Besetzung wäre die Alternative. Und die meisten sagten: Nein, ihr seid verrückt, das ist zu schwierig. Aber als die Firma alle rauswarf und der Betrieb geschlossen wurde, kamen die gleichen Kollegen zu uns und fragten: 'Wie war das noch mal mit der Besetzung?' Und sie veränderten sich, alles veränderte sich innerhalb weniger Tage.

Das Wichtige war also, dass jemand weiter diese Ideen verbreitete, denn wenn sich die Gelegenheit ergibt, musst du da sein. Und das muss heute in Deutschland getan werden und überall auf der Welt: diese Ideen entwickeln und sie für alle zugänglich machen."

Und Claudio Valori: „Die deutsche Arbeiterklasse muss sich genau anschauen, was hier passiert ist, wie jede Firma, die nicht mehr genug für die Schuldentilgung abwarf, ausgeschlachtet wurde und wie kein Geschäftsmann auch nur einen Gedanken daran verschwendete, was das für die Arbeiter bedeutet. Daher eigneten diese sich die Produktionsmittel an. Vielleicht kann die argentinische Arbeiterklasse, die einst aus Europa abgehauen ist, nun etwas zurückgeben."

Er verweist auf das Buch „Aufstand in Patagonien" von Osvaldo Bayer, in dem es darum geht, wie spanische und italienische Arbeiter Anfang des 20. Jahrhunderts einen der größten Streiks in der Geschichte Argentiniens lostraten – und die Regierung sie nach Europa auswies. Die meisten der argentinischen Arbeiter waren damals im Laufe weniger Jahrzehnte aus Europa eingewandert, und das Europa, aus dem sie kamen, kannten sie noch als das der Pariser Kommune. Diese hatte, als erste Arbeiterregierung der modernen Geschichte, als einen ihrer Beschlüsse auch das „Décret des Ateliers" verkündet, in dem die Übernahme geschlossener Betriebe durch Kooperativen der vormals dort Beschäftigten erlaubt und angeregt wurde.[14]

---

14 Der Wortlaut des Dekrets vom 16. April 1871: „In Erwägung, daß zahlreiche Fabriken von ihren Leitern verlassen wurden, welche ohne Rücksicht auf die Interessen der Arbeiter flüchteten und sich ihrer Bürgerpflicht entzogen -
In Erwägung, daß infolge dieser feigen Flucht zahlreiche für das kommunale Leben wichtige Arbeiten unterbrochen sind und die Existenz der Arbeiter auf dem Spiele steht, ordnet die Kommune von Paris an:
Die Syndikatskammern der Arbeiter werden zusammengerufen, um einen Untersuchungsausschuß einzusetzen, der die Aufgabe hat:
1. Eine Statistik der verlassenen Fabriken aufzustellen sowie eine genaue Beschreibung des Zustandes, indem sie sich befinden, und der vorhandenen Arbeitsinstrumente;
2. einen Bericht vorzulegen, der die praktischen Bedingungen für die sofortige Inbetriebnahme dieser Fabriken darlegt, und zwar nicht mehr durch die Deserteure, die sie verlassen haben, sondern durch die kooperative Assoziation der Arbeiter, die in ihnen beschäftigt waren;
3. einen Plan für die Bildung dieser kooperativen Arbeitsgesellschaften auszuarbeiten;
4. ein Schiedsgericht einzusetzen, das bei der Rückkehr der Unternehmer die Bedingungen für die endgültige Abtretung der Fabriken an die Arbeitergesellschaften und die von den Gesellschaften an die Unternehmer zu zahlende Entschädigung bezahlen soll. Dieser Untersuchungsausschuß hat seinen Bericht an die Kommission für Arbeit und Handel zu richten, und diese ist verpflichtet der Kommune binnen kürzester Frist einen Entwurf zu einem Dekret zu unterbreiten, das sowohl den Interessen der Kommune wie denen der Arbeiter gerecht wird ..." – zitiert nach: http://ciml.250x.com/archive/paris/german/historische_dokumente_pariser_kommune.pdf

Als Christian Castillo von der *FIT* Anfang 2014 in Berlin sprach, wirkte er wie das krasse Gegenbild zu den im Publikum versammelten deutschen Trotzkisten, die sich denn auch, nachdem Castillo gerade eine halbe Stunde Redezeit hatte, zweieinhalb Stunden lang unter Beschwörungen der Einheit voneinander abgrenzten. Der Wandel, der in Argentinien schon stattgefunden hat und noch stattfindet, steht für Deutschland wohl noch aus – Arbeiter mit eigenen Instandbesetzungen, die sich von Politikern, Ideologen und Theoretikern nicht mehr alles erzählen lassen müssen, die deren Erklärungen mit ihren eigenen Kampferfahrungen vergleichen können und die entsprechend auch ihre politischen Verbündeten sorgfältig selbst auswählen.

Castillos Schlussworte waren ans größere Publikum gerichtet: „Angesichts der Krise des Kapitalismus ist der Kommunismus so aktuell wie nie, jedoch nicht wie die stalinistische Variante in der DDR, sondern so, wie er Anfang des 20. Jahrhunderts verstanden wurde: als die Gesellschaft, in der alle Menschen so frei wie möglich sein können. Die kapitalistische Freiheit ist eine Lüge, sie gilt nur für die Besitzenden. Dieses System ist nicht das Ende der Geschichte – wir haben eine Geschichte zu schreiben."

***

Eine technische Bemerkung: die Fußnoten in der Übersetzung folgen denen der amerikanischen Ausgabe; meine eigenen Anmerkungen habe ich mit A.d.Ü. gekennzeichnet.

***

Ich danke Luciano Tepper für die Informationsbeschaffung, Adrian Mengay fürs Zustandekommen des Projekts, Heiner Koch für die Reisevorbereitung, der *Stiftung Menschenwürde und Arbeitswelt* für die finanzielle Unterstützung, meinen Eltern für die Beherbergung, vor allem aber Magui López für die umfangreiche und herzliche Hilfe bei Übersetzung, Zurechtfinden und Klarkommen.

Daniel Kulla,
Buenos Aires und Thale am Harz, Winter 2014/2015

Werktätige einer Klasse für sich

Einleitung der Verlagskooperative Lavaca

Wenn die Zeiten günstig sind für Betrug, maskieren sich auch Geschäftsinteressen besonders gern als öffentliche Meinung. Lobbyisten beweihräuchern sich in der Hoffnung, ihnen nicht genehme Nachrichten unterdrücken zu können. Was es dennoch schafft durchzudringen, unterliegt dem statistischen Ausschluss: Es verbleibt immer mehr außerhalb des Programms der Medien als drinnen. Und das Wenige, das drin bleibt, wird entstellt.

So werden diese Zeiten präsentiert – grausam verdreht.

Und die Medien, die uns bei der Interpretation helfen könnten, wirken eher wie eine Pille, die Impotenz verursacht.

Was auch immer wir betrachten, es sieht alles verkehrt aus.

Und, blind von all diesem Schrecken, haben wir weder die Energie noch die Geduld, irgendwas zu glauben.

***

Nomen est umen – zu benennen heißt zu wissen.

Diese alte Maxime wiederzubeleben, bedeutet nicht einfach, die Namen laut zu sagen, sondern auch von den Konzepten, Standpunkten und Geschichten zu sprechen, die erst zusammen die komplexe und vielfältige Realität erzeugen.

Es geht nicht darum, es uns einfach zu machen.

Es geht nicht darum, mit dem Finger auf das zu zeigen, was gut oder schlecht ist, oder gar das Eigentliche vom Flüchtigen abzutrennen.

Es geht darum, alles zu benennen, auch das, was sinnlos erscheint.

Denn das ist die einzige Macht der Information – Taten in Worte umzusetzen.

***

Dies ist eine Geschichte über Veränderung.

Aber da sie uns, wie alle Sünden, nur Buße und keine Lektion beschert, werden wir Prognosen vermeiden. Vorhersagen sind immer begrenzt durch das, was Menschen alles zu tun imstande sind.

Nicht der Zufall, sondern der Mut macht die Zukunft unvorhersehbar.

Darum dreht sich diese Geschichte, und darum geht es bei dieser Veränderung.

***

Eine Veränderung zu bewirken, heißt ein Paradigma zu transformieren. Die Intensität dieses Vorgangs beruht nicht auf Quantität, sondern auf Beharrlichkeit. Tropfen für Tropfen.

Wenn wir damit beginnen, Kapitalismus nicht nur als ein System zur Erzeugung und Verteilung von Waren zu verstehen, sondern auch als einen Erzeuger und Verteiler von Identitäten, dann ist jede Veränderung gekennzeichnet durch eine Transformation der Paradigmen, welche die Blickwinkel dieser Identitäten bestimmen. Doch wie entdecken wir die Paradigmen?

Adam Smith bestimmte eins: Der Reichtum der Nationen hängt ausschließlich vom Geschick ihrer Arbeit und dem Verhältnis von produktiven zu unproduktiven Arbeitern ab.[15] Marx wies dann auf den entscheidenden Faktor hin – das Eigentum an den Produktionsmitteln.

Für Smith und Marx bildet die Produktionsweise einer Gesellschaft die theoretische Hauptachse.

Heute sind ihre Theorien historische Zeugnisse, die es uns erlauben, die Grundlagen des industriellen Kapitalismus nachzuvollziehen. Die Veränderungen, die von ihnen festgestellt wurden, lagen jedoch solange nicht zutage, bis sie wirklich eintraten. Das bedeutet, dass wir von den alten Lehrern zuallererst lernen können, dass neue Ideen, Werte oder Prozesse in der Sozialgeschichte nicht unbedingt sofort entscheidend sein müssen.[16]

Bis sie es dann doch sind.

***

Die klassische Unterteilung der Wirtschaft legte bis in die jüngste Vergangenheit die Existenz dreier Sektoren fest: primär (Ackerbau und Viehzucht), sekundär (Industrie) und tertiär (Dienstleistungen). Diese Unterteilung erzeugte, entsprechend des Entwicklungsstands der Sektoren, eine korrespondierende

---

15 „The Wealth of Nations", London 1776
16 Daniel Bell: „The Coming of Post-Industrial Society", New York 1973

soziale Pyramide mit ihren verschiedenen Klassen und Identitäten. Das Ganze verschmolz zu einem wirtschaftlichen Körper und einer gesellschaftlichen Organisation: dem Nationalstaat.

Der globale Kapitalismus zerbrach diese Formen und mit ihnen die politischen und kulturellen Implikationen, die sich aus dieser Anordnung ergaben.

Er trieb einen Pfahl durchs Herz der lokalen Bourgeoisien, viertelte die Arbeitsteilung, verstreute die Teile in jede Ecke der Erde und tilgte so alle theoretischen Systeme, die den industriellen Kapitalismus unterstützten oder ihm entgegenstanden.

Wie Zygmunt Bauman es beschreibt, „hing Henry Fords Reichtum und Macht noch ebenso sehr von seinen Arbeitern ab, wie deren Lebensunterhalt von ihm und seinen Gehilfen... Beide Seiten wussten, dass sie sich wiedersehen würden – am nächsten Tag und in der folgenden Monaten und Jahren. Diese Zeitperspektive erlaubte ihnen, ihr Verhältnis als einen ‚Interessenkonflikt' zu betrachten."[17] Das waren die Zeiten des „soliden Kapitalismus", so wie ihn Bauman definiert, in dem der Nationalstaat die Hauptbühne darstellte, auf der die Kämpfe ausgetragen wurden.

Gegen Ende des 20. Jahrhunderts wurde die Lage kompliziert, so wie in den Videospielen, wo jedes Level größere Herausforderungen aufweist. „Am Ende des 20. Jahrhunderts war die normative Kraft der Nationalstaaten und vor allem ihre praktische Fähigkeit zu souveränen Eingriffen gründlich zerrieben. Die Geschäftswelt (und vor allem das große Geschäft, das wirklich zählt, wenn es um ausgeglichene Staatshaushalte und die Sicherung des Lebensunterhalts der Staatsbürger geht) unterbreitete erfolgreich das Angebot auf Abtrennung von der Sphäre der Souveränität. Die wirtschaftlichen Grundlagen des menschlichen Überlebens und Wohlergehens sind nun einmal mehr außerhalb des Politischen, so wie sie es vor zwei Jahrhunderten waren, an der Schwelle der Moderne, als die Geschäftswelt es schaffte, sich vor der engen ethischen Aufsicht der lokalen Gemeinschaften in ein „Niemandsland" zurückzuziehen, das noch nicht vom entstehenden modernen Staat besetzt und verwaltet war – in ein veritables Grenzgebiet wo der ‚Bargeld-Nexus' (Thomas Carlyle) die einzige soziale Verbindung war und halsabschneiderischer Wettbewerb das einzige Gesetz im Land."[18]

---

17 Bauman: „Society Under Siege", Cambridge 2002
18 Bauman, ebenda

Wie es der uruguayische Schriftsteller Raúl Zibechi zusammenfasst, ist „der Existenzgrund des Kapitalismus die Akkumulation, ein Vorgang, der zur Erzeugung eines Überschusses an Kapital und Arbeit führt. Diese Überschüsse behindern oder blockieren die Stetigkeit des Akkumulationsprozesses. Dem kann nur begegnet werden durch die Zerstörung oder den Rückbau der Produktion sowie durch Transfer des Kapitals in andere Gegenden oder Länder, um seine Entwertung zu verhindern... Daran ist nichts Neues. Doch ist, wie David Harvey in ‚The New Imperialism'[19] feststellt, das vormalige kapitalistische Gleichgewicht gestört, was den alten Akkumulationsweisen den Weg freimacht. Sie tauchen wieder auf, in neuen Formen, die er ‚Akkumulation durch Enteignung' nennt. Sie ähneln dem, was Marx ‚ursprüngliche Akkumulation des Kapitals'[20] nannte und was von der Bourgeoisie nie aufgegeben wurde, doch was nun als Markenzeichen des Kapitalismus in seiner Verfallsphase erscheint."[21]

Das nennt Bauman die „flüssige Moderne", was nichts anderes bedeutet als eine Rückkehr zu den brutalsten und primitivsten Produktionsbedingungen.

***

In den theoretischen Systemen, die den industriellen Kapitalismus analysierten, bestimmte die Arbeit jemandes sozialen Status, aber sie bestimmte unter anderem auch das Potenzial für Veränderung und das Format der Konflikte.

Die Globalisierung zerstörte das Wechselspiel dieser Kräfte und reduzierte sie auf das, was sie eigentlich waren – bloße Ausbeutungsverhältnisse.

Zuallererst – um uns auf das zu konzentrieren, was uns für diese Geschichte interessiert – wurde Lohnarbeit zu „flexibler Arbeit" oder zu „Billigjobs", wodurch eine neue soziale Kategorie geschaffen wurde – eine Nicht-Klasse. Es gibt keine Rechte oder keine Möglichkeit, sie zu erstreiten, wenn alles, was zählt, die tägliche Sicherung des bloßen Lebensunterhalts ist.

Die Auslöschung des traditionellen industriellen Proletariats wurde in ihren Grundzügen bereits Wort für Wort von Pierre Bourdieu und einem Team von Soziologen beschrieben. Er nannte es „Das Elend der Welt"[22], und in seinem Bemühen, das „heftige Auseinanderfallen der industriellen Ordnung und in der

---

19 „The New Imperialism", New York 2003
20 siehe: „Das Kapital. Kritik der Politischen Ökonomie", Band I, 24. Kapitel
21 Raúl Zibechi: „El nuevo imperialismo y America Latina", alainet.org 2004
22 Paris 1993

Folge der Gesellschaftsordnung" aufzuzeichnen, interviewte er jene, die schon bald zu Relikten im Sozialmuseum werden sollten. Es ist ein Dokument „all der Distanz, die das Proletariat – auch geschwächt oder im Verfall begriffen, mit niedrigeren bis regulären Löhnen, gedeckten Bankkonten und relativ sicherer Zukunft – von dem Arbeiter trennt, dessen Abstieg in die Arbeitslosigkeit, ohne Schutz oder Garantien, ihn in sub-proletarischen Bedingungen hält: verlassen, unorganisiert, besessen vom Überleben, auf dem Zahnfleisch kriechend, Tag für Tag, zwischen unbezahlten Mieten und unbezahlbaren Schulden."

Arbeitslosigkeit – das heißt, die Abwesenheit von Arbeit – wurde nicht nur zu einer neuen sozialen Kategorie, sondern auch zu einer Alternative.

Das Land der vom Arbeitsmarkt und damit von den Klassenidentitäten Ausgeschlossenen ist so breit und tief und riesig, dass es zu einer ganzen anderen Welt wird.

Ein Paralleluniversum, das aus dem Nichts alles erzeugen muss, was es braucht.

***

Harvey Brooks definierte Technologie als „den Einsatz wissenschaftlicher Erkenntnisse, um Handlungsweisen auf eine reproduzierbaren Art festzulegen". Wenn wir diese Bestimmung zugrundelegen, dann haben arbeitslose Werktätige eine soziale Technologie entwickelt, die wir hier zu bezeichnen versuchen, ohne dabei ihre Bestandteile gegeneinander abzuwägen, sondern indem wir versuchen, die gesamte Formel im Blick zu behalten.

Es ist die direkte Konsequenz aus dem, was Daniel Bell 1955 als „Die Auflösung des Kapitalismus" („The Disintegration of Capitalism") überschrieb, und dessen verwesender Leichnam Ende 2001 in Argentinien zum Vorschein kam.

Bells Argumentation ging so:

Zuerst musste der Kapitalismus nicht nur als ökonomisches System begriffen werden, sondern als ein Gesellschaftssystem, verbunden durch die Unternehmen, die die Bindekraft des Systems und gleichzeitig eine Interessengemeinschaft und Kontinuität lieferten. Dann folgte die Fragmentierung des Kapitalismus der Familienbetriebe – teilweise durch die Banken und Investmentfonds – und als deren wichtigstes Ergebnis die Mutation der herrschenden Klasse: von der nationalen Bourgeoisie zu den Managern der Großunternehmen und den CEOs. Das bedeutete unter anderem, dass die Macht nicht länger in den Händen einer bestimmten gesellschaftlichen Gruppe mit den entsprechenden Interessen, Gegnern und Konflikten lag, sondern bei einer technischen Klasse, deren Mitglieder sich nun durch die Drehtür aus dem Vorstand eines Großunternehmens zu den oberen Etagen der Regierungsbehörden bewegten.

Schließlich, die Folgen: Bell sagt, dass im Verhältnis zwischen Macht und Gesellschaftsklasse stille Revolutionen stattfinden.

**

Für Bell beinhalteten diese Revolutionen eine Veränderung, die er in einem Artikel für „Fortune" festhielt, in dem er die globale Zusammensetzung der Arbeit untersuchte. Das war in den 1950ern und Naomi Klein war noch nicht auf der Welt, doch ihre Theorie über die Veränderung in der kapitalistischen Produktion, welche sie später in ihrem „No Logo" entwickelte, war in Teilen bereits in Bells Werk angelegt. Der Kapitalismus interessierte sich immer weniger für die Produktion von Gegenständen und konzentrierte sich stattdessen darauf, die Formel umzukehren – auf die Schaffung von Kultur (im Sinne der Verteilung von Identitäten), die Kontrolle von politischen Machtstrukturen und die Auslagerung der schweren Aufgaben wie der ökonomischen Produktion. Eine Parodie auf Bill Clintons berühmten Satz *„It's the economy, stupid"*.

Ralf Dahrendorf hat ebenfalls darauf hingewiesen, dass in einer industriellen Gesellschaft nicht Eigentum, sondern Autorität zählt und dass mit dem Verschwinden des Eigentümers sich eine Spaltung zwischen politischer und wirtschaftlicher Ordnung ergibt, dass die Klassenposition nicht länger die Machtpositionen in der politischen Klasse bestimmt. [23]

Der bedauernswerte Bell nannte seine Theorie „Die postindustrielle Gesellschaft": „In den westlichen Gesellschaften befinden wir uns mitten in einer riesigen historischen Umwälzung, in welcher alte soziale Beziehungen (die ans Eigentum gebunden waren), bestehende Machtstrukturen (um enge Eliten zentriert) und bürgerliche Kultur (gegründet auf Ideen von Zurückhaltung und verzögerter Belohnung) sich zügig auflösen... Wie die neuen sozialen Formen aussehen werden, ist nicht völlig klar. Auch ist nicht sehr wahrscheinlich, dass sie die Einheit des wirtschaftlichen Systems und der Charakterstrukturen erreichen wird, die charakteristisch für die kapitalistische Zivilisation von der Mitte des 18. bis zur Mitte des 20. Jahrhunderts war. Der Gebrauch des Binde-

---

23 Dahrendorf: „Klasse und Klassenkonflikt in industriellen Gesellschaften", Stanford 1959

strich-Präfixes ‚post-' steht somit für den Eindruck, in einer Übergangszeit zu leben."[24]

Tatsächlich hatte Bell, vernarrt in seine Vorhersagen über die Rolle von Technologie und Wissen in der Zukunft, einen Schritt zurück gemacht. Er beschrieb etwas, das bereits bezeichnet worden war – den Zerfall eines Systems.

Diese Geschichte dreht sich darum, was mit den Krümeln passiert, die dabei übrig bleiben.

***

Der industrielle Kapitalismus starb nicht an natürlichen Ursachen. Schon gar nicht in Lateinamerika.

Zuallererst, weil „laut aller verfügbaren Analysen, auch von verschiedenen Blickwinkeln, der Wohlfahrtsstaat eine Einrichtung war, welche die Steuerung der massenproduzierenden Gesellschaft ermöglichte, charakterisiert durch tayloristische Arbeitsteilung, das Fordsche Fließband und die zentrale Rolle des spezialisierten Arbeiters. Es war dann die Rebellion der Arbeiter und großer Teile der Dritten Welt, die das gesamte Rahmengerüst abrissen, das nach der Krise von 1929 errichtet worden war."[25]

Zum zweiten, weil diese Rebellionen die Saat ausbrachten für wichtige Wellen von Siegen, welchen wiederum völlige Verluste an Rechten folgten. Ohne Übergang wurde Argentinien von einem Land mit vorbildlichen Arbeitsbestimmungen zu einem Beispiel für flexible Arbeit und nie dagewesene Arbeitslosigkeit.

Der Wendepunkt zwischen dem einen und dem anderen war die letzte Militärdiktatur.

Der Schriftsteller Rodolfo Walsh war der erste, der sie in einem offenen Brief verurteilte, und er wurde am selben Tag von Soldaten auf offener Straße umgebracht, als er versuchte, sich gegen seine Entführung zu wehren. In jenem Brief prangerte er zum ersten Jahrestag des Militärputsches Folter, Entführungen und Ermordungen an und schrieb außerdem, dass „wir in der Wirtschaftspolitik dieser Regierung nicht nur die Erklärung für ihre Verbrechen finden, sondern auch die größere Untat, die Millionen von Menschen mit geplantem Elend bestraft."[26]

---

24 Bell, „The Disintegration of Capitalism"
25 Raul Zibechi: „La imposible reconstrucción del estado benefactor" („Die unmögliche Wiederaufrichtung des Wohlfahrtsstaates"), www.lavaca.org
26 „Miseria planificada" („Geplantes Elend") ist der Titel eines Artikels von Sergio Ciancaglini, veröffentlicht in der spanischen Zeitung *El Pais* und der *International Herald Tribune*. Er wurde in

***

Geplantes Elend. Worauf bezog sich Walsh?

Sehen wir's uns an: massive Lohnkürzungen, Umverteilung von Einkommen und eine brutale Konzentration des Wohlstands, Rekordarbeitslosigkeit, Zusammenbruch des Konsums, ein Exodus von Fachkräften als Folge von „Rationalisierung" oder „Flexibilisierung" der Wirtschaft, historische Auslandsverschuldung, Schrumpfung des Sozialstaats, blinder Gehorsam gegenüber den „Patentlösungen" des IWF und die Herrschaft der Monopole sowie der sogenannten „neuen Spekulationsoligarchie".

Da ist noch mehr: Privatisierung von Banken, ausländische Kontrolle über Ersparnisse und Kredite, Belohnungen für Unternehmen, die den Staat betrügen.

Für Walsh bestand das größte Verbrechen des Militärs nicht in den täglichen Gräueltaten, sondern in seinem Wirtschaftsplan, der eine Vorahnung dessen lieferte, was dann Neoliberalismus genannt wurde – einen absoluten, zeitlosen und metaphysischen Markt. Argentinien öffnete wahllos seine Wirtschaft, begann mit der Zerstörung seiner Industrie und richtete einen „Hood Robin"-Staat ein – Robin Hood umgedreht: von den Armen nehmen und den Reichen geben, wie es die Statistiken zur wachsenden ökonomischen Ungleichheit weiterhin zeigen.

***

Die Militärdiktatur stürzte über den Irrsinn des Kriegs mit Thatchers Großbritannien um die Malvinas (Falklandinseln). Die neue schwache Demokratie wurde in eine Gesellschaft hineingeboren, welche sie sich nicht auf der Straße errungen hatte, sondern der sie dank der Unfähigkeit des Militärs in die Hände fiel.

Die Regierung von Raúl Alfonsín von 1983 bis 1989 war eine dubiose Mischung aus Opfer und Komplize der in so wenigen Händen konzentrierten Wirtschaft. Da diese Regierung nicht weit genug ging, folgte ihr Carlos Menem, der die Drecksarbeit zu Ende brachte. Menem setzte zwischen 1989 und 1999 den Plan um, den Walsh in seinem Brief angeprangert hatte, passte ihn an und lud ihn als „Demokratie" auf. Argentinien hatte die Arena des Washington Consensus betreten.[27] Staatlicher Terror war nicht länger notwendig, um ihn durchzusetzen.

---

das Buch „Argentina, país desperdiciado" („Argentinien, geplündertes Land") aufgenommen, herausgegeben 2003 von Aguilar. Die Hauptthese des Artikels ist die hier entwickelte.

27 Wikipedia: „Der Begriff Washington Consensus bezeichnet ein Bündel wirtschaftspolitischer Maßnahmen, die Regierungen zur Förderung von wirtschaftlicher Stabilität und Wachstum durchführen sollten. Das Konzept wurde lange Zeit von IWF und Weltbank propagiert und

Die Strategie der Repression wurde ersetzt durch die Strategie der Arbeitslosigkeit und des gesellschaftlichen Ausschlusses – das ökonomische Verschwindenlassen von Menschen. Innerhalb von 30 Jahren schrumpfte die Industrieproduktion um fast 50 Prozent, was unter anderem den Verlust von 600.000 Arbeitsplätzen bedeutete.[28] Gegen Ende des Jahres 2000 waren laut einer Studie des Wirtschaftsministeriums unter den zehn größten Arbeitgebern des Landes vier Supermärkte, eine Fastfood-Kette und eine private Sicherheitsfirma – das heißt: schlecht bezahlte und unsichere Arbeitsplätze. Der industrielle Sektor schaffte es – mit Ausnahme der Zuckerfabrik *Ledesma* und dem Lebensmittelhersteller *Arcor* – nicht unter die obersten 30. *McDonald's* beschäftigte beispielsweise doppelt so viele Arbeitskräfte wie das Ölunternehmen *Repsol-YPF*.[29]

So begann der tiefe Fall des Mittelstands unter die Armutsgrenze. Und der Armen unter die Grenze zum Verhungern.

Dann kam Fernando de la Rúa, eine Karikatur des Schlechtesten von Alfonsín und Menem. Es endete damit, dass er den Belagerungszustand ausrief und das Donnergrollen der Kochtopf-Demonstrationen hörte.[30]

---

gefördert." Die Maßnahmen: Nachfragedrosselung und Kürzung der Staatsausgaben durch Fiskal-, Kredit- und Geldpolitiken, Wechselkurskorrektur (Abwertung) und Verbesserung der Effizienz der Ressourcennutzung in der gesamten Wirtschaft (Rationalisierung und Kostenökonomie), Liberalisierung der Handelspolitik durch Abbau von Handelsbeschränkungen und Handelskontrollen, sowie verbesserte Exportanreize, Deregulierung von Märkten und Preisen (was oft auch die Abschaffung von Preissubventionen für Grundbedarfsartikel bedeutete), Haushaltskürzungen, Privatisierung öffentlicher Unternehmen und Einrichtungen, Entbürokratisierung, Abbau von Subventionen

28 Interview mit dem Soziologen Martin Schott, www.lavaca.org

29 Die Studie weist auch aus, welche Unternehmen im Zeitraum von 1995-99 die meisten Entlassungen vornahmen. Die spanische Telefónica und die französische Telecom führten die Liste an. Es folgten die Elektrizitätsunternehmen Edesur und Edenor, das Eisenbahnunternehmen Metrovías und selbstverständlich Repsol-YPF, wo in diesem Zeitraum fast ein Drittel der Belegschaft entlassen wurde. Diese Unternehmen waren die Nutznießer der Privatisierung von Argentiniens öffentlichen Dienstleistungen und Rohstoffen.

30 Die „Cacerolazos", bei denen Tausende auf Kochtöpfe schlagend durch die Straßen zogen, spielten eine zentrale Rolle bei dem argentinischen Aufstand, der zum Rücktritt de la Rúas führte. Eine Umfrage der Consulting-Firma Hugo Haime y Asociados vom 10. März 2002 unter 400 Hauptstädtern ergab: „Jeder dritte Einwohner der Hauptstadt und des sie umgebendes Ballungsraums nahm an den Cacerolazos oder den Nachbarschaftsversammlungen teil. Das ist ein sehr hoher Anteil. Er bedeutet konkret, dass 2,5 Millionen Menschen sich an den Protesten beteiligten oder beteiligen, von denen die meisten auf ihren Balkons oder in ihren Hauseingängen auf Töpfe schlugen."

Um es zusammenzufassen: 1974 hatte Argentinien eine ähnliche Wohl-
standsverteilung wie viele entwickelte Länder. Die Reichsten verfügten über
etwa zwölfmal soviel Einkommen wie die Ärmsten. Nach den Zahlen von 2003
ist dieses Gefälle um das 50fache gewachsen. Das bedeutet, laut der Erklärung
des Fachmanns Artemio López, dass „der größte Teil der Bevölkerung jährlich
das Äquivalent von 15 Milliarden Dollar an die Spitze überwies".[31]

***

Zu den Klängen der Sprechchöre, die „que se vayan todos" riefen – „Alle müssen
sie weg!" – und vor der Kulisse eines zur institutionellen Ruine geschrumpften
Landes können wir damit beginnen, Namen in unsere Geschichte einzuführen.

Der erste: Juan Navarro.

In den 1990ern galt er als das Musterbeispiel für Erfolg. Er wurde zum Geschäftsmann des Jahres 1997 erklärt. Drei Adjektive wurden verwandt, um ihn zu
beschreiben: erfolgreich, ehrgeizig und kühn. Er wurde auch als Guru, talentierter
Geldbeschaffer und brillanter Geschäftsführer bezeichnet. Es hieß, er würde eine
neue Geschäftskultur schaffen. Sein Imperium: die *Exxel-Gruppe*, ein Investmentfonds, der die Geschicke von 73 Unternehmen und 40.000 Beschäftigten lenkte.

„Ohne ererbtes Vermögen schuf er in Blitzesschnelle die drittmächtigste private Unternehmensgruppe in Argentinien mit einem Umsatz von 3,8 Milliarden
Dollar Ende 1999". schrieben die Journalisten Silvia Naishtat und Pablo Maas in
ihrer Navarro-Biographie.[32]

Es heißt, dass Juan Navarro am 17. März 1992 die Bankengruppe *Oppenheimer & Company* überzeugte, einen Investmentfonds aufzubauen. Ein paar Monate später schickten sie ihm einen Scheck über 47 Millionen Dollar. Er gab 22
Millionen für den Kauf der Unternehmen *Ciabasa* und *Poett* in der nördlichen
Provinz San Juan aus sowie für die Aerosol-Sparte des regierungseigenen Ölun-
ternehmens *Repsol-YPF*. Innerhalb von weniger als 60 Tagen verkaufte er diese
Erwerbungen an das multinationale Haushaltswaren- und Chemieunterneh-
men *Clorox* für 95 Millionen Dollar.

Für seinen zweiten Fonds sammelte er 155 Millionen Dollar ein. Er kaufte
private Gesundheitsfirmen und Elektrizitätswerke in der Provinz. Für die fol-

---

31 Equis Consulting-Firma, Bericht aus dem Juni 2004, basiert auf den Zahlen des nationalen
    Statistikamts INDEC, zitiert nach der Zeitung Clarín vom 28.6.2004
32 Naishtat/Maas „El Cazador" („Der Jäger"), Buenos Aires, Edition Planeta, 2000

genden Fonds trennte er sich von *Oppenheimer*. Seither ist unklar, woher sein Geld stammt. „Als der Geldwäsche-Untersuchungsausschuss die nordamerikanischen Fonds befragte, die Navarro als seine Investoren aufgeführt hatte, ob sie tatsächlich Geschäftspartner von *Exxel* seien, bestritt das die Mehrheit von ihnen oder schwieg", sagt Graciela Ocaña, Parlamentsabgeordnete und Ausschussmitglied (und spätere Gesundheitsministerin).

Eine Sache, die wir im Kopf behalten sollten: Ein Vorstandsmitglied der *Exxel-Gruppe* war der ehemalige US-Botschafter in Argentinien, Terence Todman.

Frage: Wie erwarb *Exxel* so viele Firmen?

Antwort: Durch Fremdfinanzierung.

Erklärung: „Die Unternehmen nahmen unter Ausnutzung der niedrigen US-Zinsen enorme Kredite auf. Das waren Brückenkredite, um die eigenen Käufe zu bezahlen. Einmal in geschäftsführender Position, gab das Unternehmen Anleihen aus, die vom Firmenkapital gedeckt waren. Mit dem Verkauf der Anleihen wurden die Kredite beglichen." (Naishtat/Maas)

Was bedeutete das?

Dass Navarro einen Wechsel – heißt: Vorschuss – über mehrere Millionen Dollar erwarb, um die Firmen zu kaufen. Sobald er den Vorschuss in den Händen hielt, verwandelte er sich in einen Kredit, den die gekaufte Firma akzeptieren musste, wobei sie ihr Kapital als Sicherheit einsetzte. Auf diese Weise starteten wirtschaftlich gesunde Unternehmen unter neuem Management mit riesiger und unbezahlbarer Schuldenlast.

Der Parlamentsbericht des Geldwäsche-Untersuchungsausschusses beschrieb das Vorgehen der *Exxel-Gruppe* so: „Wenn *Exxel* vorhat, ein Unternehmen zu kaufen, besorgt es sich zweierlei: ausländische Investoren, die Kapital beisteuern, und eine Bank, die einen Teil des Kaufpreises als kurzfristigen Kredit vorschießt. Wenn *Exxel* die Firma dann unter seine Kontrolle gebracht hat, gibt es im Namen des Unternehmens Anleihen in beträchtlicher Höhe aus (was eine Riesenverschuldung bewirkt) und verpfändet das gesamte Firmenvermögen als Sicherheit für die Rückzahlung der Anleihe. Kurz gesagt kaufen sie eine Firma größtenteils mit deren eigenem Geld."

***

Der Ausschuss erklärt uns, wie sehr Navarro der persönliche Management-Stil der Familienbetriebe, die er erwarb, nicht passte. Deshalb bestand seine erste

Maßnahme immer darin, die Organisationsstruktur zu zerstören. Er besetzte die Führungspositionen mit jungen, aggressiven Geschäftsführern, die ihre Posten unter keinen Umständen länger als drei Jahre innehaben sollten. Aus diesem Grund bezahlte er ihnen mehr.

„Viele fragen sich, wo *Exxels* Geld herkommt. Eine Vielzahl von unterschiedlichsten Theorien sind dazu in Umlauf gekommen – dass es Teil von *Yabráns* Wirtschaftsimperium sei[33] oder dass es sich um Investitionen des Ex-Präsidenten Menem handelt. Nichts davon wurde vom Ausschuss bestätigt. Aber eins ist sicher – zumindest teilweise stammt *Exxels* Geld aus Steuermitteln... Die Unternehmen, die vom Fonds gekauft wurden und die dann ihr Vermögen verpfändeten, brauchten keine Kapitalertragssteuer mehr zu zahlen, da ihre Zinszahlungen von dieser Steuer abgezogen werden können. Die fiskalischen Kosten dieser Abzüge tragen damit die Steuerzahler, die keine vergleichbaren Vorteile genießen. Zinsen für die Hypotheken von Hausbesitzern können beispielsweise nicht von der Kapitalertragssteuer abgezogen werden. Doch Investmentfonds wie *Exxel* können das mit den Zinsen für die Kredite, mit denen sie Unternehmen kaufen, tun."[34]

Im Jahr 2000 häufte *Exxel* Kapital in Höhe von 4,5 Milliarden Dollar an.

Zwei Jahre später war sein Wertpapierdepot magere 300 Millionen wert.

Ende 2003 war dies der Status seiner wichtigsten Unternehmen:

Norte-Supermärkte: 1996 kaufte die *Exxel-Gruppe Norte* für 440 Millionen Dollar vom Gründer Alberto Guil, wobei hauptsächlich mit Bankschulden bezahlt wurde sowie mit Anleihen, die auf internationalen Märkten verkauft wurden. Zwei Jahre später erwarb die französische Kette *Promodes* 49 Prozent an *Norte* von Navarros Fonds für 420 Millionen Dollar. *Promodes* hatte wenige Geschäftsführer in Argentinien, und die, die es gab, waren damit beschäftigt, ihren Discounter *Día* im Ballungsraum Buenos Aires auszubreiten. Das bedeutete, dass *Norte* weiter von *Exxel* gemanagt wurde. Ein Jahr später kaufte *Norte* die Kette *Tía* von der Familie De Narváez und der *Deutschen Bank* für 630 Millionen Dollar.

---

33 Alfredo Yabrán, Post-Chef und der Verstrickung in schmutzige Geschäfte verdächtig, stand im Zusammenhang mit der Ermordung des Fotojournalisten José Luis Cabezas 1997. Sein eigenes Ende war ähnlich obskur. Er beging 1998 Selbstmord, während er auf der Flucht vor Strafverfolgung war. Wenige Wochen zuvor hatte er in einem Interview mit der Zeitung Clarín gesagt: „Macht bedeutet Straffreiheit."

34 Naishtat/Maas: „El cazador"

Norte-Tía wurde zu einem Marktführer mit einem Umsatz von zwei Milliarden im Jahr. Als die Supermarktkette 2001 an das französische Unternehmen *Carrefour* verkauft wurde, hatte es Verbindlichkeiten in Höhe von zwei Milliarden Dollar und eine Finanzverschuldung von 350 Millionen angehäuft.

Kein Kommentar

Im Mai 2003 forderte der nationale Menschenrechtsbeauftragte („Defensor del Pueblo") Eduardo Mondino von verschiedenen Regierungsstellen Berichte über Aktivitäten an, die im Zusammenhang mit instandbesetzten Fabriken standen. Die Schlussfolgerungen aus den Antworten sehen so aus:

„Die Bundesregierung hat sich mit diesem Problem nicht beschäftigt und wusste in manchen Fällen nichts von dessen Existenz. Die einzige Regierungsbehörde, die es zur Kenntnis nahm, ist das *Nationale Institut für Verbände und Sozialwirtschaft* (INAES), doch ist dies auch die Behörde, die von den Genossenschaften am schärfsten für ihre Arbeitsweise und ihre Langsamkeit bei der Erstellung von Lizenzen kritisiert wurde."

Mondinos Bericht gibt zwei Antworten wieder, die dies illustrieren. Eine vom Justizministerium: „Es gibt kein Programm und keinen Antrag, um die Regierungspläne für die instandbesetzten Fabriken, ihre Beschäftigten und deren Familien in Zusammenarbeit mit anderen Behörden zu organisieren." Eine weitere aus dem Büro des Kabinetts: „Es gibt keine Präzedenzen für diese Angelegenheit." Das Gesundheitsministerium fragte zurück: „Ist die Nationale Bewegung der Instandbesetzten Betriebe (MNER) offiziell anerkannt? Wenn ja, wie arbeitet sie?"

Interbaires (Betreiber von Duty-Free-Shops an Flughäfen): Bis Dezember 1997 gehörte das Unternehmen neben *OCA*, *Ocasa* und *Edcadassa* zum Imperium von Alfredo Yabrán. In einem umstrittenen Schachzug bezahlte die *Exxel-Gruppe* 120 Millionen für 80 Prozent des Duty-Free-Geschäfts des Unternehmens. Im November 2002 wurde es von seinem Hauptgläubiger, der *Deutschen Bank*, übernommen, da es seine Schulden nicht mehr bezahlen konnte, die auf 40 Millionen geschätzt wurden. *London Supply*, eine Partnerschaft der Familien Taratuty und Monteiro Branca (zweitere aus Brasilien), kaufte es im März 2003 für 20 Millionen.

Fargo (Lebensmittel): Gegründet von Carlos Preiti, kontrollierte 60 Prozent des Marktes, als es für 140 Millionen Dollar verkauft wurde. Im Februar 2003 kehrte Preiti zu seiner Firma zurück, einbestellt von den Gläubigern des Unternehmens, die von der *Deutschen Bank* angeführt wurden. Das Unternehmen hatte Schulden in Höhe von 150 Millionen angehäuft.

Havanna (Hersteller der besten Alfajores[35]): 1998 von der *Exxel-Gruppe* erworben. Die Gründerfamilien bekamen 85 Millionen Dollar für ein Unternehmen, das zu der Zeit 15 Millionen Umsatz, 8 Millionen jährlichen Gewinn und keine Schulden aufwies. Vier Jahre später hatte es 32 Millionen an Verbindlichkeiten. Seine Gläubiger: eine Bankengruppe, angeführt von der *Deutschen Bank*, der *Citibank* und *Banco Rio*. Im Oktober 2003 kauften Führungskräfte des Investmentfonds *Desarrollo y Gestión* für 5,5 Millionen Dollar in bar und 12 Millionen in refinanzierten Bankkrediten *Havanna* von der *Exxel-Gruppe*. Unter ihnen: Guillermo Stanley und Carlos Giovanelli, frühere Citibank-Führungskräfte, und Chrystian Colombo, Ex-Kabinettschef der Regierung Rúa.

Musimundo (Ladenkette für CDs und Videos): Im Mai 1998 bot die *Exxel-Gruppe* der Familie von Natalio Garber 230 Millionen. Als Ende 2001 eine Gläubigerversammlung einberufen wurde, war der Schuldenstand 206 Millionen. Die wichtigsten Gläubiger: *Citibank* und *Galicia* (je etwa 70 Millionen) sowie *Bozano* und *Supervieille* aus Brasilien. Diese Banken behielten *Musimundos* Aktien.

OCA (Post): Das Flagschiff der *Yabrán-Gruppe* wurde im Dezember 1997 für 450 Millionen Dollar von *Exxel* gekauft. Völlig überschuldet wurde es von einem Bankenkartell, angeführt von der *Deutschen Bank* und der *Citibank*, übernommen. Im Februar 2004 wurde *OCA* für 32 Millionen Dollar in bar an den US-Investmentfonds *Advent* verkauft, mit der Verpflichtung, sich den 280 Millionen an Schulden zu stellen.

MasterCard: Verlor die Geschäftslizenz für Argentinien.

IBG (Bekleidungs-Kette mit der Markenlizenz für *Lacoste, Polo/Ralph Lauren, Paula Cahen d'Anvers, Coniglio, Kenzo*): Als eine Gläubigerversammlung einberufen wurde, standen die Schulden bei 90 Millionen. Ende 2003 traf *Exxel* eine Übereinkunft mit den Gläubigern. Es erreichte eine 50-prozentige Abschreibung und eine 15-Jahres-Frist mit einem Tilgungsaufschub von drei Jahren. Die Hauptgläubiger waren Banken. Zu diesem Zeitpunkt wurde *Coniglio* als einzige

---

35 Argentinisches Gebäck – kleine, runde Soft Cakes, meist mit Karamelfüllung und Schokoladenüberzug, Bestandteil der traditionellen süßen Vorabendmahlzeit Merienda

Marke, die nicht an der Versammlung teilgenommen hatte, an eine Gruppe von Soja-Produzenten verkauft, angeführt von der Familie Hinz und dem Bauunternehmer Jorge Greco. Als *Exxel IBG* kaufte, hatte es 60 Niederlassungen. Als *Exxel* es verkaufte, waren es drei.

***

Von all den Unternehmen, die die *Exxel-Gruppe* kaufte, interessiert uns für unsere Geschichte jedoch die kleinste – die *Freddo*-Eisdielen.

Freddo, begründet von einem italienischen Einwanderer, blickte auf eine 50jährige Geschichte als Marktführer zurück und bot an sechs Standorten qualitativ hochwertiges Eis an. *Freddos* fünf Gesellschafter erhielten ein Angebot von der *Exxel-Gruppe*, das sie nicht ausschlagen konnten: 82 Millionen.

Die erste Maßnahme, die Navarros Management ergriff, war die Umgestaltung aller Standorte. Die zweite war eine Senkung der Qualität der verwendeten Zutaten. Die dritte eine Preiserhöhung. Es gab keine vierte – das Unternehmen war bereits bankrott.

Und so wurden die Eisdielen, als Konsequenz aus den angehäuften 30 Millionen Schulden, im Frühjahr 2001 Teil des Vermögens der *Galicia*-Bank. Die Bank forderte den vormaligen Besitzer Juan José Guarracino auf, das Unternehmen zu retten, und entwickelte eine Strategie, die später auf viele Unternehmen angewandt wurde, nachdem die Banken sie übernommen hatten. Die Finanzgeier nannten sie das „Freddo-Modell".

***

Der Dominoeffekt, den Navarros Raubzug bei *Freddo* ausgelöst hatte, erwischte auch einen der Zulieferer des Unternehmens. *Ghelco*, im Stadtteil Barracas von Buenos Aires gelegen, stand plötzlich ohne einen seiner wichtigsten Kunden da. Kurze Zeit später, von Rezession und Finanzspekulation getroffen, ging auch *Ghelco* bankrott.

Für die 40 Beschäftigten bedeutete das zunächst Lohnrationierung; dann Monate ohne Gehaltsscheck; und schließlich die Stillegung des Betriebs, wodurch sie ohne Entschädigung auf der Straße landeten. Das Insolvenzrecht war unter Carlos Menem verändert worden, so dass die Beschäftigten nicht länger als bevorzugte Gläubiger galten.

Die Banken kamen zuerst.

Die Arbeitslosenrate zu jener Zeit lag bei 22 Prozent.

Bei *Ghelco* wussten alle, was ihnen nun blühte – ihr Durchschnittsalter war 40, sie waren stark spezialisierte Fachkräfte mit Familien, Schulden und Rechnungen, die nicht warten konnten. Sie wussten nicht wohin, und mit dieser Gewissheit – blieben sie.

***

Ein grünes Zelt beherbergte sie monatelang vor den verschlossenen Türen der Fabrik. Zwei Polizeiwagen und ein Dutzend Polizisten bewachten sie.

Tatsächlich war es ein Polizeibeamter, der ihnen erzählte, dass die Polizei ein paar Monate zuvor Arbeiter aus einer nahegelegenen Fabrik geknüppelt hatte. „Aber sie kamen wieder", sagte er ihnen. „Sie bildeten eine Genossenschaft und gingen wieder rein."

Noch am selben Tag gingen die *Ghelco*-Beschäftigten zu jenen anderen Arbeitern von der Wollefabrik *Lavalán*, die sie wiederum mit zum Anwalt Luis Caro nahmen, der ihnen sogleich die 84 Artikel eines Status der Arbeiterkooperativen kopierte. Sie nannten sich nun *Vieytes*.

Und so endet die Geschichte.

Die Fabrik wurde enteignet.

Die Arbeiter, organisiert als die *Vieytes*-Arbeiterkooperative, übernahmen den Laden und machten wieder auf.

Niemand redet mehr über Navarro.

***

Heute verdienen die ehemaligen *Ghelco*-Arbeiter doppelt so viel Lohn wie früher. „An dem Tag, als wir wieder reingingen, hatten wir nicht mal genug Geld, um einen Sack Zucker zu kaufen. Die Leute von einer anderen Kooperative – *Unión y Fuerza*[36] – gaben uns einen Kredit für ein paar Zutaten und für die Stromrechnung, und so fingen wir an. Mit unserem ersten Verkauf zahlten wir ihnen sofort den Kredit zurück. Wir hatten nicht mal Geld für Essen, aber die Schulden kamen zuerst, und wir waren stolz, sie begleichen zu können."*

Und hier beginnt eine andere Geschichte.

*Wer heute in die *Ghelco*-Kooperative geht, sieht dort im Maschinenraum die folgende Szenerie:*

---

36 siehe Kapitel neun

Entlang der Wände stehen die Mischer und Mühlen, im vollen Betrieb.

In der Mitte des Raumes befinden sich, angeordnet in drei Reihen, 40 Schulbänke. „Die sind für die Versammlungen. Sie haben gemeint, wir könnten nicht alle unsere Entscheidungen per Versammlung treffen, weil wir dann die Arbeit einstellen müssten. Also kam jemand auf die Idee, dass es am besten wäre, wenn wir uns im Maschinenraum treffen würden, so dass die, deren Schicht gerade lief, arbeiten, diskutieren und abstimmen konnten."

Die Arbeiter zeigen ihr Werk mit Stolz – Maschinen und direkte Demokratie. Sie lächeln, sie sehen entspannt aus, zuversichtlich, zufrieden, erfüllt.

Das ist eine Veränderung.

***

Die Geschichte von *Ghelco* veranschaulicht eine der interessantesten Bewegungen, die aus der Hitze der argentinischen Krise hervorgegangen sind. Sie zeigt die Verbindung, die wesentlich für das Verständnis dieses Prozesses ist –, dass es ohne Navarro keine *Vieytes*-Kooperative gibt.

Ohne schmutziges Geld, Straffreiheit und Kapitalflucht gibt es keine instandbesetzten Betriebe.

Navarro ist der Strohmann für das anonyme Kapital, das mit einem Tastendruck Investitionen von einem Ort zum anderen verschieben kann, ohne sich je erklären zu müssen, geschweige denn die Konsequenzen seiner Handlungen zu tragen. Seine Macht in ihrer gegenwärtigen Gestalt – nicht länger an einen Ort gebunden, sondern ausgestattet mit einer Fähigkeit zu „Flucht, Entkommen, vollständiger Absage an jede territoriale Beschränkung und deren lästige Begleiterscheinungen in Form von Aufbau und Aufrechterhaltung einer Ordnung, Verantwortlichkeit für die Konsequenzen und die Notwendigkeit, die Kosten zu tragen."[37]

***

Im Mai 2002 fasste ein Abgeordneter während einer Sitzung des argentinischen Nationalkongresses die Lage zusammen:

„Wir haben gesehen, wie ein Geier-Kapitalfonds, der Schulden erzeugt, mit kurzfristigen Krediten Unternehmen übernimmt und Firmen wie *Pan Fargo, Alfajores Havanna, Supermercados Norte* oder *Heladerias Freddo* zerlegt. Welches

---

37 Zygmunt Bauman, „Liquid Modernity", Cambridge, Polity Press, 2000, dt. Übers. „Flüchtige Moderne", Frankfurt am Main: Suhrkamp 2003

Gesetz ist dafür vorgesehen? Mit Verlaub, wir müssen etwas mehr moderne Volkswirtschaftslehre studieren. Denn Wirtschaftsverbrechen drehen sich nicht mehr um einen geplatzten Scheck oder eine gefälschte Bilanz, sondern um elektronische Verbrechen, komplizierte Verbrechen mit Währungstransfers in Milliardenhöhe, bei welchen ungekannte Massen von Geld ganze Länder bis aufs letzte Hemd ausziehen oder bestimmte Leute reich machen... Worin besteht die Rolle des Kongresses? Der US-Senat hat die wichtigsten Bankenvertreter einbestellt und Warnungen bezüglich Geldwäsche aus dem Drogenhandel, Waffenschmuggel, Terrorismus und Glücksspiel ausgesprochen sowie die Gesetzgebung geändert. Genau das sollte der Kongress hier auch tun, nach dem, was wir vom Geldwäsche-Untersuchungsausschuss gehört haben. Das hieße, die Gesetze zu ändern, um solche Konflikte zu vermeiden."[38]

Dieses Zitat ist hier aus einem bestimmten Grund abgedruckt – um zu zeigen, dass dem argentinischen Parlament diese Manöver und die praktischen Konsequenzen, die sich daraus ergeben, bekannt sind.

Das Parlament beschloss an jenem Tag keine Reform.

Es hob hingegen, auf expliziten Wunsch des IWF, das Gesetz über Ökonomische Subversion auf, nach welchem zuvor mehr als 50 CEOs lokaler und multinationaler Banken der illegalen Kapitalflucht angeklagt worden waren.[39]

Es ist diese Macht, gestützt auf eine kriminelle Verschwörung des globalen spekulativen Kapitalismus (gemanagt von den internationalen Kreditinstituten), den Staat als Komplizen und eine korrupte nationale Bourgeoisie – was für eine grausame und verkommene Mischung –, die dieses riesige Vakuum erzeugt, den Raum, in welchem jene, die wissen, dass niemand sie retten wird, den einzigen Weg finden um zurückzuschlagen.

***

Wir wiederholen: Macht ist nicht länger ein Ort, sondern eine Fähigkeit.

Bauman definierte sie in „Society under Siege" so:

---

38 Einwurf des Abgeordneten Gustavo Eduardo Gutiérrez, Demokratische Partei von Mendoza. Ordentliche Sitzung des Abgeordnetenhauses, 23. Mai 2002.

39 A.d.Ü. Ursprünglich Anfang der 70er von der Rechten eingeführtes Gesetz zur Wirtschaftskontrolle und ökonomischen Handhabe gegen Linke (so wanderte der größte Papierhersteller vom enteigneten linken Graiver in die Hand des rechten Verlags *Clarín*) mit Verhandlungen vor Militärtribunalen; später eins der wenigen existierenden rechtlichen Mittel gegen größere Wirtschaftsverbrechen.

„Sie ist der Stift, der die Linie zieht zwischen dem, was legitim, und dem, was illegitim ist. Das Recht, die Grenze zwischen legitimem (erlaubtem) und illegitimem (unzulässigem) Zwang festlegen zu können, ist das erste Ziel jedes Machtkampfs."

Die Protagonisten dieser Geschichte haben gelernt, wie sie diesen Stift in die Finger bekommen und buchstäblich ihre eigenen Rechtsgrundlagen niederschreiben können.

Dieses Spannungsverhältnis verschwindet jedoch nicht; in den meisten Fällen ist es immer noch spürbar.

Zunächst drückt es sich in der rechtlichen Situation jeder instandbesetzten Fabrik aus. Nur wenige haben sich den Unternehmensbesitz auf dem Wege einer Entschädigung an den Vorbesitzer angeeignet und so den Rechtsanspruch auf das Geschäft normalisiert. Die große Mehrheit verbleibt in einer rechtlichen Grauzone, so wie *Zanón* (*FaSinPat*, siehe Kapitel eins), dessen Arbeiter wiederholte Räumungsversuche durch massive Unterstützung aus dem Ort zu stoppen vermochten. Im Fall von *Brukman* (siehe zweites Kapitel) klagte nach drei Zwangsräumungen und hartnäckigem Widerstand der Insolvenzrichter schließlich die vormaligen Besitzer an und die Gesetzgebung von Buenos Aires genehmigte die Enteignung des Werks nach einer Durchsicht der Wiederinbetriebnahme-Pläne der Beschäftigten. In ein paar Fällen erreichte der kombinierte Druck der sozialen Bewegung und bestimmter Abgeordneter Übergangslösungen wie etwa die Enteignung von Maschinen, Grund und Boden eines Unternehmens für einen Zeitraum von zwei Jahren.

Die Rechtswege sind dynamisch und veränderlich. Im Allgemeinen beginnen die Arbeiter die juristische Auseinandersetzung damit, den Betrieb mieten zu wollen. Diese Vorgehensweise setzte sich durch, nachdem ein genauerer Blick ins Insolvenzrecht geworfen worden war, das festlegt, dass alle Möglichkeiten, Zahlungen an die Gläubiger sicherzustellen, ausgeschöpft werden müssen. Dann verlangen sie die Enteignung der Maschinen und schließlich die Enteignung des gesamten Unternehmensbesitzes. Diese letzte Stufe kann nur durch die Verabschiedung eines spezifischen Gesetzes genommen werden, so dass sie nicht mehr vom vorsitzenden Richter, sondern von der lokalen Gesetzgebung abhängt. An dieser Stelle setzen die Arbeiter auf direkten Druck und gehen teilweise so weit, in Arbeitskleidung und umgeben von ihren Familien vor den Abgeordnetenbüros ihr Lager aufzuschlagen.

Bislang wurden die meisten Betriebe nur provisorisch übergeben. Und in Abwesenheit des politischen Willens, das Insolvenzrecht in ein wirksames, allgemeines und dauerhaftes Werkzeug zu verwandeln, wird der Kampf weiterhin Runde um Runde, Betrieb um Betrieb und Fall um Fall geführt. Die Macht gibt den Stift nicht einfach aus der Hand.

***

Für die schwachen Institutionen der unbeständigen argentinischen Demokratie stellen diese Betriebe ein soziales und politisches Dilemma dar, auf das sie keine Antwort haben. Die bisher gegebenen Antworten waren provisorisch und wurden ihnen durch die Hartnäckigkeit des Kampfs, die Triftigkeit der Forderungen, die ungeheuerliche Illegalität der Ausgangssituationen und das Fehlen anderer Arbeitsbeschaffungsmaßnahmen abgerungen. Keine Regierungsvertreter, Richter oder Fachleute zeigten diesen Arbeitern, wie sie ihre Forderungen deutlich stellen können oder wie sie Lösungen finden können, um sie zu erfüllen. Nur ihre eigenen, schwer erkämpften Erfahrungen zeigten ihnen den Weg aus jedem Schlamassel.

Vielleicht sind die Ursprünge im ersten enteigneten Betrieb zu finden. Der frühere Besitzer der Großschlachterei *Yaguané* war Alberto Samid, der Menem nahestand und für Steuerbetrug in Millionenhöhe angeklagt wurde. Unter Arbeiterkontrolle führte das Werk die Rindfleischindustrie in puncto Exporterlös an, aber die Arbeiter verdienten kaum genug zum Essen. Ihr Fehler: Indem sie legal die Eigentümerschaft am Unternehmen übernommen hatten, erbten sie auch die Millionen an Schulden, die pünktlich zurückgezahlt werden mussten. Um diese Erblast zu vermeiden, verfielen die Arbeiter auf eine neue Struktur – sie organisierten sich als Arbeitergenossenschaft.

***

Warum eine Arbeitergenossenschaft? Aus mehreren wichtigen Gründen.

Zuallererst, weil sie den Arbeitern ermöglicht, rechtlich klarzustellen, dass sämtliche Schulden, Verbrechen oder Strafen des Alteigentümers nicht zu der Gruppe gehören, die nun die Kontrolle über die Produktion übernimmt.

Zusätzlich betrachten Arbeitergenossenschaften die Belegschaft selbst als ausreichendes Startkapital für ein Unternehmen.

Trotzdem war das eigentliche Ausgangsmotiv ganz praktisch – in Argentinien eine Gesellschaft eintragen zu lassen, kostet mindestens 300 Dollar. Eine Arbeitergenossenschaft kostet dagegen nur 45 Dollar. Es genügt also, wenn sechs Mitglieder das Äquivalent von 10 Prozent des von der Regierung festgelegten Mindestlohns stellen.

Die Zulassung für Genossenschaften läuft ebenfalls anders. Genossenschaften sind beim *Nationalinstitut für Verbände und Sozialwirtschaft* (INAES) angemeldet, einer Einrichtung, die praktisch leblos war, bis diese Genossenschaften kamen und in ihr eine Möglichkeit entdeckten, eine stärker bürokratische und teurere Institution zu umgehen. INAES war von seinem Präsident José Martinez de Hoz, Wirtschaftsminister während der Militärdiktatur, mit Beschränkungen gelähmt und in ein Museum verwandelt worden.

Mit der Zeit schafften es die Arbeiter im Zuge ihrer Kämpfe um Anerkennung auch, ihre Genossenschaften zur Steuerzuflucht zu machen, da sie von Kapitalertragssteuern und in vielen Gegenden auch von der Gemeindesteuer ausgenommen sind.

✳✳✳

Die Linie, gezogen vom aus der Hand der Macht stibitzten Stift, ist auch in den Satzungen der Genossenschaften zu erkennen – besonders bei zwei Punkten. Der erste hat mit den Einkommen zu tun. Nun ist die Rede nicht mehr von Gehältern und Löhnen, sondern von Gewinnverteilung. Insgesamt neigen die Arbeiterkooperativen dazu, ihre Einkünfte gleichmäßig aufzuteilen, auch wenn es in manchen Fällen eine Abstufung nach Verantwortlichkeit gibt. In der Praxis und besonders während der ersten Monate – wenn die Erträge knapp sind – wird den Bedürfnissen der Mitglieder Rechnung getragen und das Geld entsprechend ihr eigenen Prioritätenliste verteilt: Anzahl der Kinder, andere Einkommensquellen, Alter und Altersbedürftigkeit u.a.

Der zweite Satzungspunkt betrifft die Auflösung der Genossenschaft. Mitglieder, die sich zur Ruhe setzen, haben keinen Anspruch auf Entschädigung. Da der Wert der Genossenschaft von der Arbeit abhängt, hört zu verdienen auf, wer aufhört zu arbeiten. Und wenn die ganze Genossenschaft aufgelöst wird, muss die Satzung festlegen, wohin die übrigen Gelder, die gespendet werden müssen, gehen sollen.

INAES verlangt, dass jede Arbeitergenossenschaft ein Direktorium ernennt, bestehend aus einem Präsidenten, einem Vizepräsidenten und einem Schatzmeister. In den meisten Fällen sind die Satzungen jedoch so formuliert, dass diese Posten keine festgesetzte Amtszeit haben und dass sie durch eine Versammlung der Arbeiter neu besetzt werden können. Die Vollversammlung ist damit als höchstes Entscheidungsorgan installiert und kann jederzeit einberufen werden. Bei vielen Versammlungen gibt es nicht einmal eine feste Tagesordnung – jeder kann ein Thema vorschlagen und die anderen müssen ihn anhören. So diskutieren die Arbeiter ihre Strategien und Geschäftsabschlüsse, ihre Bilanzen und rechtlichen Vorgehensweisen. Wenn nötig, ziehen sie Berater (Anwälte, Ingenieure, Buchhalter) hinzu, um fachspezifische Dinge zu erklären, doch dann werden durch Konsens oder Handzeichen die Entscheidungen getroffen.

Obwohl es stimmt, dass die meisten dieser Betriebe als Arbeitergenossenschaften angelegt sind, verlangten auf dem ersten Höhepunkt der landesweiten Bewegung um 2002 einige von ihnen eine Verstaatlichung unter Belegschaftskontrolle, ein Modell, das erheblich mehr Unterstützung von außerhalb der Bewegung erhielt als aus der Bewegung selbst. Verstaatlichung hat sich angesichts des Staates, der für die Bewegung im besten Fall Verachtung übrig hat, vielmehr als utopisches Ziel erwiesen. Bislang gab es zwei Beispiele für Verstaatlichung unter Belegschaftskontrolle. Eins ist die *Medrano*-Kurklinik, die im Dezember 2003 – nach zwei Jahren Besetzung durch die Beschäftigten und exzellentes Management – von der Stadtregierung von Buenos Aires übernommen wurde. Es folgten Monate der Untätigkeit seitens der Stadtregierung und dann beschloss sie, die Beschäftigten auf andere Regierungseinrichtungen zu verteilen. Die Klinik bleibt geschlossen, trotz der Absichtserklärung der Regierung, dort ein Seniorenzentrum einzurichten.

Das andere Beispiel ist das *Nogaró*-Hotel in der Provinz San Juan. Fast zwei Jahre lang wurde es von einer Arbeitergenossenschaft betrieben, bis die Provinzregierung entschied sich einzuschalten. Sie behielt die Genossenschafter sechs Monate lang unter Vertrag und schrieb das Hotel dann zum Verkauf aus.

***

Die Wirtschaftlichkeit der Arbeitergenossenschaften muss fallweise beurteilt werden. Zunächst hängt viel von der Ausgangssituation ab. Viele können nur „à façon" arbeiten – ein System, in welchem der Kunde einen Teil des Rechnungsbetrags vorschießt, so dass die Genossenschaft die Mittel zum Erwerb der Rohmaterialien für den Auftrag hat. Auf diese Weise können die Genossenschaften ihren Mangel an Kredit und Finanzen wettmachen.

Und so konnten sie ihre Betriebe wieder zum Laufen bringen – durch ihre eigenen Anstrengungen, trotz des Fehlens von Verwaltungsfertigkeiten und Finanzkenntnissen, trotz des Misstrauens der alten Kunden, trotz Belästigung durch Polizei und Justiz. Mit der Zeit konnten einige der Betriebe ihre Erzeugnisse exportieren oder gar zum Marktführer werden, während andere noch da stehen, wo sie begonnen haben.

In jedem Fall haben die Arbeiter durch die Erfahrung der Selbstverwaltung einen Hauptgrund für die Insolvenzen entdeckt. Und sie haben einen Schluss gezogen: Was sie am häufigsten bankrott macht, sind die Arbeitgeberkosten.

Damit sind nicht nur die großen Gewinnanteile gemeint, die die Eigentümer für sich entnehmen, sondern auch eine ganze Reihe weiterer Kosten, die von der Produktion mitgedeckt werden müssen:

aufgeblasene Managergehälter und Boni, Provisionen, Ausflüge, Chauffeure, Fahrtkosten, Beratungsgebühren für Umstrukturierungen, die am Ende immer auf die Arbeitskosten als Grund für fehlende Gewinne zielen.

Diese neue von den Arbeitern gewonnene Erkenntnis – hervorgegangen aus einer Realität, von der wenig Nachrichten die Wirtschaftswissenschaften erreichen – verschiebt die Verantwortung ans entgegengesetzte Ende. Dieses Konzept der Arbeitgeberkosten zeigt, dass all diese Ausgaben unter Arbeiterkontrolle überflüssig sind, so dass die Verantwortung für die Insolvenzen zuerst beim alten Management liegt. Interessanterweise werden viele dieser Betriebe nun von Management-Experten untersucht, die versuchen, Geschäftsmethoden neu zu bewerten, welche in den 1990ern als Glaubensgrundsätze galten.

Insolvenzrecht

Artikel 191 des Insolvenzrechts (Stand 2004) schreibt vor, dass die „Erlaubnis zur Weiterführung eines Betriebs von einem Richter nur dann gegeben wird, wenn die Schließung einen ernsthaften Wertverlust oder die Unterbrechung laufender Produktion zur Folge haben könnte." Die Richter haben diese Vorschrift mehr oder weniger flexibel ausgelegt, aber auch in den Fällen, die am günstigsten für die Arbeiter liefen, wurden die Urteile von dramatischen Umständen erzwungen – Arbeitslosigkeit, Betrug, ausstehende Lohnzahlungen in Millionenhöhe. Eine neue Forderung besteht darin, das Gesetz so zu verändern, dass es eine Kontinuität von Beschäftigung sicherstellt. Der Bundesbeauftragte sagte: „Wie kann es sein, dass alle Beteiligten – Arbeiter, Richter und Abgeordnete – zwischen Legalität und Illegalität hin- und herschwanken und nichts getan wird, um die Lage in Ordnung zu bringen?" Diese Frage ist weiterhin unbeantwortet.

***

Jeder instandbesetzte Betrieb weiß, dass sein Überleben davon abhängt, welche Legitimität und welche Verbindungen zur Gemeinde er aufzubauen vermag. Seine Abwehrkraft liegt in der Überzeugung seiner Arbeiter, aber auch in der Unterstützung, die er von Nachbarn, Nachbarschaftsversammlungen, Menschenrechtsorganisationen und politischen Parteien bekommt – in dieser Reihenfolge. Wenn sie die Arbeiterkontrolle durchgesetzt hatten und ihre prekäre rechtliche Lage erkannten, taten es einige der Betriebe dem Vorbild des Aluminiumteilewerks *IMPA* gleich und eröffneten Kulturzentren auf ihrem Gelände. *IMPA* tat das aus Notwehr. Bedroht von einer gewaltsamen Räumung durch die Polizei öffnete der Betrieb seine Tore für Veranstaltungen wie Theater, Kino, Unterricht, Nachhilfe und Vorträge. Das meiste davon kostete keinen Eintritt und wurde von Studenten und Mitgliedern der Nachbarschaftsversammlungen organisiert. Auf diese Weise stellten sie sicher, dass der Betrieb auch nachts und an den Wochenenden, den kritischsten Zeiten, besetzt blieb. Heute haben sie es dank massiven Drucks der Arbeiter und ihrer Unterstützer auf die Regierung geschafft, anerkannte Schulen einzurichten, die Metallverarbeitung lehren.[40]

Der Stift hat so Prinzipien gestrichen, die der Macht als unhintergehbare Wahrheiten gelten: Vormachtstellung des Privateigentums um jeden Preis. Die Regierung als der einzig mögliche Austragungsort für soziale Konflikte. Die Notwendigkeit, sich auf eine Managerklasse zu stützen, um Produktion zu organisieren.

Der Beweis, dass keiner dieser Sätze unausweichlich ist, liegt auf der Hand, wann immer die Arbeiter ihre Geschichten erzählen. In der *Grissinopoli*-Fabrik erinnert sich ein Arbeiter beispielsweise an das Härteste, dem er sich gegenübersah. Das war nicht, auf die Straße zu gehen, Hunger zu ertragen, sich mit der Polizei anzulegen, mit dem Richter zu streiten oder bei den Abgeordneten vorzusprechen. Die größte Herausforderung bestand für ihn darin, seine Kollegen davon zu überzeugen, dass sie fähig wären, den Betrieb selbst zu führen:

---

40 A.d.Ü. Mehr zur aktuellen Lage der Schulen und Unis in instandbesetzten Betrieben im Vorwort.

„Sie dachten, ich wäre verrückt." Als es schließlich soweit war und die Maschinen wieder anliefen, weinten sie. Und sie umarmten ihn.

Ihr eigener Herr zu sein, änderte das Selbstbild, das die Arbeiter von sich hatten.

Sie wussten, dass sie nie mehr dieselben sein würden.

Dass sich nicht nur ihr Leben verändert hatte, sondern auch ihre Bestimmung.

***

In einem alten Buch über Arbeitsrecht bemerkt der französische Gelehrte Alain Supiot, dass die erste Verwendung des Wortes „travail" („Arbeit") sich auf die Geburtswehen bezog. Es verweist auf diesen elementaren Vorgang, der Schmerz und Schöpfung verbindet und nichts Geringeres in sich birgt als das Mysterium des menschlichen Schicksals.[41]

Man könnte sagen, dass die Bestimmung der Arbeiter in den instandbesetzten Betrieben Argentiniens bereits niedergeschrieben wurde:

„Die Spaltung der Gesellschaft in eine kleine, übermäßig reiche und eine große, besitzlose Lohnarbeiterklasse bewirkt, dass diese Gesellschaft in ihrem eignen Überfluss erstickt, während die große Mehrzahl ihrer Glieder kaum oder nicht einmal vor dem äußersten Mangel geschützt ist. Dieser Zustand wird mit jedem Tag widersinniger und unnötiger. Er *muss* beseitigt werden, er *kann* beseitigt werden."[42]

Das schrieb Friedrich Engels mehr als 100 Jahre bevor die Arbeiter der Keramikfabrik *Zanón* das Beseitigen begannen – mit dem verhassten Namen. Sie tauften ihre Schöpfung auf eine Bezeichnung, die direkt aus einem Traum zu stammen scheint: Fábrica Sin Patrones, „Betrieb ohne Bosse."

Diese Geschichte und diese Veränderung gehören ihnen und anderen wie ihnen.

***

Die folgenden Seiten sind das Ergebnis zweier langer Jahre, in denen wir uns in diese andere Realität wagten, die außerhalb der Medienberichterstattung – und manchmal auch trotz ihr – blüht. Wir versuchen, die Fülle, Vielfalt und die Widersprüche dieser Bewegung zu bezeugen und für all das, was wir auf dem

---

41 Dominique Méda, „Le travail", Paris, Gedisa 1998
42 Friedrich Engels, Einleitung zu Karl Marx' „Lohnarbeit und Kapital", http://www.mlwerke.de/
    me/me22/me22_202.htm

Weg erfahren haben, etwas zurückzugeben. Wir verdanken dieser Geschichte und den Arbeitern die Bildung unserer eigenen Rechtsform als Genossenschaft (lavaca.org ist als Arbeitergenossenschaft organisiert) und anderes mehr, doch vor allem die Infragestellung und auch die Zweifel daran, wie zu überleben und zu wachsen sei, und sogar, ob das so überhaupt nötig ist.

Schließlich schulden wir es ihnen, den folgenden Satz zu verlesen:

„Jenseits unserer diversen Auffassungen, die oft so verschieden sind und sich manchmal so erbittert gegenüberstehen, streben wir alle nach einem Leben in Würde und ohne Angst, ohne Erniedrigung, so dass wir unser Glück finden können. Das bietet eine gemeinsame Grundlage, fest und breit genug, um darauf Solidarität in Tat und Idee zu schaffen."[43]

Und es ernst zu meinen damit.

Mit Energie, Geduld und Vertrauen.

---

43 Bauman, „Society Under Siege"

Zehn Geschichten

Kapitel eins

Zanón / FaSinPat

Eine Abmachung, mit der wir leben können

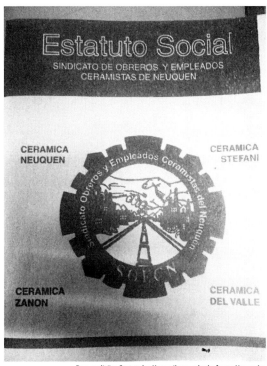

Das egalitäre Statut der Keramikgewerkschaft von Neuquén.

Zanón/FaSinPat ist die größte instandbesetzte Fabrik – mit vorbildlichem Management durch die Werktätigen. Sie haben Arbeitsplätze geschaffen, ihren Markt erobert und die Unterstützung ihrer gesamten Umgebung gewonnen, um den ständigen Räumungsdrohungen zu widerstehen.

Es ist einer der seltsamsten Betriebe überhaupt. Ihn zu betreten bedeutet, sich in eine Welt zu versenken, die angefüllt ist mit dem Donner unverständlicher Maschinen, mit akribischen Robotern und lächelnden Menschen, die etwas tun, das manche Gerichte zum Verbrechen erklärt haben: Sie arbeiten.

Sobald das Donnern nachlässt, ist Hintergrundmusik zu hören. Eins der Lieblingslieder stammt von der argentinischen Band *Bersuit Vergarabat*: „Un pacto para vivir" („Eine Abmachung, mit der wir leben können").

Seltsamer Betrieb. *Zanón* war durchweg profitabel, doch seine Eigentümer provozierten einen Konflikt nach dem anderen, um Arbeiter zu entlassen, das Werk umzustrukturieren und seine Profitabilität weiter zu steigern. (Erinnert an die Erzählung des Aesop von Samos – aus dem 6. Jahrhundert vor unserer Zeitrechnung – über den Besitzer einer Gans, die goldene Eier legte und die er schlachtete, um an alles Gold heranzukommen, nur um feststellen zu müssen, dass ihr Bauch leer war und sie nun keine goldenen Eier mehr legen konnte. Diese Fabel scheint nicht bis in die argentinische Geschäftswelt vorgedrungen zu sein.)

Die Gewerkschaft unterstützte die Eigentümer. Dieser Hinterzimmer-Deal prallte mit der beinahe unschuldigen Sturheit der Arbeiter zusammen, die einfach nicht glauben konnten, dass die Firma, für die sie ihr Leben lang gearbeitet hatten, ihnen solches Unrecht antun würde. Luis Zanón, ein lächelnder Mann mit falschen Absichten und Freunden (besonders berüchtigt: Ex-Präsident Carlos Menem) legte schlussendlich das Werk still. Später erklärte dies Richterin Norma Rivero zu einer offensiven Aussperrung.

Damit begann der juristische Tango.

(Eine Erklärung für die Uneingeweihten: Das argentinische Rechtssystem hat mehr Seiten als ein Würfel. Manchmal hängt alles vom Glück ab, obwohl bekannt ist, dass diejenigen, die das System betreiben, gezinkte Würfel verwenden.)

Es wurde zu Zanóns Hauptgeschäft, das Werk von den Arbeitern zurückzubekommen, die sich fünfmal erfolgreich dagegen zur Wehr setzten. Unterdessen machten zwei andere Dinge den Betrieb so bemerkenswert. Zum einen widersetzten sich die Arbeiter erfolgreich, während sie gleichzeitig die Produktion steigerten. Sie erweiterten die Belegschaft um 80 Prozent. Zum zweiten bilden sie eine Genossenschaft, damit die Gerichte sie als vom alten *Zanón* separate Instanz anerkannten. Das Werk heißt nun *FaSinPat* (Abkürzung für Fábrica Sin Patrones, „Betrieb ohne Bosse").

Sie werden von allen Seiten systematisch schikaniert: von den Gerichten, der Polizei, den Politikern und der Mafia. Es ist weiterhin der gleiche Würfel – alles hängt von einem glücklichen Wurf ab. Oder einem schlechten.

Druck und Verfolgung

In welcher Weise wurde das neue *Zanón* kriminalisiert?

„Auf jede erdenkliche Weise, vom ersten Tag an", sagt Raúl Godoy, bekannt für das Basecap, das er als Erkennungszeichen trägt. Er ist zu einem Symbol der Forderungen der Arbeiter geworden. „Von Beginn an behandelten sie uns wie unbefugte Eindringlinge. Wir nahmen uns die Fabrik im Oktober 2001.[44] Im November blockierten wir die Schnellstraße vorm Werk.[45] Also leiteten die Behörden ein Verfahren gegen mich ein. Sie verwendeten Fotos als Beweise – mit Kreisen um die Leute, hinter denen sie her waren. Es ist komisch – sie benutzten

---

44 A.d.Ü. Der Vorgang, in den Betrieb hineinzugehen, heißt in Argentinien „la toma", etwa „die Einnahme".

45 A.d.Ü. Bis heute angewandtes Mittel, da diese Straße eine wichtige Fernverkehrsverbindung darstellt und für ihre Blockade das Werk nur wenige Meter weit verlassen werden muss.

einen Fernsehausschnitt, der auf der Straße eine große Versammlung zeigt, welche die Blockade beschließt. Darunter sind Leute von der Comahue-Universität, Lehrer, die Arbeitslosenbewegung MTD, Leute aus dem Betrieb, Leute aus der Umgebung … aber sie verfolgten nur mich als den mutmaßlichen Anstifter. Eine hochgradig selektive Strafverfolgung begann."

Godoy ist Mitglied der Sozialistischen Arbeiterpartei PTS, einer Partei, die bei den Regionalwahlen von 2003 an letzter Stelle stand.[46] Da sie zunächst nicht in der Lage war, das Ansehen des Kampfes um *Zanón* oder von dessen bekanntestem öffentlichen Vertreter, Godoy, für sich zu nutzen, schnitt die PTS schlechter ab als alle anderen linken Parteien. Godoy hat sich den Respekt von unabhängigen und unpolitischen Bürgern verdient, aber die Vollversammlung des Betrieb stimmte dagegen, dass Arbeiter von ihnen zur Wahl antreten.

Godoy sah sich Drohungen von einem Polizeibeamten namens Herrera gegenüber, doch die Gerichte schenkten dem keine Aufmerksamkeit. Polizisten zogen vor Godoys jungen Töchtern drohend ihre Waffen und verwüsteten sein Haus bei einem Einbruch, den Nachbarn als „Kommandoaktion" beschrieben.

Ein weiteres einschneidendes Ereignis war ein Raubüberfall und eine anschließende Entführung durch zwei entflohene Strafgefangene. Anführer war „der Gordo Valor von Neuquén", sagt Godoy und bezieht sich damit auf die Art von Kriminellen, die sich nur schlecht von der Polizei unterscheiden lassen.[47] Sein Name: Nelson Gómez Tejada. Sein Kumpan hieß Juan Antonio Gómez. Veteranen der Verbrechenswelt, nicht ihres Alters wegen (37 und 25 Jahre alt), sondern wegen ihres Vorstrafenregisters.

Beide Entlaufenen gelangten zum Haus des Zanón-Arbeiters Miguel Vázquez. Nachbarn meldeten verdächtige Bewegungen, da sie sahen, wie Gómez auf dem Dach Stromkabel und Telefonleitung durchtrennte. Die Polizei kam, unterhielt sich freundlich mit Gómez Tejada und fuhr wieder weg. Sowohl Gómez als auch Gómez Tejada waren auf der Flucht, es lagen Haftbefehle gegen sie vor, doch die Polizei nahm sie, vielleicht aus humanitären Gründen, nicht fest.

---

46 A.d.Ü. Mittlerweile ist sie eine der drei kommunistischen Parteien, die 2013 als Linksfront ins nationale Parlament eingezogen sind und für die mancherorts auch Arbeiter aus instandbesetzten Betrieben kandidierten – so auch FaSinPat-Arbeiter in Neuquén.

47 Luis „Gordo" Valor war der berüchtigte Anführer einer Bande, die Banken und Geldtransporter ausraubte. Die Polizei von Buenos Aires war tief in Valors Bande und viele ihrer Raubüberfälle verstrickt.

Bewaffnet betrat Gómez Tejada das Haus, nahm die Familie als Geiseln und stahl das Geld, mit dem die Zanón-Arbeiter am nächsten Tag bezahlt werden sollten – mehr als 20.000 Pesos. Ein anderer Arbeiter, Miguel Papatryphonos, kam vorbei, weil er Vázquez mit seinem Fiat Uno abholen wollte. Gómez Tejada kidnappte beide Männer und klaute den Wagen. Die Häufung von Strafanzeigen drängte die Polizei schließlich doch, Gómez Tejada zu verhaften. Aber schon ein paar Wochen später war er wieder aus dem Gefängnis ausgebrochen. Er machte das wie Schuleschwänzen.

Godoy sagt: „Sie wurden später vor Gericht gestellt, aber das Verfahren wurde wegen Mangels an Beweisen eingestellt. Dabei waren sie entlaufene Sträflinge, als sie den Raubüberfall begingen!" Das Geld tauchte nie wieder auf. Río Negro schrieb in seiner Berichterstattung über den Prozess davon, dass die Anklage „die Opfer verhörte, als wären sie die Täter". Am Ende zeigten die Arbeiter, was sie vom Rechtssystem hielten, indem sie das Gerichtsgebäude mit Eiern, Tomaten und vergammeltem Kohl bewarfen.

Angezapfte Handys

Doch da ist noch mehr. So etwa der fehlgeschlagene Versuch, *Zanóns* Pressesprecher Carlos Acuña zu entführen (er rettete sich dadurch, dass er laut schrie, als sie ihn in ein Auto zu zerren versuchten), telefonische Drohungen, mysteriöse Autos – nichts Neues in Argentinien.[48] Keine der Anzeigen, die die Arbeiter erstatteten, führte zu irgendetwas. Das Rechtssystem erklärt Protest zum Verbrechen, aber es erklärt Verbrechen nicht unbedingt zu Verbrechen.

Eine weitere Kommando-Operation wurde im Dezember 2013 ausgeführt. Bewaffnete Räuber kreuzten mit Gewehren im Betrieb auf, liefen in den Fabrikverkauf am Eingang, fesselten die Arbeiter dort, teilten eine großzügige Runde Schläge mit dem Gewehrkolben aus, stahlen die Tageseinnahmen und flohen bequem und ohne Angst in Richtung Polizeiwache.

Die Verfolgung wies auch technologische Innovationen auf, wie zum Beispiel das Anzapfen von Handys. Godoy sagt: „Es ist für uns zur Routine geworden. Wir reden auf einem Treffen, sie rufen einen Kollege an, der draußen ist und spielen

---

48 Für viele der Entführungen während der Militärdiktatur, die sich zur Zahl von 30.000 „Verschwundenen" addierten, wurden die damals berüchtigten grünen Ford Falcons verwendet. Drohanrufe, in denen üblicherweise zum Verlassen des Landes geraten wurde, gehörten ebenfalls zu den Markenzeichen der Diktatur.

ihm unser Gespräch vor, alles, worüber wir sprechen. Sie benutzen unsere eigenen Handys als Radio. Ich bekomme eine Nachricht, der Nummer nach von einem Kollegen, doch dann wird mir eine Aufnahme eines unserer Treffen vorgespielt. Wir lachen darüber. Neulich sagte ich einem Kollegen: ‚Schaff dein Telefon hier raus, du Idiot, du überträgst das ganze Treffen.' Das ist hier völlig normal."

Die Arbeiter haben schwebende Verfahren beim Provinzgerichtshof, bei örtlichen Gerichten, prüfenden Beamten, Arbeitsgerichten und gesetzgebenden Instanzen. „Wir wissen nie, von wo der Schuss kommen wird", bemerkt Godoy.

Die nächste Überraschung folgte 2004 beim Insolvenzgericht in Buenos Aires, als die Delegation aus dem Betrieb Luis Zanón über den Weg lief, der nicht nur sein Lächeln, sondern noch eine Reihe von Trittbrettfahrern dabei hatte – Vertreter der Weltbank und einer anderen internationalen Bank sowie frühere Bürokraten, die aus der Keramik-Gewerkschaft geworfen worden waren. Die Banken sind Zanóns Gläubiger, und die Gewerkschafter gehören zu der Sorte, die durch gute Beziehungen zu den Eigentümern fett geworden sind.

Godoy sinniert: „Das zeigt, womit wir es zu tun haben. Die Einsätze sind hoch und mehrere Welten haben sich gegen uns zusammengetan – und ganz allgemein gegen die instandbesetzten Betriebe. Sie wollen uns in die Knie zwingen, wollen zeigen, dass wir nichts taugen und schon gar kein Geschäft zu führen vermögen."

Wo ist das Geld?

Vielleicht stimmt es ja. Arbeiter sind nicht so gut darin, Unternehmen so zu führen, wie es die internationalen Banken und die Eigentümer für richtig halten. Beispiele: Die Arbeiter von Zanón verpassten der Gewerkschaftsbürokratie einen Tritt (anstatt sie zu mästen), brachten einen Betrieb, den die Bosse stillgelegt hatten, wieder zum Laufen und, statt Leute zu entlassen, schufen sie Arbeitsplätze.

Das Werk hat eine Grundfläche von 80.000 Quadratmetern und belegt insgesamt neun Hektar Land. Ein Rundgang durch diese Gebäude, die so weit wie das Auge reichen, führt vorbei an Gerätebildschirmen, übersät mit ‚Matrix'-artigen grünen Punkten, an Männern und Frauen, die konzentriert arbeiten (die sich aber auch die Zeit für Gespräche nehmen), riesigen Metallpranken, mechanischen Raupen mit Zangen, die Keramikteile greifen und stapeln. Klebpistolen für Pappkartons, Metallplatten, die sich wie eiserne Hände bewegen und alles zusammenpacken. Weiter unten, ebenfalls innerhalb des Werks, verlaufen lange Schächte in vier oder fünf Etagen, in denen eine schlammige Substanz gemischt wird. Ein internes Transportgefährt kommt vorbei, gleitet die Gleise entlang wie ein Zug und löst einen Alarm aus. Niemand fährt es. Die ruhigen Klänge von „Un pacto para vivir" wehen durch die Luft.

Auf den Pappkartons steht „FaSinPat", der Markenname auf den Keramikteilen. Die Webseite fasinpat.com[49] zeigt die Modelle und Designs, die im Werk produziert werden, wie die rohgebrannte Keramik (davon gibt es 13 Produktreihen, darunter die „Mapuche"[50] – und die Reihe „Arbeiter"), das Porzellan und das polierte Porzellan (weitere 12 Reihen). Durch Letzteres rangiert *FaSinPat* in einer Liga, in der es auf dem internationalen Markt wettbewerbsfähig ist, alldieweil auch *Zanón*, bevor er die goldene Gans schlachtete, nach Australien und in zehn europäische Länder exportierte. Eins seiner Projekte bestand laut dem Arbeiter Christian Moya darin, das Werk komplett auf Porzellanproduktion umzustellen. „Es ist bei Fußböden ganz vorn mit dabei, auf internationaler Ebene, polierte, glänzende Fußböden. Wir sind das einzige Werk in Lateinamerika mit drei Poliermaschinen und das einzige, das von den Ausgangsmaterialien bis zu den Fertigerzeugnissen alles herstellt. Es ist unerklärlich und absurd, wie sie bei all dem Potenzial so weit gehen konnten, es in den Ruin zu treiben", sagt er.

Einigen Hypothesen zufolge transferierte Herr Zanón seine Gewinne ins Ausland. Andere mutmaßen, dass er sie in die Spekulationsspiele auf den Finanzmärkten der 1990er warf. Doch alle sind sich einig, dass beide Möglichkeiten zur üblichen Geschäftspraxis während der Regierungszeiten von Menem und de la Rúa gehörten.

Der Rundgang geht weiter. Im alten Managerzimmer gibt es eine Versammlungsfläche (Handys bleiben draußen) und Plakate mit Aufschriften wie: „Wir fordern Arbeit, von der wir leben können, sie geben uns Bleikugeln und Repression". Es sind Zeichnungen von Grundschülern zu sehen – Bilder von Arbeitern, die arbeiten, etwas, das in weiten Teilen Argentiniens zu magischem Realismus geworden ist.

---

49 A.d.Ü. nicht mehr aktuell, jetzt lautet die Webadresse http://www.ceramicafasinpat.com/
50 A.d.Ü. Die Mapuche sind Nachfahren der wenigen Überlebenden eines der größten Völkermorde der modernen Geschichte Lateinamerikas, der „Eroberung der Wüste" in den 1870er Jahren. Nach der Recuperación von *Zanón* lieferten Mapuche dem Betrieb kostenlos Rohmaterial (Ton); später legte *FaSinPat* die „Mapuche"-Reihe mit traditionellen Mapuche-Motiven auf, von der ein Teil des Verkaufserlöses an die Mapuche geht.

Die List mit dem Fußball

Miguel Ramírez und Reinaldo Gímenez sind zwei der jungen Veteranen der Fabrik. Sie trinken Mate[51] und lassen die Geschichte Revue passieren. Bis 1998 schien alles relativ gut zu laufen. Giménez sagt: „Zanón machte 44 Millionen Dollar Gewinn im Jahr, ,94 erreichte er 67 Millionen. Aber sie fingen an, bei den Rohstoffen und der Ausrüstung zu sparen. Sie nahmen uns sogar unser Arbeitsmaterial, alles mit der Unterstützung der Gewerkschaft."

Die Gewerkschaft der Keramikarbeiter und -angestellten von Neuquén (SOECN) und die interne Kommission von Zanón wurden von den Brüdern Montes kontrolliert, die mit den Bossen kungelten.

Ramírez sagt: „Zanón war hinterhältig. Er kam ein paar mal pro Jahr vorbei, machte einen Rundgang und klopfte jemandem auf die Schulter. Die Person wurde dann gefeuert. Wir kriegten raus, dass das seine Art war, diejenigen zu markieren, die er nicht mochte." Ein andere typische Strategie: „Wenn sie fünf Arbeiter entlassen wollten, kündigten sie 20 Entlassungen an. Die Gewerkschaft konnte so tun, als wenn sie eingreifen, kämpfen und verhandeln würde, und schließlich sagten sie: ,Wir haben sie dazu gekriegt, 15 wieder einzustellen.' Und so wurden sie die fünf los, die der Boss loswerden wollte."

1998 schaffte es die Braune Liste (la Lista Marón), bestehend aus linken Gewerkschaftsaktivisten, die alte Gewerkschaftsbürokratie bei den Betriebsratswahlen zu besiegen.[52]

Die Bedingungen in der Fabrik verschlechterten sich weiter. Und die „Freigesetzten" wirkten als Drohung für ihre Kollegen.

Wie organisiert man sich in solch einer Umgebung? Carlos Acuña sagt: „Wir hatten den Einfall, außerhalb der Fabrik ein Fußballturnier zu veranstalten. Es gibt 14 Sektoren im Betrieb, jeder mit einer eigenen Mannschaft, und jeder wählt einen Vertreter, der zu den Vorbereitungstreffen fürs Turnier geht. Und dort nutzten wir die Gelegenheit, um Sachen zu diskutieren."

---

51 Ein Aufguss aus einem grünen Tee (yerba) aus dem nördlichen Argentinien und Paraguay, wird traditionell überall in Argentinien, Paraguay und Uruguay zu jeder Tages- und Nachtzeit getrunken, üblicherweise mit einem metallenen Strohhalm (Bombilla) aus einem Gefäß aus getrocknetem Kürbis oder Holz.

52 Wahlen zu den „comisiones obreras internas" – „Interne Arbeiterkommissionen", in ihrer Funktion Betriebsräten ähnlich, in Argentinien traditionell an die Staatsgewerkschaften gebunden, in den letzten Jahren immer häufiger aber deutlich links ausgerichtet.

Diese klandestine Strategie ermöglichte, intern kommunizieren und sich organisieren zu können (und das Turnier war auch ganz gut).

So war etwa im Unternehmen die Rede von einer Krise, doch bei den Vorbereitungstreffen fürs Turnier trugen die Arbeiter zusammen, was sie wussten, und stellten Berechnungen an. „Was denn für eine Krise, wenn jeden Tag 20 LKWs rausfahren, wenn sie einen Binnenmarktanteil von 25% haben und in wer-weiß-wie-viele Länder exportieren? Was für eine Krise, wenn sie staatliche Steuererleichterungen, Kredite und jede erdenkliche Vergünstigung bekommen, weil Zanón in Sobischs Schatten lebt?", fragte sich Acuña. Sobisch ist der Gouverneur der Provinz Neuquén, der öffentlich sagt, dass er sich als Lobbyist für die Großunternehmen ansieht.

Akademisches Networking

Die Interdisziplinäre Universitäts-Unterstützungsgruppe GUIA ist ein Netzwerk von Universitäten, die Vereinbarungen zur technischen Beratung und Ausbildung mit *FaSinPat*, der Zanón-Keramikgenossenschaft, unterzeichnet haben. Im Fall der Wirtschaftswissenschaftlichen Fakultät der Universität von Buenos Aires (UBA) wurde auf Grundlage der Vereinbarung eine Koordinationsgruppe eingerichtet, bestehend aus Felisa Miceli (Präsident der Nationalbank) und Professor Abraham Gak, Begründer jener Gruppe von Wirtschaftswissenschaftlern, die den Phoenix-Plan entwarfen.[53] Professor Pablo Levin, Direktor des Zentrums für die Untersuchung von wirtschaftlicher Planung und Entwicklung (CEPLAD) an der UBA, komplettiert die Gruppe. Es gibt auch Vereinbarungen mit der naturwissenschaftlichen Fakultät der UBA und der Comahue-Universität, die von Anfang an Arbeiterselbstverwaltung unterstützt haben.

---

53 El Plan Fénix wurde im September 2001 von Wirtschaftswissenschaftlern ausgearbeitet und schlug die Wiederbelebung der argentinischen Wirtschaft durch Keynes-Methoden vor. Im Zentrum standen Maßnahmen für Sozialunterstützung und „nationale Entwicklung" (siehe auch Vorwort).

Sein Leben für den Boss geben

Im Jahr 2000 nahm die Lage im Betrieb eine negative Wendung. Die Gehalts-schecks waren überfällig, und im Juni starb der 20jährige Daniel Ferrás in der Fabrik an Herzversagen. Moya sagt: „Da sahen wir, dass der Erste-Hilfe-Raum nur eine Fassade war – sogar aus dem Beatmungsgerät kam gar nichts raus."

Ramírez: „Sie gaben uns nicht mal Arbeitsbekleidung. Sie bezahlten uns nicht. Die Leute merkten, dass alles den Bach runter ging, und zu alldem kam Daniels Tod." Ein neuntägiger Kampf brach aus, der sich erst beruhigte, als Zanón wieder pünktlich die Gehaltsschecks ausgab. Im Dezember 2000 verpassten die Arbeiter des Betriebs ihren Bossen einen weiteren Schlag. Sie vollbrachten etwas, das kaum jemals in argentinischen Gewerkschaften passiert: Gewerk-schaftsaktivisten besiegten die alte Bürokratie und übernahmen die Kontrolle der Gewerkschaft, mit Raúl Godoy als ihrem Generalsekretär. 2001 verschärfte sich der Konflikt. Ramírez ruft die Abfolge der Ereignisse in Erinnerung: „Sie war-fen Leute raus, die Streiks begannen, und alles fuhr zur Hölle."

Giménez führt aus, was er für Zanóns großen Fehler hält und fasst seine The-orie zur Arbeiter-Eigentümer-Psychologie zusammen: „Es gibt Leute, die hier 20 oder 25 Jahre arbeiten, Leute, die keinen Tag gefehlt haben, die für Zanón gelebt haben. Zanón hätte eine große Spaltung unter den Arbeitern ausgelöst,

Raúl Godoy bei der Großveranstaltung der PTS in Buenos Aires, Dezember 2014

wenn er gesagt hätte: ‚Ich werde die Gewerkschaftsaktivisten nicht bezahlen, weil sie faul sind' oder aus welchem Grund auch immer. Aber er steckte alle ins selbe Boot, und die Arbeiter mit der längsten Dienstzeit sagten: Dieser Drecksack hätte mich bezahlen sollen. Ich hab ihm mein Leben gegeben, aber er hat keine Gefühle, kein Mitgefühl, und er macht keine Unterschiede."

Der Konflikt weitete sich zum Streik aus. Die Arbeiter schlugen vor dem Werk ihre Zelte auf. Sie fingen an, Streikposten, Kundgebungen und Demonstrationen zu organisieren. Zanón wiederum erhielt Kredite von der Provinzregierung, um die Löhne der Arbeiter zu bezahlen, doch er behielt die Kredite für sich und bezahlte die Arbeiter nicht. Währenddessen brachten die örtlichen Medien eine Geschichte über die Teilnahme Zanóns – neben Domingo Cavallo, Amalita Fortabat, Franco Macri[54] und Eigentümern einiger privatisierter Unternehmen – an einem Wohltätigkeitsessen in Buenos Aires, wo sie 10.000 Dollar pro Teller bezahlten, vermutlich zur Bekämpfung der Armut.

Am 10. Oktober 2001, unter dem Eindruck der faktischen Stillegung der Fabrik durch den Eigentümer, besetzten die Arbeiter das Werk. Giménez sagt: „Da gab es kein Halten mehr, die Manager-Hierarchie musste gehen. Wir sorgten dafür, dass sie sich verzogen. Wir sagten den Managern, dass wir es nicht zulassen könnten, dass es so weitergeht. Wir haben niemanden von der Belegschaft unter Druck gesetzt, und viele von uns entschieden sich dafür zu bleiben. Einer von der Werksicherheit blieb ebenfalls, wurde aber auch nicht mehr bezahlt und ging schließlich doch."

Moya sagt: „Wir organisierten Volksküchen, machten Veranstaltungen, alles um zu überleben. Aber die Fabrik war ein Friedhof. Völlig tot."

Die Arbeiter erhielten Unterstützung aus dem Ort, von Schulen, lokalen Vereinen und ihren eigenen Nachbarn. Sogar Insassen des örtlichen Gefängnisses schickten ihnen ihre Essensrationen.

Sie blockierten eine Weile die Straße, doch sie bereuten es bald, als sie entdeckten, dass ihre Protestidee in die Isolation führte. „Die Leute auf der anderen Seite

---

54 Domingo Cavallo war unter Menem Wirtschaftsminister und dann wieder während der letzten Amtszeit von de la Rúa, bis er durch den Volksaufstand im Dezember 2001 aus dem Amt gejagt wurde. Amalita Fortabat ist Eigentümerin eines Betonkonzerns. Franco Macri ist ein Geschäftsmann und Politiker auf der Seite von Menem. Sein Sohn Mauricio, dem der Fußballverein Boca Juniors gehört, war erst Kandidat der Rechten für die Präsidentschaftswahlen 2007 und legt nun seit sieben Jahren als Bürgermeister von Buenos Aires den Recuperadas in der Stadt Steine in den Weg.

waren Arbeiter wie wir", erinnern sie sich. Das ist typisch für viele Diskussionen bei Zanón – sie bekunden formal Solidarität mit den Piqueteros[55], aber sie bestehen darauf, sich von ihnen abzuheben. Carlos Quiñimir sagt: „Die Leute merken, dass wir keine Piqueteros sind, sondern einen Haushalt versorgen." Das Vorurteil gegen die Piqueteros, ist, vielleicht unbewusst, nicht der Mittelklasse vorbehalten.[56]

Wem gehört die Fabrik?

Die Methoden der Arbeiter veränderten sich – sie wurden selbst zum Megaphon und zum Flugblatt, indem sie ihre eigene Stimme zum Einsatz brachten.

Sie erklärten ihre Lage jedem, der ihnen zuhörte. Sie stiegen in Busse ein und erzählten den Fahrgästen ihre Geschichte während der Fahrt. Sie gingen mit Megaphonen in mehrere Stadtviertel, um sich den Bewohnern vorzustellen und die Kunde von ihrer Situation und ihren Aktionen zu verbreiten. Auf den Straßen verteilten sie, statt den Verkehr zu blockieren, Flugblätter an die Fahrer. „Viele Autos hielten an und die Insassen luden Essen aus, das sie für uns mitgebracht hatten", erzählt Giménez.

„Die Solidarität war überwältigend", erinnert sich Ramírez. „Sie schickten uns soviel Essen, dass wir gar nicht wussten, wo wir es lagern sollten. Wir stellten Pakete daraus zusammen und verkauften sie, um Geld für die Streikkasse zu sammeln. Es gab viel Unterstützung aus dem Ort und von kleinen Unternehmen." Warum so viel? Giménez sagt: „Wir haben immer gesagt, dass die Fabrik nicht uns gehört. Wir benutzen sie, aber sie gehört der Kommune. Sie fragten uns, was wir machen, und wir sagten, wir seien keine der intoleranten Piqueteros mit den Knüppeln. Das Äußerste, was wir taten, war, die Straße mit Reifen zu blockieren. Wenn jemand einen Unfall hatte, halfen wir ihm. Bei einer Versammlung trafen wir eine weitere Entscheidung. Die Arbeiter sagten: Wir wollen den Verkehr nicht mehr blockieren. Wir beschlossen, durch die Straßen zu ziehen, aber um uns zu erklären und immer noch mehr zu erklären, weil sonst niemand verstehen würde, was wir da taten. Sie würden nur denken, wir wären Faulpelze."

---

55 Arbeitslosenbewegung, bekannt für ihre Taktik der Straßenblockaden.
56 A.d.Ü.: Hier hat sich viel getan – *FaSinPat* hat z.B. Piqueteros-Aktivisten eingestellt. Zudem ist Argentinien eher ein Beispiel fürs revolutionäre Zusammengehen der Mittelklasse mit den Arbeitslosen (siehe Vorwort). In den zitierten Äußerungen steckt aber nicht nur Verachtung für die Piqueteros, sondern auch eine Selbstverständlichkeit von Versorger-Machismo, an der sich weit weniger geändert zu haben scheint.

Im Dezember 2001 wurde eine *Zanón*-Kundgebung vor einem Regierungsgebäude von der Polizei angegriffen, deren Einsatzleiter riefen: „Holt euch die mit den braunen Hemden!" Es war völlig klar, hinter wem sie her waren. Bei diesem Protest verbrannten die Arbeiter ihre Entlassungstelegramme.

Im März 2002 nahmen die Arbeiter den Betrieb wieder auf und verkündeten zugleich den Plan, das Werk unter Arbeiterkontrolle zu verstaatlichen. Pressesprecher Carlos Acuña sagt: „Wir wissen, dass die Fabrik profitabel ist, wir stellen weiter Leute ein, wir bezahlen alle Rechnungen, und die Gewinne sollten nicht an uns gehen oder an die Politiker und Bosse, sondern an die Kommune."

Da sie die Verstaatlichung verlangten, interessierte sie die Idee einer Genossenschaft anfangs nicht. Trotzdem gründeten sie *FaSinPat* als Übergangslösung, um *Zanón* übernehmen zu können.

Sie wurden zu einer Fallstudie. Ramírez fährt fort: „Das Kinderhilfswerk Cáritas und Naomi Klein machten Filme über uns. Es kamen Delegationen aus Italien, Frankreich, Bulgarien, Deutschland, den Vereinigten Staaten, Spanien – von überall her."

Medien-Provokateure

In seinem Buch „La politica mirada desde arriba" („Politik von oben gesehen") wertete der Soziologe Ricardo Sidicaro eine große Anzahl von Leitartikeln der argentinischen Tageszeitung „La Nación" im Zeitraum von 1909 bis 1989 aus. Die Zeitung war die Stimme einer Gruppe von Konservativen, die jahrzehntelang ihre Rolle ausnutzten, um die herrschende Klasse Argentiniens zu belehren. Ab den 1970ern, so Sidicaro, gibt es dann in Wirklichkeit weder eine klare Linie in den Medien noch politische Kräfte, an die sie ihre Belehrungen richten könnten. Er schrieb: „In gewisser Weise fanden die Leitartikel in ‚La Nación' keine Vertreter, und die Zeitung selbst wusste nicht mehr, wo sie hinwollte – ob sie sich für soziale Tradition oder für ein Großunternehmen aussprechen wollte." Vielleicht um diese Spaltung zu umgehen, spricht sie nun beim Thema der instandbesetzten Betriebe mit gespaltener Zunge. Ein Beispiel: Am 4. März 2004 griff ein Leitartikel die instandbesetzten Fabriken direkt an und forderte ihre Beseitigung sowie den Rauswurf ihrer Arbeiter. Im Versuch, auf diesen Angriff zu antworten, sandte lavaca.org den folgenden offenen Brief an die Herausgeber:

> „Im Leitartikel vom 4. März ruft ,La Nación' zur Zerstörung der Betriebe auf, die von argentinischen Arbeitern instandbesetzt wurden. Zur Stützung dieser Position wurde eine Reihe von falschen Behauptungen und ideologischen Argumenten eingesetzt.
> Der Leitartikel erkennt an, dass globale Finanzinstitutionen es vorziehen, wenn dem Problem der Arbeitslosigkeit mit Unterstützungszahlungen und nicht mit der Schaffung von Arbeitsplätzen begegnet wird. Dieses Argument enthüllt, wer in Wahrheit Abhängigkeit und sozialen Ausschluss in Argentinien bewirbt, finanziert und unterstützt.

Zusammen leben und arbeiten

Die Vollversammlung legte einige Regeln für die Genossenschaft fest. Zum Beispiel, 15 Minuten vor Arbeitsbeginn dazusein und erst 15 Minuten nach Arbeitsende zu gehen, so dass die Arbeiter sich immer auf dem neuesten Informationsstand halten können. Moya berichtet von „einem Kollegen, der klaute" und deshalb rausgeworfen werden musste. „Ein anderer Compañero war drogenabhängig – wir bezahlten seine Behandlung und hielten ihm seinen Arbeitsplatz frei."

Jeder Arbeiter legt seine Mittagspause selbst fest. Moya sagt: „Alle kennen ihre Verantwortlichkeiten. Manche Regeln mögen denen des alten Betriebs ähneln, aber das ist kein Erziehungslager hier." Zum Mittag kann man Godoy selbst Milanesas[57] an andere Arbeiter oder den verblüfften Journalisten ausgeben sehen.

Wie steht's mit dem Arbeitstempo? Quiñimir, der an seinem Matebecher nippt, ohne die Maschinen seiner Abteilung anzuhalten, die Keramikteile zu den Öfen bringen, beschreibt es so: „Als wir einen Eigentümer hatten, hätte ich nicht so reden können wie jetzt. Ich konnte nicht mal für ein paar Minuten pausieren. Jetzt arbeite ich ganz ruhig, geleitet von meinem Gewissen und ohne einen Boss, der mich anschreit, dass wir die ach-so-wichtige Vorgabe erfüllen müssten. Damals fuhren wir sehr kurze Ofendurchläufe. Das ging bis auf 28 Minuten runter, obwohl die empfohlene Zeit 35 Minuten oder mehr ist – wie wir es heute auch machen."

---

57 Schnitzelversion des Mailänder Koteletts – dünne, pikant panierte Fleischfilets, meist vom Rind.

Was ist der Unterschied? „Man konnte sich sehr leicht die Hände verbrennen, und wegen der Geschwindigkeit der Maschinen konnte man sie nicht stoppen, um Einstellungen vorzunehmen. Man musste das machen, während sie liefen, was zu zahlreichen Unfällen führte. Man konnte leicht zwei oder drei Finger verlieren."[58]

Das könnte als Hinweis dafür gewertet werden, dass es hier nicht im Tempo des hyperaktiven Kapitalismus der jüngeren Vergangenheit zugeht. Trotzdem haben die Arbeiter die Produktion, den Gewinn und die Zahl der Arbeiter steigern können – 240 arbeiteten hier, als sie die Fabrik übernahmen, 2004 waren es 400.[59]

Die Linke, die Versammlung und die Alternative

Wie weit geht der Einfluss politischer Parteien bei den Versammlungen? Quiñimir sagt: „Die Versammlung steht am höchsten. Die Parteien spielen eine wichtige Rolle, aber sie sind der Vollversammlung untergeordnet. Es gibt keine Partei, die sagen kann: ‚Das machen wir oder das machen wir nicht'. Es gab einige Konfrontation, weil wir uns jedem widersetzt haben, der versuchte, den Konflikt an sich zu reißen, aber im Laufe dieses Prozesses haben sich die Rollen verteilt. Linke und linksradikale Parteien haben uns in schwierigen Zeiten unterstützt, aber weder haben wir uns davon verwirren lassen noch sind wir unter ihren direkten Einfluss geraten." Was ist mit Godoy? „Raúl ist einer unserer Kollegen, und der Umstand, dass er Mitglied einer Partei ist, ist eine andere Sache. Der Konflikt hat uns alle gezwungen zu lernen. Man muss den Arbeiter und den Parteiaktivisten respektieren. Sie brauchen einander. Wenn es zu einer Pattsituation kommt, entscheidet die Versammlung als höchste Autorität."

Alberto Esparza – seine frühere Parteizugehörigkeit nur eine entfernte Erinnerung – fügt hinzu: „Die Compañeros, die sich mit den politischen Fragen befassen, müssen auch an den Maschinen arbeiten, und die, die in der Produktion stehen, müssen stets bereit sein, ihre Plätze einzunehmen. Wenn nicht, begehen wir den Fehler – nichts für ungut –, immer nur auf Raúl Godoy zu schauen. Es ist ein Instinkt der Rechten, immer nach einem einzelnen Anführer zu suchen. Es gibt hier mindestens 100 Arbeiter, die in der Lage sind, Vertreter ihres Betriebs zu sein."

---

58 A.d.Ü. Nach Angaben der Arbeiter gab es seit der Recuperación keine der schweren Arbeitsunfälle mehr, die vorher ständig vorkamen und immer wieder Tote und Verletzte forderten.

59 A.d.Ü. 2013: 470.

Alberto fasst zusammen: „Man könnte sagen, dass es hier eine linke bis links-radikale Führung gibt, dass es Opposition zum kapitalistischen System gibt. Aber ich denke, das Schlimmste, was passieren könnte, wäre, wenn das hier zu etwas Sektiererischem und Parteigebundenem werden würde."

Carlos Acuña fügt hinzu: „Raúl ist in einer Partei; er kann seine Vorschläge machen. Und ich – der ich keiner Partei angehöre – mache meine, die ich daheim mit meiner Familie besprochen habe. Wir stimmen ab und entscheiden. Das vereinfacht die Dinge für uns, und sorgt dafür, dass wir nicht immer den Hut einer Partei aufhaben." Carlos stellt fest: „Wir haben eine Menge von der Linken und der PTS gelernt, so wie sie eine Menge von uns gelernt haben." Zum Beispiel? „Dass du hier nicht einfach mit komischen Ideen herkommen kannst, weil das so nicht läuft." Was für komische Ideen? „Uns eine Agenda aufdrücken und die Show schmeißen. Hier schmeißt die ganze Gruppe die Show."

Alberto Esparza ergänzt einen weiteren politischen Blickwinkel: „Man kann sich nicht von der Gesellschaft ablösen und eine Botschaft sozialer Gerechtigkeit vertreten, die niemanden erreicht." Das klingt wie die Worte eines Parteiaktivisten. „Ich bin in keiner Partei, aber ich möchte hier eine Saat ausbringen. Wissen Sie, Kinder und Studenten kommen hierher und fragen uns, wie wir das gemacht haben. Das erste, was wir taten, war, das Gesetz zu brechen. Und ich mag das in meinen eigenen Worten erklären. In einer Partei zu sein, ist einfach, weil man an einen bestimmten Vorrat an Aussagen gebunden ist, die von der Partei festgelegt werden – und das ist alles. Was wir hier machen, hat viel mehr Gehalt: debattieren, Übereinkünfte erzielen und wissen, wessen Interessen wir verteidigen."

Alejandro López glaubt nicht, dass irgendwas von dem, was ihnen bevorsteht, einfach sein wird: „Die Regierung verfolgt klar das Programm, die natürlichen Rohstoffe des Landes den Multis zu überlassen und gegen die Arbeiter vorzugehen. Also müssen wir uns Gedanken darüber machen, wie wir die ganze Gesellschaft in jede Schlacht dieses Kampfes einbeziehen können. Sie wissen, das Bildungsproblem ist nicht nur ein Problem der Schulen. Ich habe eine neunjährige Tochter, also ist es auch mein Problem. Das Gesundheitsproblem ist nicht nur ein Problem der Krankenhäuser, es ist das Problem von allen; das gleiche gilt für die Arbeitslosigkeit." Alberto meint, dass Initiativen wie die Alto-Valle-Koalition (eine Organisation, die verschiedene Bewegungen und Gewerkschaften vereint) die Schaffung eines, wie er sagt, „Werkzeugs" vorantreiben kann: „Wir wollen nicht für immer die Opposition bleiben – wir müssen noch einen Schritt weiter gehen. Ich bin nicht sicher, worin dieser Schritt besteht, aber wir müssen ein Diskussionsforum schaffen, unser Programm entwickeln und den Kampf bis zum Schluss führen. Wir, die Arbeiter, sind diejenigen, die die Wirtschaft bewegen. Es ist also absurd, dass die Arbeiter nicht darüber bestimmen, was wir für unsere Zukunft wollen."

Alejandro glaubt, dass sich nicht alles auf Selbstverteidigung, Beantwortung von Kritik und Reaktionen gründen kann: „Wir müssen in die Offensive gehen. Ich bin mir nicht sicher wie, aber es ist genau das, was wir mit unseren Compañeros diskutieren wollen."

Alberto schließt: „Die Sache ist die: Wenn wir es nicht tun, könnten sie uns überzeugen, dass der einzige Ort, an dem wir Entscheidungen treffen können, die Kleinfamilie ist, und nicht die Ebene der Gesellschaft. Das ist schrecklich. Wir haben etwas anderes getan – wir haben die Produktionsmittel übernommen und sie in Gang gebracht. Das ist für mich das Alternativste, was es gibt."

Stand der Dinge 2014: Der Kooperative und ihren 470 Mitgliedern gehört nun offiziell der Betrieb, sie erhält aber keine Subventionen, um ihre Anlagen zu erneuern. Daher droht der Bankrott, der mit Druck auf die Regierung abgewendet werden soll. Die FIT unterstützt die Kooperative juristisch und politisch; Mitglieder der Kooperative, die gleichzeitig in der PTS organisiert sind, sitzen als FIT-Abgeordnete im Regionalparlament. Der große nationale Festakt der PTS im Dezember 2014 begann mit einer flammenden Rede Godoys vor 6000 Zuhörern.

Kapitel zwei

Brukman

Ein Kampf, der Geschichte schrieb

Eine kleine Textilfabrik im Innenstadtbezirk Once von Buenos Aires, die heutige Kooperative „18 di Diciembre", war der Schauplatz eines besonders leidenschaftlichen, gewalttätigen und dramatischen Abschnitts dieser Saga. Wir schauen uns an, wie sich zwei der Hauptbeteiligten daran erinnern.

Einen Tag, bevor Argentinien unter dem Getöse der Kochtöpfe explodierte, legten sich 52 Näherinnen mit ihren Chefs an und verlangten ihre ausstehenden Löhne.

Ohne es zu wissen, kamen sie dem ungebändigten Volksaufstand, bei dem die Leute riefen „Que se vayan todos! Que no quede ni uno solo!" („Die müssen alle weg! Jeder von denen muss gehen!"), nur um 24 Stunden zuvor. Die Schlachtrufe galten nicht nur den Politikern; in diesem Teil der Stadt waren sie auch an die reichen Geschäftsleute mit ihren bankrottierten Unternehmen und den verarmten Beschäftigten gerichtet.

Der Textilbetrieb *Brukman* wurde schnell zu einem Symbol des Argentinien nach dem 19. und 20. Dezember 2001. Er erweckte die Solidarität sowohl der neuentstandenen Nachbarschaftsversammlungen wie auch der Piqueteros, der Studenten und der linksradikalen Parteien. Er wurde zum Flaggschiff der Bewegung der instandbesetzten Betriebe, zu einem Mekka für Aktivisten und Forscher. „Ein Gerücht geht um in der Welt, ein Gerücht, das besagt, dass es eine andere Art zu arbeiten gibt, dass es eine Lösung gibt, und der Name dieses Gerüchts, dieser Hoffnung, ist Brukman", schrieb die kanadische Journalistin Naomi Klein.

Brukman wies mehrere Züge auf, die ihm erlaubten, diese privilegierte Position einzunehmen. Zunächst mal reden wir von der Besetzung eines prestigeträchtigen Unternehmens mit 55jähriger Geschichte im Herzen von Buenos Aires. Dazu kam, dass die Mehrheit der Beschäftigten Frauen waren. Anders als Arbeiterführerinnen vor ihnen, mussten sie sich nicht hinter ihren männlichen Genossen verstecken, um ihre Meinung zu bekunden. Ihre Erklärungen fielen zeitlich perfekt mit einer gesellschaftlichen Situation zusammen, in der Frauen führende Rollen einzunehmen begannen. Während Frauen aus der Mittelklasse bewaffnet mit Töpfen und Pfannen auf die Straße gingen, um gegen den vom Präsidenten verhängten Belagerungszustand zu protestieren, hatten Frauen aus den ausgeschlossenen Unterklassen bereits ihren Mut unter Beweis gestellt, als sie Straßen blockiert und Jobs für ihre Familien gefordert hatten. Bis zu diesem Zeitpunkt hatten sich die Beschäftigten bei *Brukman* mit beiden nicht identifiziert. Dennoch wurden ihre himmelblauen Arbeitskittel zu Fahnen, die den gleichen Kampf repräsentieren.

Der Kampf um *Brukman* stach besonders heraus wegen der aktiven Beteiligung von linksradikalen Parteien während des gesamten Vorgangs der Besetzung. Indem sie ihre Mittel und Verbindungen einsetzten, verliehen sie dem Kampf eine weitreichende Prominenz. Während die meisten instandbesetzten Betriebe oder Betriebe im Prozess der Instandbesetzung ihre Kämpfe still führten, platzierte sich *Brukman* in den Medien und auf der politischen Tagesordnung.

In einem Interview mit *lavaca.org* legte ein Barra Brava[60] des Fußballvereins *Boca Juniors* („La 12") offen, dass ein Minister des damaligen Präsidenten Eduardo Duhalde sie angeheuert hatte, um bei den Protesten nach der gewaltsamen Räumung von *Brukman* am 18. April 2003 Unruhe zu stiften. Die Regierung fürchtete, dass der Keim von *Brukman* sich zu einem neuen Aufstand auswachsen könnte. Doch bei dieser Gelegenheit mussten sich die „barra brava" zurückziehen, nachdem eine Gruppe von Piqueteros sie enttarnt hatte.

Während die Linke *Brukman* in einen weiteren Schauplatz ihrer ständigen Streitereien verwandelte, begriffen die Bewegungen der instandbesetzten Betriebe, dass die Interessen der organisierten Parteien nicht immer mit denen der Werktätigen selbst zusammenfielen. Naomi Klein beschrieb das bei einem ihrer Besuche so: „Etwas, das mir an *Brukman* vor der Räumung immer wieder ins Auge fiel, war, dass die linksradikalen Parteien alle gekommen waren und die Fahnen mit ihren Logos an der Fassade des Betriebs aufgehängt hatten, dass es aber niemandem eingefallen war, ein neues Logo zu entwerfen, das für eine Fabrik stand, die von den Werktätigen betrieben wurde. Deshalb gab es kein Schild, auf dem stand: *Brukman*, unter Arbeiterkontrolle."

Der Fall *Brukman* erzeugte nicht nur eine hässliche ideologische Debatte mit den gesellschaftlichen Kreisen, die den allumfassenden Wert des Privateigentums verteidigten. Er erzwang auch eine interne Diskussion im Herz der sozia-

---

60 Militante Fußballfans, die immer wieder für Verbrechen und Angriffe angeheuert werden.

len Bewegungen. Beinahe von Beginn der Besetzung bis zum Erwirken der Enteignung im Oktober 2003 gab es eine Spannung zwischen zwei Strömungen. Auf der einen Seite forderten die linksradikalen Parteien – besonders die Arbeiterpartei (Partido Obrero, PO) und die Partei der sozialistischen Arbeiter (Partido de los Trabajadores Socialistas, PTS)[61] – die Verstaatlichung des Betriebs unter Arbeiterkontrolle. Auf der anderen Seite glaubten die Anhänger der Bewegung der instandbesetzten Betriebe, dass es eine schnellere und praktischere Lösung gab – die Enteignung durch eine Arbeitergenossenschaft. Für erstere waren die Genossenschaften nur Rädchen im kapitalistischen Getriebe und wegen ihres Kapitalmangels nicht einmal lebensfähig. Sie bestanden außerdem darauf, dass die Option der Genossenschaft nur aufschob, sich mit der Wurzel des Problems auseinanderzusetzen, da die Enteignungen, die von der Regierung gestattet wurden, nur vorübergehend für zwei Jahre galten und von der dubiosen Aussicht auf einen Aufkauf durch die Arbeiter begleitet wurden. Die Verfechter der Enteignung waren hingegen pragmatisch – wenn sie eine Genossenschaft bildeten, konnten die Näherinnen ihre Einkommensquelle zurückgewinnen, was das ursprüngliche Ziel der meisten Beschäftigten gewesen war.

Diese beiden verschiedenen Auffassungen hatten im Betrieb auch zwei Sprecherinnen: auf der einen Seite Celia Martínez, auf der anderen Matilde Adorno.

Ihre pointierten Diskussionen bei den Betriebsversammlungen wurden zu Klassikern.

Hier erzählen sie nun ihre Geschichte.

Durch ihre Erinnerungen, Leidenschaften und Opfer bekommen wir einen Eindruck von dem Kampf, der Geschichte schrieb – dem Kampf um *Brukman*.

„Wir lernten, Ideale zu haben" – Interview mit Matilde Adorno

… Erinnern Sie sich, wie die Besetzung der Fabrik organisiert wurde?
Es geschah von allein. Wir durchlebten 15 Tage, während derer wir, obwohl es tonnenweise Arbeit gab, keinen Cent bezahlt bekamen. Es gab wachsenden Unmut, der im fünften Stock ausbrach, in der Hosenabteilung, wo die Arbeitsgruppe kleiner war als bei uns – wir sind von der Mäntelabteilung, der größten. Ihre Wut kochte schneller über als unsere, und sie stellten praktisch die Produk-

---

61 A.d.Ü.: Heute größte und zweitgrößte der drei Parteien in der Linksfront FIT, die mancherorts die politische Repräsentation der Recuperadas bilden.

tion ein. Es war die Hauptsaison und sie mussten 3.500 Hosen herstellen – kurze Hosen, um genau zu sein. Der Manager zwang die Leute, sagte ihnen, dass sie, wenn sie nicht arbeiten würden, überhaupt kein Geld bekämen. Angeblich nahmen wir jeden Freitag 100 Pesos mit nach Hause, aber das war zu diesem Zeitpunkt schon Geschichte. Sie gaben uns 10, 15, 5 und dann sogar nur zwei Pesos. Dennoch hielten sie den Druck aufrecht. Da hörte die Hosenabteilung auf zu arbeiten, damit man uns endlich wieder etwas Geld gab. Aber sie hätten nie daran gedacht, die Fabrik zu übernehmen.

... Aber Sie übernahmen sie...
An jenem letzten Freitag gaben sie uns zwei Pesos und sagten uns, dass wir die ganze nächste Woche nicht kommen sollten. Wir sagten nein, wir werden am Dienstag hier sein, damit sie uns was geben. Was es noch schlimmer machte: Sie hatten uns schon was unterschreiben lassen, dass wir unbezahlt beurlaubt wären. Wir hatten panische Angst – es gab Arbeit, sie wollten uns nicht bezahlen, sie sagten uns, wir sollten nicht mehr kommen, und sie hatten uns sogar die unbezahlte Beurlaubung unterschreiben lassen. An dem Dienstag saßen wir an unseren Arbeitsplätzen, und um 7 Uhr früh, als die Geschäftsführer auftauchten, kamen wir alle zusammen die Treppe runter, um zu sehen, wieviel Geld sie uns geben würden. Ein Streit brauch aus, und Jacobo Brukman kam und sagte: „Okay, wenn ihr meint, ihr könnt den Betrieb besser führen als wir – hier, nehmt den Schlüssel". Aber er steckte ihn wieder ein. Und Enrique Brukman sagte: „Was glaubt ihr, wer ihr seid, dass ich euch Geld aus dem Ausland hole, um euch zu bezahlen?" Er machte die Tür zu und verschwand. Der Manager sagte uns, dass wir wieder an die Arbeit gehen sollten und später wieder runterkommen, um zu sehen, wieviel Geld er auftreiben könnte. Als wir schließlich runterkamen, waren sie alle weg – es waren nur ein paar Leute aus dem Verkauf im Erdgeschoss. Um drei Uhr nachmittags waren sie noch nicht zurück. Um vier immer noch nicht. Um halb acht sagte ich: „Also, ich kann nicht länger bleiben." Ich hatte eine Verabredung. Aber die Idee dazubleiben, bis sie mit dem Geld wiederkämen, war schon auf dem Tisch. Wir haben ehrlich nie gedacht, dass sie einfach nicht zurückkommen würden. 23 Leute blieben. Die von uns, die gingen, glaubten nicht, dass die anderen die ganze Nacht bleiben würden.

... Und was dachten Sie, als Sie am nächsten Tag wieder in die Fabrik zurückkehrten?
Ich sah Leute auf der Straße, ein Polizeiauto. Ich dachte, nun wäre alles aus. Als ich die Plakate sah, bin ich fast tot umgefallen... Drinnen sahen alle sehr ängst-

lich aus. Die Nachtwächter war um 5 Uhr früh gegangen und hatte den anderen den Schlüssel dagelassen, die sich einschlossen, bis wir kamen. Sie hatten entschieden, dass die Belegschaft rein durfte, aber die Manager wollten nicht rein, bevor die Eigentümer kommen würden, weil sie noch mehr Chef waren als der Chef selbst – päpstlicher als der Papst. Es war uns immer noch nicht in den Sinn gekommen, dass sie nicht kommen würden. Als der Tag verstrich und sie nicht auftauchten – den ganzen Tag haben wir gewartet und niemand kam –, wollten wir nur noch sterben, wir waren verzweifelt. Wir verbrachten den ersten Tag damit, auf sie zu warten, und starrten die Wände an.

... Unterdessen explodierte das ganze Land. Dieser Tag war der 19. Dezember 2001...

Wir waren so mit unserer Situation beschäftigt, zwei Pesos bezahlt zu bekommen, um nach Hause zu können und wieder an die Arbeit zu gehen, dass wir gar nicht wussten, dass es noch eine andere Realität gab. Alles, was wir von den Piqueteros wussten, war, dass sie die Straßen blockierten und wir deshalb zu spät zur Arbeit kamen. Ich erinnere mich, wie in jener Nacht die meisten blieben. Die einzigen, die gar nicht reingingen, waren die Leute vom Verkauf, die drei Geschäftsführer und der Botenjunge. Als er am nächsten Tag auftauchte, haben wir's ihm aber gegeben. Da die Fassade des Gebäudes komplett aus Glas ist, zeigte uns der Wachmann, wo ein Sichtschutz aus Pappe stehen musste, damit von draußen niemand reinsehen konnte. Ein Kollege saß am Empfangstisch und die meisten anderen von uns legten sich auf den Boden. An diesem Abend rief uns ein Anwalt an und sagte uns, dass der Belagerungszustand ausgerufen worden war. Er riet uns, alle Schilder abzunehmen, die wir aufgehängt hatten – und auf denen stand: „Wir wollen bezahlt werden!" –, und drinnen zu bleiben. Wir fürchteten uns zu Tode. Einige Kollegen, besonders die Männer, begannen abzuhauen, bis Juanita aufstand und sagte: „Nein, niemand verlässt mehr diesen Ort. Das hier gehört jetzt allen." Sie stand vor der Tür, nahm den Schlüssel, tat ihn genau hierhin *(zeigt auf ihren BH)* und sagte dann noch mal: „Niemand bewegt sich".

... Und was passierte, als Sie die Cacerolazos hörten?

Irgendwann im Laufe der Nacht hörten wir Geräusche und jemand sagte: „Das ist die Bundespolizei, die kommt, um uns rauszuschmeißen." Und als wir einen Blick nach draußen warfen, waren es Leute, die auf Töpfe und Pfannen schlugen. Wir verstanden das überhaupt nicht. Wir hatten keinen Fernseher und kein Radio. Es gab eigentlich ein paar Fernseher in den Büros, aber wir hatten sie eingeschlossen, weil wir nichts anrühren wollten, damit sie uns nichts anhängen konnten. Immer mit dem Gedanken, dass die Eigentümer jeden Moment auftauchen würden. So standen wir da, angespannt, verängstigt... So waren der 19. und 20. Dezember. Ich erinnere mich sogar, wie Juanita sagte: „Der Belagerungszustand ist wegen der Leute, die Unruhe stiften, nicht wegen uns." Als de la Rúa zurücktrat, aßen wir gerade Reiseintopf, den wir aus dem gemacht hatten, was benachbarte Läden uns gegeben hatten. Wir hatten solche Angst... Der Fehler lag bei den Eigentümern – denn wenn sie gekommen wären, auch noch drei Tage später, mit zehn Pesos, hätten wir uns diese zehn Pesos geschnappt und wären gegangen. Ich erinnere mich, wie ein paar Tage später Leute von *Telefónica* vorbeikamen und uns fragten, was bei uns los wäre und wir es ihnen erzählten. Sie sagten: „Ihr könnt da nicht drinbleiben – wie soll dann jemand merken, was mit euch los ist? Ihr müsst rausgehen, ein Zelt aufschlagen, um Spenden für die Streikkasse bitten, die Straße blockieren..." Wir hielten die für verrückt. Wir brachten das nicht fertig. Wir gingen auch zum Arbeitsministerium und fanden heraus, dass die Gewerkschaft den Bankrott der Firma erklärt hatte – genau, was wir nicht wollten. Sie wollten den Bankrott, damit sie bekamen, was die Firma ihnen schuldete, aber das war nicht, was wir wollten.

… Was wollten Sie?

Bezahlt werden, nichts weiter. Bankrott, auf keinen Fall. Wir wollten weiter arbeiten – das einzige, was wir wollten, war, bezahlt zu werden. Wir waren bereit, die Gewerkschaft umzubringen, als sie sagten, sie könnten nicht kommen, da sie soviel zu tun hätten. Sie haben sich nie gezeigt, während wir – wie wir später begriffen – den Betrieb besetzt hielten. Deshalb setzten wir die Gewerkschaftsvertreterin vor die Tür. Danach gingen eine Menge Frauen hinterher, die auf ihrer Seite gewesen waren. Währenddessen dachten wir noch: „Naja, es wird eine Woche oder zwei..." Das kam uns schon wie eine Ewigkeit vor, und wo es nun schon zwei Jahre sind, kann ich's kaum glauben.

… Sie haben nie wieder etwas von der Firma gehört?

Einmal tauchte der Manager in einer Bar an der Ecke auf. Er rief uns an und sagte, er wolle verhandeln. Einige Kollegen gingen hin und der Typ meinte: „Okay, Leute, nehmt jeder drei oder vier Anzüge – ich geb euch 50 Pesos, und ihr geht einfach. Wir gehen später rein und bringen alles in Ordnung." Wir sagten nein und protestierten, indem wir am nächsten Tag die Straße blockierten. Das war eine Sache, die wir nicht zu Ende gedacht hatten, die aber Gottseidank gutging. Ein Journalist fragte uns, wenn wir die Wahl hätten zwischen der Zeit, als alles noch normal war und wir arbeiteten und pünktlich bezahlt wurden, und dieser Zeit des Kampfes, was wir wählen würden? Was für eine blöde Frage, dachte ich da. Das erstere, antwortete ich. Die meisten von uns sind ältere Frauen, auf dem Weg in die Rente, und der Kampf ist nett und so – der Klassenkampf, wie wir mittlerweile gelernt haben –, aber wir sind nicht dazu gemacht, die ganze Zeit auf der Straße zu kämpfen, wenn wir arbeiten könnten. Natürlich können wir alle unterstützen, die kämpfen. Wir lernten, Ideale zu haben – wir lernten, dass allen zusteht, was sie verdienen. Wir wurden da drin wirklich ausgebeutet, besonders gegen Ende.

... Beeinflussten die folgenden Regierungswechsel den Kampfgeist oder die Entscheidungen der Belegschaft?
Nein. Wir hatten Angst. Wir waren in etwas hineingeraten, das wir nicht verstanden. Glücklicherweise lief es gut. Nur ein paar von uns, die sich der einen oder anderen Partei anschlossen, fingen an mehr zu verstehen und kamen dann mit Ratschlägen. Natürlich machten sie das heimlich. Nur die Aufmerksamsten bemerkten es. Als wir schließlich nach der letzten Räumung auf der Straße waren, bekamen es alle mit. Wirklich, das Einzige, was die Mehrheit bis dahin getan hatte, war arbeiten, arbeiten, arbeiten. Sie schauten nicht darüber hinaus. Wenn wir irgendwohin gehen mussten, hieß es: „Ja, der kann gehen, aber ich bleibe." Sie kümmerten sich nicht darum, dass es verschiedene Auffassungen gab. Alles, was sie kümmerte, war, ob es am Freitag etwas Geld gab, das sie mit nach Hause nehmen konnten.

... Die politischen Parteien kamen schon bald auf Sie zu?
Als wir den Betrieb besetzten, sprachen Leute mir gegenüber von der „Linken", und für mich war das eine einzige Partei. Ich hatte keine Ahnung, dass es so viele gab. Für mich gab es eine und das war's. Als ich mitbekam, dass es da eine gab und dort eine gab, und sie zogen in die eine Richtung und in die andere Richtung, und sie quatschten einem die Ohren ab... Ich wollte mich erschießen! Aber, ja, sie kamen etwa um diese Zeit. Eigentlich waren die ersten, die kamen, Leute von IMPA, die schauen wollten, ob wir eine Genossenschaft gründen wollten. Aber wir dachten immer noch, dass die Eigentümer jeden Moment da sein würden und wir mit ihnen verhandeln könnten. Wir fingen an zu arbeiten, aber erst als wir draußen das Zelt aufschlugen, wurde uns klar, dass sie wohl nicht wiederkommen würden.

... Das war der Frühling, als die Idee aufkam, eine Genossenschaft zu bilden?
Ja. Die Gesetzgeber sagten uns später, dass wir eine Genossenschaft sein müssten, da sie den Betrieb nicht einfach an Heinz und Lieschen Müller übergeben könnten. Manche der politischen Gruppen wollten das nicht – sie sagten uns, dass es bei den anderen Genossenschaften schlecht laufen würde. Ich ging los und sprach mit den Leuten von *Lavalán*, und es stellte sich als Lüge heraus. Zwei oder drei von uns stritten sich darüber – die Mehrheit passte nicht auf, was diskutiert wurde – sie begriffen es nicht. Die Mehrheit wartete einfach auf Freitag und hoffte, Geld nach Hause bringen zu können.

... War das eine pragmatische oder ideologische Diskussion?
Sie war ideologisch. Die Parteien, die nicht für die Genossenschaft waren, sagten, dass wir selbst zu neuen Bossen werden würden. Aber wenn wir eine Arbeitergenossenschaft werden und alle gleich viel verdienen, und wenn wir alles in der Vollversammlung entscheiden – wo ist da der Boss? Hier wird das nicht so laufen wie in manch anderen instandbesetzten Betrieben, wo sie Manager haben, die ein bisschen mehr Geld kriegen. Das finden wir nicht gut.

... Wann übernahmen Sie den Betrieb und bereiteten die Arbeit unter Selbstverwaltung vor?
Das war, als – vor allem anderen – die Firma *Port Said* darauf drängte, dass wir diese Hosen fertigstellen, weil ja Hochsaison war. Wir beschlossen, die Ware auszuliefern, und sie bezahlten uns. Mit dem Geld liefen wir los und bezahlten *Edesur*, damit die uns nicht den Strom abstellen. Wir kamen mit ihnen zu der Übereinkunft, dass wir die Rechnungen ab dem Moment der Besetzung bezahlen. Alles davor waren nicht unsere Schulden. Wir bezahlten Strom, Gas, Telefon, und was übrig blieb, teilten wir zu gleichen Teilen unter uns auf. Zu der Zeit waren wir noch viel mehr, es waren ja noch alle da. Als später das Geld ausging, gingen auch viele. Es gibt Leute – und ich verstehe sie –, die einen Haushalt zu ernähren hatten. Sie konnten sich nicht mit einem Traum über Wasser halten. Unser Traum wurde Wirklichkeit, aber es war ein sehr, sehr harter Kampf. Es gab Leute, die einfach ihre Miete nicht bezahlen konnten. Ich verstehe die Kollegen, die gegangen sind.

... Manche Ihrer Kollegen nennen die, die gegangen sind, Streikbrecher[62], und meinen, es wäre nicht in Ordnung, wenn man sie wieder zurückkehren ließe, wie es das Enteignungsgesetz verlangt.

---

62 A.d.Ü. „carneros" – wörtlich „Hammel".

Das ist nicht gut. Dagegen kämpfe ich an – ein Streikbrecher ist doch jemand, der einen Streik bricht. Sie sind gegangen, weil sie – so wie wir anderen – dachten, dass die Eigentümer jeden Moment wiederkommen würden. Darauf haben sie sich verlassen. Wer hat denn damals gedacht, dass wir den Betrieb am Ende behalten würden? Nicht mal wir selber... Wir riefen sie an und redeten mit ihnen mehrere Male. Wir erklärten ihnen, dass unser Job nicht nur in der Arbeit selbst bestand, sondern dass wir kämpfen mussten, dass es hieß, mal zu dieser Veranstaltung zu gehen und mal zu jener. Das konnten sie nicht akzeptieren. Sie wollten einfach hinkommen, ihre Stunden ableisten und wieder gehen. Sie wollten für den Kampf, der vor uns lag, keine Verantwortung übernehmen. Es hat nur einfach niemand gedacht, dass es ein solch langer und mühseliger Kampf werden würde. Die meisten von uns dachten, es würde einen Monat dauern – aber dann war es noch ein Monat, dann noch einer – aber niemals zwei Jahre! Es war das gleiche, wie als sie uns das letzte Mal geräumt hatten. Wir dachten nie, dass wir sechs Monate in einem Zelt verbringen würden. Ich kann mich erinnern, wie jemand von einer der Parteien kam und sagte, wir würden vielleicht drei Monate dort aushalten müssen. Wir alle: „Was? Auf keinen Fall!" Wir sagten ihm, er soll sich verdrücken. Dann waren wir sechs Monate dort.

... Was beschlossen Sie zu tun, als Sie die Waren an Port Said verkauft hatten?
Naja... wir hatten ja nichts mehr. Wir hielten eine Versammlung ab, um zu überlegen, was wir machen sollen. Wir entschieden, den Betrieb wieder zu eröffnen und mit der Arbeit zu beginnen. Das war Mitte Januar 2002.

... Es waren alle dafür, wieder an die Arbeit zu gehen?
Bei der Versammlung war ich nicht, aber wir haben es immer so gemacht, dass wir, wenn es eine Mehrheitsentscheidung gab, uns dann alle dran gehalten haben.

... Wie haben Sie sich organisiert, um die Produktion wieder aufzunehmen?
Zuerst war es chaotisch, weil die Fertigungsstrecke nicht komplett war. Also mussten wir alle möglichen Handgriffe lernen. Außerdem war von der Verwaltung niemand mehr da. Die Ingenieursschule lud uns zu einem Treffen verschiedener instandbesetzter Betriebe ein, die uns in dieser Sache sehr halfen. Ein paar von uns gingen zu dem Treffen, und sie fragten, was wir brauchen würden, und wir baten um Leute, die uns mit der Verwaltung helfen könnten. So kam es, dass ein BWLer bei uns auftauchte und bis zum letzten Tag blieb. Das Treffen regte uns auch dazu an, rauszugehen und unsere Produkte zu verkaufen. Zusammen

mit Oscar, einem Compañero, liefen sie in ganz Buenos Aires herum. Sie fanden Kunden für uns, die uns bis heute mit Aufträgen versorgen. Wir fingen an, was zu verkaufen – genug, um zu bezahlen, was wir zu bezahlen hatten, Strom, Gas, Telefon. Wir kürzten sogar unsere Ausgaben, indem wir etwa auf einigen Etagen kein Gas benutzten.

... Wurden die Gewinne immer an alle gleich verteilt?
Immer. Zu keinem Zeitpunkt war irgendwer dagegen. Und jetzt werden wir so weitermachen. Wenn es zehn Pesos gibt, teilen wir sie unter allen auf, nachdem wir beiseite gelegt haben, was wir brauchen, um die Rechnungen zu bezahlen. Wir mussten die ganzen Rohmaterialien kaufen. Wir haben auch Auftragsarbeit gemacht, „à façon". Der Kunde liefert uns das Material oder schießt uns das Geld vor, damit wir es kaufen können. Letzten Sommer, als wir kein Material hatten, sagte dieser Student, der kam und uns half: „Nehmt jetzt kein Geld mit nach Hause, kauft Stoff." Wir taten wie geraten und kauften eine Tonne davon. Dadurch hatten wir einen fantastischen Sommer. Wir sind heute hier wegen dieses Stoffs.

... Wie war es, als Sie im März 2002 das erste Mal aus dem Gebäude geworfen wurden?
Die Räumung war schon brutal, wenn auch nicht ansatzweise so wie die im November. Richter Velazco verfügte im März, dass wir raus sollen, aber sagte dann, da es ja ein Arbeitskampf sei und kein bloßer Rechtsstreit, hätten wir das Recht, im Betrieb zu sein. Später dann, am 23. November, warfen sie uns wieder raus. Das war unglaublich und wurde von einem Sondereinsatzkommando der Elite-Polizeieinheit GEO durchgeführt. Ich war allein auf der dritten Etage, lag auf einer Matratze neben einer Nähmaschine. Als ich die Augen aufmachte, sah ich einen Kerl mit einer Skimaske, der ein Itaka-Gewehr[63] auf meinen Kopf richtete. Ich dachte, ich wäre in einem Film – ich konnte nicht glauben, dass das wirklich passierte. Sie verschafften sich Zugang, indem sie alle Türen mit ihren Gewehrkolben einschlugen – sehr dramatischer Auftritt. Sie glaubten mir nicht, dass ich dort allein wäre. Es gab noch eine Kollegin im sechsten Stock und eine im ersten mit ihrer neunjährigen Tochter, die auch verhaftet wurde. Als wir aus dem Gebäude kamen, war es wie in einem militärischen Sperrgebiet, voller Soldaten – unglaublich. Sie klagten uns an wegen Hausfriedensbruch und Diebstahl, und es wurde eine Geldstrafe von 50.000 Pesos verhängt.

---

63 A.d.Ü.: vermutlich eine Ithaca M37, eine Pump-Flinte

... Wohin wurden Sie gebracht?
Sie brachten uns erst runter ins Erdgeschoss, wo Ärzte waren, die uns untersuchen wollten. Ich sagte ihnen, dass sie mich nicht anfassen sollen – echt nicht, ich wollte nichts mit denen zu tun haben. Die Eigentümer standen im Eingang. Am gleichen Tag nahmen sie uns mit aufs Revier, ans andere Ende der Stadt. Einen nach dem anderen führten sie uns weg – normale Polizisten in Autos ohne Kennzeichen. Als ich im Auto saß, sagte ich im Geiste zu allem Lebwohl – es war alles so brutal – und war sicher, wir würden den Betrieb nie wieder betreten. Ich dachte, sie würden uns zu einer Polizeiwache in der Nähe bringen, aber das Auto fuhr immer weiter, und ich fragte sie, wohin sie mich bringen würden. Ich landete schließlich in der Nähe von General Paz[64], weil dort die Anzeigen erstattet worden waren. Es kam irgendwann der Gedanke auf: „Ich werde nur eine weitere Verschwundene sein." Wer würde von mir erfahren? Die Polizei nahm uns morgens um 20 vor 7 mit und gefunden wurden wir erst mittags um halb eins.

... Wie sind Sie dann wieder in den Betrieb gekommen?
Wir wurden an einem Ort festgehalten, wo wir niemanden sehen oder anrufen konnten. Ich sagte zur Polizei: „Wie kann das sein... ist das denn nur im Film so, dass man einen Anruf machen kann?" Ich hatte mein Handy dabei, aber sie ließen es mich nicht mal anfassen. Als dann der Anwalt kam, verlegten sie uns in Büros, in denen es Fernseher gab. Und da sahen wir, dass wir wieder im Betrieb waren. Unsere Kollegen hatten sich gegen die Polizeiabsperrungen um den Betrieb gedrückt, und später erzählten sie uns, dass die Polizisten ihnen selbst gesagt hatten: „Drückt mal doller, damit wir eher nach Hause können". Als wir wieder dorthin kamen, gab es eine richtige Willkommensfeier... Mir wurde widerwillig sogar meine Matratze wieder ausgehändigt.

... Zu dieser Zeit verlangten Sie nicht mehr, dass der Betrieb verstaatlicht werden sollte – wie hatte sich das geändert?
Die Idee der Verstaatlichung stammte von einer der Parteien, nicht aus unserer Versammlung. Als sie uns das später erklärten, sagten wir, das wäre wunderbar, aber nicht mit der gegenwärtigen Regierung. Irgendwann vielleicht, aber nicht eher als nach einer ernsthaften Revolution. Ich kann mir das sehr gut vorstellen, wie diese Regierung diesen kleinen Betrieb verstaatlicht! Ich hab die Leute,

---

64 Highway, der die Innenstadt von Buenos Aires, die Bundeshauptstadt, vom sie umgebenden Ballungsraum trennt

die dafür waren, gefragt: „Willst du, dass Ibarra dein Boss ist?"[65] Es machte mich wahnsinnig. Wenn wir verstaatlicht werden würden, würden wir bezahlt werden, aber Ibarra wäre unser Boss. Es wurde also geredet, Ibarra dies, Ibarra das.

… Viele Gruppen traten an Brukman heran und bekundeten Solidarität – politische Parteien, Versammlungen, Kulturinitiativen, Journalisten. Wie war das für Sie?
Manchmal verursachte es eine Menge Ärger und Streit, weil viele von uns dagegen waren, dass so viele Leute auftauchten – dieses ganze Kommen und Gehen von Leuten, die wir nicht kannten. Das erzeugte eine Kluft zwischen uns, weil es die gab, die dafür waren, und die, die dagegen waren. Das war sehr schwierig – wir waren so viele verschiedene Dinge zugleich. Es gab viele Basisaktivisten, die kamen um mit uns zusammenzuarbeiten, aber es gab auch immer mehr, die uns in eine bestimmte Richtung drängen wollten. Wir sind bereit, uns anzuhören, was sie zu sagen haben, es zu bedenken und dann weiterzusehen – aber nicht zu dieser Vereinnahmung, zu einem Teil der einen oder einer anderen Partei zu werden. 95 Prozent der Belegschaft sind nirgendwo Mitglied. Nur weil wir den einen oder anderen zuhören, heißt das nicht, dass wir auch dazugehören.

… An welcher Stelle in diesem ganzen Prozess fühlten Sie sich am meisten hin- und hergerissen?
Mitte 2002. Alle möglichen schrecklichen Sachen gingen vor sich, es gab viel Ärger. Wir konnten von einigen Kollegen hören, dass sie zu keiner Partei gehören würden, und dann sahen wir sie dauernd in der Parteizentrale. Und sie verteidigten sich dann damit, dass sie jemand anders beschuldigten, einer anderen Partei anzugehören. Die Monate, die wir außerhalb des Betriebs verbrachten, waren gut für uns, um nachzudenken und diese Sachen mitzubekommen. Jetzt sind wir viel strenger mit den Parteien. Noch als wir im Betrieb waren, hatten wir beschlossen, die Parteien alle rauszuwerfen. Sollen sie ruhig da sein, aber draußen. Weil in dem Moment, wo man sich umdrehte, war da eine. Wir waren nie unter uns, weil sie kamen und gingen und alles belauschten. Hin und wieder sorgten sie für einen größeren Tumult, weil eine Person die einen verteidigte und eine andere die anderen... Die Medien waren auch überall – man konnte bei der Arbeit sein, und sie hielten einem die Kamera ins Gesicht. So konnten wir nicht arbeiten. Sie tauchten auf und kamen rein, wann immer sie wollten. Und manchmal ließen auch die, die

---

65 Aníbal Ibarra, zu dieser Zeit Bürgermeister – A.d.Ü.: Es ging darum, den Betrieb in das Eigentum der Hauptstadtprovinz zu überführen, so dass nicht die Nationalregierung, sondern der Bürgermeister als potenzieller „Boss" angesehen wurde. (Seit 1989 gehört Grund und Boden den Provinzen, nicht dem Staat.)

gerade die Tür bewachten, einfach alle rein, wie sie wollten. Ein größerer Vorfall ereignete sich, als wir im Zelt waren[66] und die Leute vor dem Zelt in eine körperliche Auseinandersetzung über das gerieten, was wir drinnen diskutierten.

... Was passierte?

Naja... die Parteien. Wir waren uns nicht einig darüber, dass eine Kollegin von uns bei den Wahlen als „Brukman-Arbeiterin" antrat.[67] Wir hatten nichts dagegen, dass sie als Person sich zur Wahl stellte, aber als sie dann auf all den Plakaten mit ihrem Kittel als Brukman-Arbeiterin auftauchte, war das furchtbar. Wir wollten einfach nur sterben. Außerdem wurde von bestimmten Leuten erst beharrlich bestritten, dass sie antreten würde, und dann durften wir's in letzter Minute rausfinden.

... Wurden die Verhältnisse unter der Belegschaft durch das lange Zusammenleben und die vielen Diskussionen sehr beeinträchtigt?

Ich denke, wir kennen uns jetzt alle gegenseitig besser. Als die Eigentümer hier waren, kamst du früh um sechs und gingst nachmittags um drei, aber man kam sich nicht näher. Wir konnten untereinander nur sehr wenig reden. Als wir dann anfingen, 24 Stunden jeden Tag miteinander zu verbringen, war das grässlich, bis wir uns dran gewöhnten und rausbekamen, wer wer ist. Für viele von uns war es schwer, miteinander klarzukommen – man muss jeden Einzelnen als Individuum behandeln. Jetzt wissen wir, wie jeder andere isst, schläft und atmet, und wir haben Frieden. Bei den Versammlungen können wir uns gegenseitig auseinanderreißen, um die jeweiligen Standpunkte zu verteidigen, aber hinterher lassen wir Mate rumgehen.

... Sie haben sich auch gegenseitig diszipliniert?

Es kommt vor, dass Kollegen sich nicht damit abfinden können, dass wir die ganze Arbeit fertigbekommen müssen, gemeinsam. Wenn jemand einen anderen bittet, etwas zu tun, und es heißt: „Wer bist du denn, der Boss?" Wir müssen alle als Team arbeiten. Die inneren Spannungen veranlassten uns, Bestrafungen einzuführen. Wir bestraften drei Arbeiter dafür, dass sie andere respektlos behandelt hatten. Einmal war es, weil eine Kollegin die dreckige Wäsche einer

---

66 Nach der Räumung vom 18. April 2003 schlugen die Arbeiter an der Kreuzung der Straßen Jujuy und México, 50 Meter von Brukman entfernt, ihr Zelt auf. Dort protestierten sie, bis sie im Oktober 2003 die vorläufige Enteignung durch war.

67 Sie meint Cecilia Martínez, die zweite Interviewte, die bei den Wahlen in Buenos Aires für die PTS antrat.

anderen publik machte und sie zum Heulen brachte. Das war grausam. Wenn Leute unter Stress stehen, muss man vorsichtig sein. Es muss ein bisschen Respekt geben.

... Wir haben noch nicht über das letzte Mal gesprochen, als sie aus dem Betrieb geworfen wurden, 2003...
An dem Tag hatten wir eine Tonne Arbeit, hatten etwa 400 Anzüge fertigzustellen. Es war Gründonnerstag, also beschlossen wir, bis Montag freizumachen. Vier von uns blieben in dieser Nacht da und wechselten sich mit der Wache ab. Um Mitternacht kamen sie um uns rauszuwerfen. Ich war spät gegangen. Als ich wegging, hatte ich ein ungutes Gefühl im Bauch. Ich dachte, ‚so viele Tage weg vom Betrieb'. Ich bin katholisch, also ging ich zur Messe. Als ich kurz vor Mitternacht nach Hause kam, hatte ich immer noch einen Knoten im Magen. Da rief mich Zenón an, der noch im Betrieb war, und sagte: „Matilde, sie schmeißen uns raus." Es regnete. Ich hatte meinen Schlafanzug an. Ich telefonierte herum um rauszufinden, wer mitkommen könnte. Ich ging zusammen mit meinem Bruder hin, und als ich ankam und eine derart große Polizeiaktion sah, dachte ich, dieses ist ganz bestimmt das letzte Mal.

... Wie verliefen die folgenden Tage, mit all den Protesten und den Diskussionen über die Wiederbesetzung des Betriebs?
Ich denke, wir hätten am Karfreitag wieder reingehen können. Es waren viele Leute vor Ort. Der Richter war in der Polizeiwache, und es gibt haufenweise Regierungsleute, die uns immer noch fragen, was wir an jenem Tag gemacht haben. Unsere Anwälte waren ebenfalls da und rangen darum, dass die Polizei zurückgezogen wird. Während die Leute Druck ausübten, waren alle da... um den Richter zum Einlenken zu bewegen. Doch erst wollte er plötzlich allein gelassen werden. Dann kam er wieder raus und urteilte zu unseren Gunsten. Dann scheint ein Compañero den Protestierenden gesagt zu haben, sie könnten nach Hause gehen.

... Warum sagte man ihnen, sie sollen weggehen?
Das kann niemand erklären, obwohl viel darüber diskutiert worden ist. Ich habe meine eigene Theorie, aber darüber werde ich nicht sprechen. Als wir zur Regierung gingen, um mit ihnen über die Enteignung zu sprechen, fragten sie uns noch, was da passiert war, warum wir alle nach Hause geschickt haben, als der Richter kurz davor war, die Enteignung zu unterschreiben. Das ist eine Sache, die niemand klären kann.

... Dann kam der Tag, an dem Sie gegen die Polizei kämpften, um wieder in den Betrieb zu kommen. Wie ist die Entscheidung zur Wiederbesetzung getroffen worden?

Eigentlich auf Druck von unten. Ich war eine von denen, die den Absperrzaun der Polizei umwarfen, aber ich hatte immer gesagt, es wäre eine verrückte Idee, auf diese Weise hineinzugehen. Wenn es dazu kommt, dachte ich, dann klettere ich auf einen Baum und schau von oben zu. Ich war mit der ganzen Belegschaft vorn, hinter uns waren Leute von Zanón. Ich erinnere mich, wie sie sich Limetten ins Gesicht schmierten[68] und ich ihnen sagte: „Ihr bringt mich zum Lachen, wir sind hier ganz vorn und haben gar nichts..." Sie sagten, ich solle es ihnen gleichtun und ich hab mich über sie lustig gemacht – ich sagte, es würde mein Makeup zerfließen lassen. Ich dachte nie, dass ich so was tun würde. Wenn man in einer Situation mit so vielen Leuten und so viel Anspannung dann reingehen will, sagt man den anderen „Los jetzt!" Es geschah spontan. Es war zum Beispiel nie auf der Vollversammlung besprochen worden.

... Wie war der Moment, als Sie den Zaun umwarfen?

Die Regierung war am Verhandeln – sie baten um zehn Minuten, dann um fünf Minuten... Und als wir mitbekamen, was los war, waren wir schon drin. Wir sind singend reingegangen, vier von uns, Arm in Arm. In dem Moment merkte ich nicht, dass wir zu viert waren – das fand ich erst heraus, als ich die Videoaufnahmen sah. Bis dahin hatte ich gedacht, es wären nur Celia und ich gewesen. Ich ging hinein, sang und blickte zur Polizei, um ihre Reaktion sehen zu können. Als wir mitbekamen, dass sie anfingen zu schießen, liefen wir und stellten uns an eine Wand. Wir sahen Kugeln fliegen und konnten es nicht glauben. Sie rückten vor und pflügten alles unter, ließen uns aber hinter sich – wir spürten nicht einmal das Gas. Dann drehten sie sich um und sagten zu uns: „Jetzt raus mit euch." Ich lief raus. Es erschien mir komisch, dass die Compañeros, die gesagt hatten, dass sie auf uns aufpassen würden, am Ende Reißaus nahmen. Ich lief und lief und kam auf dem Weg an meinem Auto vorbei, aber auf keinen Fall konnte ich anhalten und einsteigen. Als ich schließlich stehenblieb, sah ich einen Mann, der ganz außer Atem war und nicht sprechen konnte. Ich fragte ihn, ob er mit mir kommen würde, um mein Auto zu suchen, da ich zu viel Angst hatte, um allein zurückzugehen. „Sicher, Compañera, gehen wir", sagte er. Nachdem ich mit ihm ins Auto gestiegen war und es gestartet hatte, fiel mir auf, dass es sich

---

68 A.d.Ü. um den Effekt des Tränengases zu neutralisieren

um den Abgeordneten Roselli handelte.[69] Ich wusste, dass wir in den nächsten paar Tagen in den Kongress gehen mussten, um mit einem Abgeordneten zu sprechen, aber nicht, dass wir dort den Mann treffen würden, mit dem ich gerade sprach.

... Zu welcher Einschätzung kamen Sie bei der folgenden Versammlung?
Ich weiß es nicht. Ich war irgendwie benommen. Wir hatten gesagt, dass wir etwas tun würden, aber nicht *das*. Es schien, als wäre es eine Falle gewesen. Warum haben wir das getan? Der Druck brachte uns schließlich dazu reinzugehen. Wir dachten, sie würden davor zurückschrecken uns anzufassen. Darum gingen ja wir, die Frauen, vorneweg. Irgendwann fühlten wir uns benutzt. Viele Aktivisten aus den Nachbarschaftsversammlungen sagten uns, dass sie mit ihren Kindern gekommen waren, um uns zu unterstützen, und sie hatten sich vorher schon gefragt, was wir da eigentlich machen.

... Wie wurde die Entscheidung getroffen, das Zelt aufzuschlagen?
Nach der Zurückschlagung organisierten wir eine riesige Kundgebung und schlugen dann auf der Hauptstraße Belgrano unser Zelt auf, bis wir es vor den Betrieb verlegten. Wir waren uns alle einig, dass wir nicht weggehen konnten. Die Genossen von der PTS brachten uns das Zelt, und wir bezahlten es ihnen später. Es ist jetzt unsers – es kostete uns 300 Pesos.

... Was änderte sich, als die draußen waren?
Meine Kollegen wurden politisch bewusster, mehr als in den anderthalb Jahren, die wir drin gewesen waren. Sie begannen zu begreifen, worum es bei diesem Kampf geht, sie lernten, sich nicht täuschen zu lassen und die Klappe nicht zu halten. Sie lernten, dass sie ihre Ideen verteidigen müssen.

... Es gab eine Zeit, in der das Zeltlager an Schwung zu verlieren schien und die Arbeiter sehr allein wirkten. Wie hat sich das auf Sie ausgewirkt?
Ich habe Bronchitis bekommen, die ich nicht loswerde. Alle mussten sich mit Depression und Müdigkeit herumschlagen, und mit dem Gedanken, dass es keine Lösung gab. Viele wollten gehen und nach Arbeit suchen. Weil eine Streikkasse einem zehn Pesos geben kann, aber nicht genug, um eine Rechnung zu bezahlen oder irgendwas anderes.

---

69 José Roselli, Abgeordneter der Partei Autodeterminación y Libertad (Selbstbestimmung und Freiheit), einer antiautoritär-linken Partei, die von 2001 bis 2005 im nationalen Parlament vertreten war

... Haben Sie je überlegt, sich einen anderen Job zu suchen?
Mir wurde ein anderer Job angeboten, aber das hätte bedeutet, den Kampf einzustellen. Das war eine Entscheidung. Viele beschlossen zu bleiben.

... Was hatte sich verändert? Vor einer Weile sagten Sie noch, dass Sie, wenn Sie die Wahl hätten, zurück zu den alten Tagen wollen würden, zu einem Job mit einem Vorgesetzten und einem Boss.
Wissen Sie, wie oft ich mir gesagt habe: „Heute ist der letzte Tag, an dem du ins Zelt gehst"? Tage, an denen ich dachte, ich würde nie aus dem Bett kommen – und dann bin ich doch aufgestanden. Wenn wir diesen Punkt erreicht hatten, wie konnte ich da aufgeben? Jede Person hat ihre Geschichte. Vielleicht blieb ich, weil ich eine Tochter habe, die mir etwas Geld geschickt hat. Aber andere haben nichts, und sie waren gezwungen zu gehen und Arbeit zu finden.

... Wieviel Geld verdiente jede von Ihnen, als Sie arbeiteten?
Das meiste, was wir nach Hause brachten, waren 100 Pesos in der Woche.

... Und während Sie vor dem Betrieb waren, wie kamen Sie da zurecht?
Mit der Streikkasse. Viel wurde aus dem Ausland gespendet, aus Deutschland, aus Frankreich, aus England. Wir erhielten aus England einen Auftrag für Taschentücher zu spektakulären Preisen – 1,70 US-Dollar.[70] Und das für einen einfachen Saum, nichts weiter.

... Was dachten Ihre Familien über den Konflikt?
Wir haben eine Kollegin, die geschieden wurde – ihr Mann verließ sie. Und viele Ehemänner waren skeptisch, bis wir begriffen, dass wir den Männern, Kindern, Geschwistern sagen konnten, dass sie mitkommen können... Da beruhigte sich alles.

... Gab es auch Liebesgeschichten?
Oh, jede Menge. Ich glaube, während dieser Zeit wurden drei Babys geboren.

---

70 Taschentücher mit aufgedrucktem Lächeln, die bei Protesten benutzt wurden, um dem Tränengas zu widerstehen. Die Brukman-Leute nähten sie mit geborgten Nähmaschinen.

„Jetzt sehe ich alles mit anderen Augen" – Interview mit Celia Martínez

… Erinnern Sie sich, wie Sie beschlossen, den Betrieb zu übernehmen?
Es wurde keine Entscheidung getroffen, den Betrieb zu besetzen – es gab die
Entscheidung, dort zu bleiben und zu warten, bis der Eigentümer mit dem Geld
zurückkäme, um uns zu bezahlen. Ich ging erst spät an diesem Abend, aber
andere, die nicht mal das Geld für den Bus nach Hause hatten, blieben. Das war
alles nicht durchdacht.

… Sie dachten zu keinem Zeitpunkt daran, den Betrieb zu übernehmen?
Nie. Ich hoffte, dass der Boss wiederkommen würde, ich flehte, dass er zurückkommen möge. Ich telefonierte sogar mit Jaime Muscat – dem Anwalt der Brukmans, der sich schließlich gegen uns wandte – und bat ihn uns zu helfen, zu
schauen, was wir tun könnten. Eine Woche vor den Ereignissen des 18. Dezember hatte mir der Pförtner gesagt, dass das Management nachts Sachen aus
dem Betrieb entfernt hätte, als sollten wir provoziert werden, etwas zu tun. Ich
rief Muscat an, weil er der Anwalt war, der das Unternehmen vor kurzer Zeit erst
verlassen hatte – wir bedauerten es, als er ging. Er schien gute Absichten zu haben und dem Betrieb helfen zu wollen. Und was stellt sich heraus? Wir sprachen
mit unserem Erzfeind. Aber ich bestehe darauf – wir hatten nicht im geringsten
vor, den Betrieb zu übernehmen.

… Und was geschah am nächsten Tag?
Am 18. Dezember ging ich abends um elf und die anderen blieben. An diesem Abend hielten sie eine Versammlung ab und entschieden, den Pförtner
um den Schlüssel zu bitten und den Laden zu schmeißen, bis der Eigentümer
zurückkäme, um uns zu bezahlen. Ich war um fünf Uhr früh wieder dort. Sie
kamen zur Tür und sagten: „Wenn du hierbleiben und kämpfen willst, komm
rein. Wenn nicht, dann nicht." Die meisten, die draußen blieben, waren Vorar-
beiter, Vorgesetzte, Büroleute, Boten und der Personalmanager... Wir Arbeiter
gingen rein.

… Was glauben Sie, warum die anderen nicht reingingen?
Sie dachten, wir würden etwas Illegales tun. Das dachten wir auch.

… Hatten Sie Angst?
Nein, nein. In der Nacht davor hatte die Polizei vorbeigeschaut und darum ge-
beten, dass wir ihnen Bescheid sagen, wenn wir Hilfe bräuchten oder falls etwas
passieren sollte.

... Worüber wurde zu der Zeit diskutiert?
Wir dachten, da die Polizei irgendwann kommen würde, sollten wir nichts anfassen. Ich meine, alle Türen standen offen, auch die vom Büro des Managers – natürlich dachten wir, sie würden wiederkommen. Ich war dafür zuständig, alle Türen zu verschließen, damit niemand etwas anfassen würde, und zu schauen, ob irgendwas fehlte... Wir hätten nie gedacht, dass wir am Ende den Betrieb übernehmen würden. In der Nacht rief eine Kollegin, die bei der Gruppe Techo y Trabajo („Dach und Arbeit") mitmacht, welche sich für bezahlbare Wohnungen einsetzt, ihre Organisation an und sagte, dass wir Essen bräuchten. Wir hatten nichts – nicht mal Yerba und Zucker für Mate. Die Leute kamen und brachten uns einen Haufen Essen; wir zogen es an einem Seil herauf. Sie füllten unseren ganzen Tisch – zweieinhalb Meter lang –, und wir fragten uns, was wir mit soviel Essen machen sollen. Das war der Abend des 19. Dezember, und wir hängten ein Transparent aus dem Fenster, auf dem stand: „Cavallo[71] muss gehen".

... Wussten Sie, was draußen vor sich ging?
Einer unserer Kollegen, Juan Carlos, hört sehr gern Musik, also hat er immer das Radio an. Dadurch erfuhren wir, dass die Regierung den Belagerungszustand ausgerufen hatte, und wir dachten:
Mamita, jetzt wird die Regierung kommen, uns rauswerfen und verprügeln lassen. Wir machten alles zu, verschlossen die Eingangstür und gingen in den hinteren Teil des Werks, ohne einen Mucks zu machen. Eine von uns blieb am Empfangstisch sitzen, als wäre sie eine Sekretärin. Als wir nachts die Cacerolazos hörten, dachten wir, es wäre die Polizei, die kommt um uns zu holen.

... War Ihnen das Ausmaß der Ereignisse draußen klar oder waren Sie zu sehr mit Ihrem eigenen Konflikt beschäftigt?
Sehen Sie, am 20. fand ein Vermittlungstreffen im Arbeitsministerium statt. Wir wollten, dass die Eigentümer zurückkommen, aber mit Geld. Wir wollten nicht mehr nur zwei Pesos, wir baten um 50 oder 100. Das war alles, was wir verlangten. Wir sprachen mit der Gewerkschaftsvertreterin, die noch im Betrieb war, und sie gab alles an die Gewerkschaft weiter. Über sie erfuhren wir von den Verhandlungen. Ich rief meinen eigenen Anwalt an, damit er uns begleiten würde, denn ansonsten hatten wir keinen. Bei der Anhörung tauchten weder die Bosse noch ihre Anwälte auf. Niemand ging hin, um das Unternehmen zu vertreten. Die Anhörung wurde ausgesetzt, und sie waren gerade in jenem Moment da-

---

71 Wirtschaftsminister, der u.a. die Einfrierung der Bankguthaben entschied

bei, das Ministerium zu evakuieren, weil sich draußen ein Riesentumult zusammenbraute. Die Regierungstruppen hatten bereits die Callao erreicht[72] und die Leute rannten. Wir gingen raus und sahen, wie Coca-Cola-Flaschen umherflogen. Wir bekamen Angst – richtig Angst! Wir fingen an zu rennen, und zu allem Überfluss lief ich der Gewerkschaftsvertreterin hinterher, weil ich eine Kopie der Erklärung haben wollte, die unterschrieben worden war. Ich konnte sie nirgendwo finden. In dem Moment drehte ich mich um und sah, wie ein Polizeipferd auf dem Brustkorb eines Journalisten herumtrampelte. Was für ein Horror! Ich weinte, während ich weiterlief – ich fühlte mich völlig verlassen. Unsere Gruppe war in alle Richtungen auseinandergelaufen – es war ein Chaos. Alle waren weg, und ich kenne die Innenstadt nicht so gut, weil ich aus dem Vorort Claypole bin. Ich weiß immer noch nicht, wie die Straßen heißen, weshalb ich meistens Taxi fahre. Ich fragte mich: „Was mache ich jetzt? Wo soll ich hin?" Ich lief und lief, bis ich ein Taxi erwischte... Ich wusste es nicht, aber da war ich nur noch zwei Straßenecken vom Betrieb entfernt. Ich war sehr beunruhigt, weil ich niemanden finden konnte. Es stellte sich heraus, dass ich Brukman vor den anderen erreicht hatte.

... Wie sind die linksradikalen Parteien an die Brukman-Belegschaft herangetreten?
Bereits an 20. hatten Leute von der Arbeiterpartei (PO) vorbeigeschaut. Ich bin zur Tür gegangen, um mit ihnen zu reden, aber immer durch die verschlossene Tür. Sie sprachen von merkwürdigen Sachen, meinten, wir müssten im Betrieb bleiben, und dass wir den Laden übernehmen sollten. Ich dachte, sie wären alle Kommunisten. Ich rief zu Hause an und sagte meinem Mann: „Wir sind von Kommunisten umzingelt."

... Was bedeutete die Linke für Sie?
Nichts – ich hatte keine Ahnung. Ich komme aus Claypole, wo in der Nachbarschaft alle Peronisten sind. Alle unsere Freunde waren Teil der örtlichen PJ-Vertretung.[73] Mein Mann und ich wählten immer, wir gingen in die Parteizentrale, das örtliche PJ-Büro. Aber wir haben uns nie aktiv an der Politik beteiligt. Wir

---

72 Eine wichtige Hauptstraße in der Innenstadt von Buenos Aires, in der der Kongress gelegen ist, etwa zwölf Straßenecken vom Plaza de Mayo und dem Präsidentenpalast entfernt, wo die Proteste begonnen hatten und auseinandergetrieben worden waren – und etwa zehn Straßenecken entfernt von Brukman.
73 JP – Die Justizialistische Partei (A.d.Ü. Die Peronisten, aus denen die heute regierende FpV hervorging)

besprachen Sachen wie „Darum müssen wir Menem wählen und darum Duhalde." Wir hielten es mit Cafiero[74], weil er ins Viertel kam, ins örtliche Parteibüro. Wir wählten immer die Peronisten.

... Wie hat sich Ihre Meinung geändert?
Jeden Tag kamen Studierende von der Universität vorbei. Ich hörte mir durchs Tor an, was sie zu sagen hatten, und antwortete mit Ja oder Nein, mehr nicht. Bis Carlitos Brown, ein Junge von der alternativen Medienorganisation Contraimagen, aus der Philosophischen Fakultät der Uni, auftauchte. Er wirkte etwas verrückt... Er fing an, uns davon zu erzählen, dass es in Neuquén eine besetzte Fabrik gab – er sprach von Zanón. Er sagte uns, dass wir im Betrieb bleiben müssten und ihn wieder in Gang bringen. Er erzählte uns von der Politik, was einst in Russland passiert war, und dies und das... Immer von der anderen Seite des Tores. Dann kamen Leute von Polo Obrero[75]. Da sie älter waren, waren sie für uns glaubwürdiger. Sie halfen uns mit dem Papierkram beim Arbeitsministerium. Ein Professor von der Mariano-Acosta-Schule kam ebenfalls zu uns – wir fanden später heraus, dass er auch bei Polo Obrero war. Dann kam die PTS. Ich wollte mit Polo Obrero nichts zu tun haben, mit der PTS noch weniger. Sie kamen alle vorbei, weil sie unser kleines Transparent gesehen hatten, auf dem stand: „Cavallo muss gehen". Wir tauschten es später gegen ein anderes aus: „Besetzter Betrieb". Sie sagten uns, wir müssten die Straße blockieren, damit die Leute mitbekommen, dass der Eigentümer uns unerhörterweise nicht bezahlt hatte. Also machten wir unsere erste Straßenblockade am 27. und 28. Dezember – weil es am 24. eine weitere Sonderanhörung im Arbeitsministerium gegeben hatte und die Eigentümer wieder nicht aufgetaucht waren. Das veranstalteten sie am 26. noch mal. Die Gewerkschaft sagte uns, dass wir da nichts machen könnten, weil das Unternehmen pleite sei. „Wir haben sie aufgefordert, den Bankrott zu erklären", sagte uns die Gewerkschaft. Ich reagierte instinktiv: „Ihr sollt uns doch eigentlich verteidigen – darum kämpfen, dass sie uns bezahlen und wir unsere Jobs behalten. Was soll das heißen, dass ihr ihnen gesagt haben, sie sollen den Bankrott erklären?" Sie antworteten, dass sie das getan hätten, weil das Unternehmen ihnen eine Menge Geld schuldete. Ich drehte durch und fing an sie zu beschimpfen. Als ich zurück im Betrieb war, sagte ich der Gewerkschaftsvertreterin, dass sie eine Schande sei.

74 Antonio Cafiero, das frühere Oberhaupt der JP. Er war 1987-1991 Gouverneur der Buenos-Aires-Provinz, 1985 Parlamentsabgeordneter und später Senator
75 Mit der Arbeiterpartei PO verbundene Erwerbslosen-Organisation

... Bis dahin hatte noch niemand von Enteignung gesprochen?
Nein, nein. Erst im Januar kamen Leute vom INAES[76] und erzählten uns von den Genossenschaften. Dann kam Murúa[77] und sagte uns, dass wir eine Genossenschaft bilden könnten. Wir waren soweit, es zu tun, überlegten es uns dann aber noch mal.

... Warum?
Wir erfuhren mehr darüber, wie es aktuell bei Zanón lief. Wir wussten, was sie forderten. Sie schickten uns Briefe, in denen sie uns ihrer Solidarität versicherten. Jemand von En Clave Roja[78] war im Auftrag der Wirtschaftsfakultät der Uni auf uns zugekommen, die uns vorschlug, ein Projekt zu erproben, bei dem wir die Stadt beliefern würden. Wir schauten es uns genauer an, besprachen es in der Vollversammlung und hielten es für eine gute Idee. Ich erinnere mich, wie ich es der Versammlung laut vorlas und wir dann abstimmten. Also beschlossen wir, keine Genossenschaft zu bilden. Danach begannen die langen Verhandlungen mit dem Arbeitsministerium, wo sie uns einen Plan Trabajar verpassen wollten.[79] Wir lehnten ab – wir betrachteten uns als beschäftigte Arbeiter.

... Zu diesem Zeitpunkt wollten Sie immer noch eine Übereinkunft mit dem Eigentümer treffen, richtig?
Ich glaube schon. Bis etwa zum 15. Januar, als wir die Produktion wieder aufnahmen, warteten wir, dass sie kommen würden. Wären sie gekommen und hätten das Werk wieder eröffnet, wäre alles gut gewesen.

... Warum beschlossen Sie, die Produktion selbst wieder zu starten?
Weil wir denen im Arbeitsministerium gesagt hatten, dass wir kein Geld hätten – dass wir irgendwas tun müssten. Wir erwähnten, dass jeden Tag Kunden vorbeikommen würden und wir ihnen, wenn der Betrieb offen wäre, Kleidung verkaufen könnten. Wir wollten nichts anfassen – die Türen zur Lagerhalle waren unantastbar. An einem Tag versuchten einige von uns, sie zu öffnen, und ich, die ich die Türen abgeschlossen hatte, drohte mit einer Anzeige wegen Diebstahls bei der Polizei. Sehen Sie mal, was ich für eine gewesen bin! Aber zur gleichen Zeit sagte uns das Ministerium, dass wir die Sachen verkaufen könnten, weil

---

76 Nationalinstitut der Verbände und der Sozialwirtschaft, bei dem sich Genossenschaften anmelden müssen
77 Eduardo Murúa, Anführer der Nationalbewegung der Instandbesetzten Betriebe MNER und Mitglied der Arbeiterkooperative IMPA (siehe Interview).
78 Universitätsgruppe der PTS
79 Eine Mischung aus ABM und Kurzarbeit.

wir sie gemacht hatten, und dass es eine Möglichkeit wäre, uns die ausstehenden Löhne selbst zu zahlen. Wir dachten, das wäre gut; wir gingen zurück zum Betrieb und sagten es den anderen. Wir hatten bereits einen sechsköpfigen Betriebsrat gebildet, dem auch ich angehörte. An diesem Tag beschlossen wir, das Lager zu öffnen. Und da ging die ganze Sache mit den linken Parteien erst richtig los. Wir hatten dem Jungen von Contraimagen, Carlitos Brown, schon mehr zu trauen begonnen, obwohl er verrückt zu sein schien, und wir ließen ihn in den Betrieb. Er erzählte uns, wie anderswo Betriebe unter Belegschaftskontrolle gebracht worden waren. Er ist bei der PTS, und er redete viel von vergangenen Zeiten, von Marx, von Trotzki. Wir begriffen das nicht, aber ich fing an zuzuhören. Ich hörte gern zu und lernte, und ich kam auf den Geschmack. Und wovon auch immer ich überzeugt bin, davon versuche ich andere zu überzeugen.

... So verlief also Ihre Konversion vom Peronismus zum Trotzkismus?
Es war beinahe unabsichtlich und gegen meinen Willen. Yuri, ein anderer Kollege, redete von seltsamen Sachen, aber er war in einer linksradikalen Partei in Bolivien aktiv gewesen. Elisa und Carlos waren auch in anderen Parteien aktiv. Für mich waren das einfach die Kommunisten. Ich vertraute ihnen kein bisschen. Ein Psychologiestudent, der jetzt in Spanien ist, kam auch vorbei. Ich habe nie erfahren, von welcher Partei er war, aber wir redeten viel, und allmählich überzeugten sie mich.

... Und wie lief es, als Sie anfingen, Ihre Produkte zu verkaufen?
Da wir alles so schnell verkauft hatten, beschlossen wir, wieder zu produzieren, um das Lager aufzufüllen. Es gab auch eine Bestellung von der Firma Port Said. Wir sagten: „Okay, wir produzieren, solange es sich verkauft." Wir fühlten uns einigermaßen sicher dabei, weil sie uns im Ministerium gesagt hatten, dass wir das machen könnten, auch wenn sie es in einem „Das habt ihr nicht von uns gehört"-Tonfall gesagt hatten. Jedenfalls hielten weiter welche von uns nachts Wache. Im Februar erreichten wir einen weiteren Ausgleich im Arbeitsministerium, diesmal mit Minister Atanasoff und den Eigentümern. Es dauerte etwa acht Stunden. Ich erinnere mich, dass wir sagten, der Betrieb sei immer noch in der Verfügungsgewalt des Eigentümers, aber er müsse uns alles bezahlen, was er uns schuldete. Der Vorschlag der Brukmans war, den Betrieb für drei Monate stillzulegen, uns ein paar Anzüge zu geben und uns nach und nach von den laufenden Verkaufserlösen zu bezahlen. Verkauften sie also einen einzelnen Anzug, würden sie das Geld unter 115 Beschäftigten aufteilen. Denn die

Abmachung galt für alle – nicht nur für die 52 von uns, die im Betrieb geblieben waren. Natürlich lehnten wir ab.

… Und wie organisierten Sie die Arbeit?

Alle wussten, was zu tun war; alle nahmen ihre Plätze ein, um die entsprechenden Aufgaben zu erfüllen. Wir bestimmten einen Koordinator für jeden Bereich und wählten einige von uns in den Verkauf. Der Betriebsrat kümmerte sich um die Öffentlichkeitsarbeit und ging zu den Verhandlungen, kam dann wieder und trug alles in die Vollversammlung. Dann kamen Anwälte vom CeProDH[80]. Sie boten an uns zu unterstützen und wir akzeptierten, da wir sonst keine rechtliche Hilfe hatten. Da mein privater Anwalt uns geraten hatte, das Angebot der Eigentümer anzunehmen, sagten wir ihm, dass wir lieber einen anderen Weg gehen wollten.

… Gab es Probleme damit, wer seine Arbeit machte und wer nicht?

Nicht viele, aber es gab Reibereien da und dort. Mit der Zeit kamen die Vorwürfe, „Was machst du denn?", „Du trödelst rum" und so weiter. Das ist immer noch so.

… Und wie lösen Sie solche Probleme?

Jetzt sind wir nach Bereichen eingeteilt, und jeder Bereich verpflichtet sich, eine festgelegte Menge zu produzieren – und muss das dann auch. Und wenn es nicht passiert, werden wir sauer. Was machen wir dann? Die Kollegen umbringen? Manchmal gibt es technische Probleme, oder manchmal arbeiten einige schneller und sind früher fertig, und dann schauen die anderen sie vorwurfsvoll an, weil sie bloß noch herumstehen.

… Wie verteilen Sie die Einnahmen?

Der gewählte Schatzmeister sitzt auf den Erlösen. Wir schütten sie immer in gleichen Teilen aus und behalten Rücklagen für Nachschub und Rechnungen. Wir mussten mit Edesur und auch mit dem Gasversorger verhandeln. Sie ließen uns die Schulden der Eigentümer in Raten abzahlen. Zu der Zeit brachten wir etwa 100 Pesos pro Woche nach Hause. Die höchsten Summen bezahlten wir uns in der Woche vor Schulanfang aus. Die Kinder unserer Kolleginnen hatten lange Zeit keine neuen Schuhe, Overalls oder Schulsachen. Also teilten wir alles auf, was wir hatten, etwa 500 Pesos pro Nase.

---

80 Centro de Profesionales por los Derechos Humanos – Menschenrechtsorganisation, die seit 1997 Arbeitskämpfe juristisch begleitet und der auch die FaSinPat-Anwältin Myriam Bregman von der PTS angehört.

… Wann fingen Sie an, die Verstaatlichung zu fordern?
Im Februar stellten wir einen Antrag bei der Legislative.

… Warum war die Option der Verstaatlichung für Sie interessant?
Die Regierung erteilt riesige Aufträge über Ausschreibungen unter ihren Zulieferern. Diese Leute, die für die Regierung arbeiten – wieviel Geld verdienen sie mit der Bewilligung dieses oder jenes Auftrags? Wir wollten, dass die Produkte von Brukman direkt an die Krankenhäuser und die regierungseigenen Vertriebszentren gingen, ohne Zwischenhändler. Das war für uns auch ein Weg, unsere Einkommen abzusichern.

… Hieß das nicht, zu viel Vertrauen in einen Staat zu setzen, der seine Unfähigkeit gezeigt hatte, die Grundbedürfnisse seiner Bürger zu erfüllen?
Aber nach dem 19. und 20. dachte ich, alles hätte sich geändert, weil sich die Leute verändert hatten. Ich sehe selbst alles mit anderen Augen. Ich glaube, wir müssen kämpfen.

… Was hat sich bei Ihnen verändert?
Ich geh nach der Arbeit nicht einfach nach Hause, um die Wäsche zu waschen, zu bügeln und zu kochen. Ich studiere den Marxismus, ich gehe zu Vorträgen in den Kulturzentren, zu feministischen Treffen mit Pan y Rosas[81]. Ich bin jetzt an allem interessiert.

… War die Entscheidung, den Betrieb zu verstaatlichen, einstimmig?
Wenn ich von etwas überzeugt bin, stehe ich in der Versammlung auf und sage es. Nach der Räumung gab es viele Diskussionen, in denen mir die Schuld daran gegeben wurde, dass wir am Ende draußen waren. Wenn ich überzeugt bin, will ich versuchen, die anderen zu überzeugen – aber ich kann nicht die alleinige Verantwortung dafür übernehmen, wie die Gruppe abgestimmt oder entschieden hat. Niemand hat ihnen eine Knarre an den Kopf gehalten, damit sie gegen die Bildung einer Genossenschaft stimmen, damit sie für die Verstaatlichung des Betriebs kämpfen, auf eine Demo gehen, die Straße blockieren oder ein Festival organisieren. Wenn ich Ihnen einen Anzug verkaufen muss, werde ich Sie zu überzeugen versuchen. Vielleicht fehlt ein Hosenbein, aber wenn Sie den Anzug kaufen, können Sie nicht mich dafür verantwortlich machen, freiwillig diese Entscheidung getroffen zu haben.

---

81 Frauenorganisation der PTS.

... Hat Sie die Möglichkeit, über das Enteignungsgesetz[82] selbst Eigentümer Ihres eigenen Betriebs zu werden, nicht interessiert?
Bei unserem gegenwärtigen Tempo werden wir in zwei Jahren nicht in der Lage sein, den Betrieb zu kaufen. Warum sollen wir uns selbst täuschen, wenn wir nicht genug produzieren können, um Gewinn zu machen, etwas zu sparen und den Betrieb zu kaufen?

... Es gibt Betriebe, wo das passiert ist...
Aber es hängt vom Industriezweig ab, in dem sie sind. Es hängt von vielen Sachen ab. Jacobo Brukman läuft herum und sagt: „Ist doch egal, was dieses Gesindel tut, so oder so werden sie in zwei Jahren auf der Straße sein und ich bin wieder in meinem Betrieb." Sie sind die Eigentümer. Natürlich sollten wir uns ihnen gegenüber nicht minderwertig fühlen, aber wir haben schon 50 000 Pesos Schulden bei der Banco Ciudad gemacht, um uns Betriebsmittel zu kaufen. Es ist nett, dass wir einen Aufschub von einem Jahr bekommen haben, um das Geld zurückzuzahlen, aber in einem kapitalistischen Staat wie diesem ist das wirklich schwer.

... Wieviel Geld bringen Sie derzeit nach Hause?
Um die 100 oder 150 Pesos pro Woche.

... Während des gesamten Konflikt wurden Sie von Studenten, Gruppen, politischen Parteien angesprochen. Kam es Ihnen irgendwann so vor, als würden Sie unter Druck gesetzt werden und als hätte die Belegschaft aufgehört, strategische Entscheidungen zu treffen?
Nein, alles wurde immer durch die Versammlung beschlossen, zum Guten oder Schlechten, richtig oder verkehrt. Wenn manche meiner Kollegen, wenn sie wütend sind, sagen, dass wir zuviel Zeit im Konflikt festgefahren waren wegen der PTS oder wegen mir, sage ich immer, dass ich, wenn ich sie überzeugt habe, wohl eine Gabe dafür haben muss. Eine Gabe, über die vielleicht Luis Caro von der Bewegung der Instandbesetzten Betriebe MNFR jetzt verfügt. Ich denke immer noch, dass es richtig war, was ich tat.

... Es gibt nichts, wofür Sie sich kritisieren würden?
Manches haben wir vielleicht nicht gut gemacht. Vielleicht hätten wir die Idee, eine Genossenschaft zu gründen, eher akzeptieren sollen. Im Oktober 2003 ha-

---

82 Der Betrieb erreichte ein vorläufiges Enteignungsgesetz am 25. November 2004, einen Monat nach diesem Interview.

ben wir bereits einen Vorschlag unterbreitet, in dem wir die Enteignung des Betriebs, der Marken, der Maschinen und Lizenzen verlangten. Zusätzlich machten wir deutlich, dass wir jeder Rechtsform gegenüber aufgeschlossen waren, solange der Betrieb an die Arbeiter übergeben wurde. Aber die Regierung sagte zu allem nein. Wir sind von der Forderung nach Verstaatlichung zurückgetreten, aber sie sagten, sie würden gar nichts mehr bewilligen, weil schon zu viel Zeit vergangen war. Vielleicht hätten wir diesen Weg schon vor dem 18. April beschreiten sollen, als sie uns rauswarfen. Wir haben nicht genug darauf geachtet, wie sie schon versucht hatten, die Arbeiter von Zanón rauszuwerfen. Wir waren so in unsere Arbeit vertieft, dass wir dem keine Aufmerksamkeit schenkten.

… Was haben Sie von der Auseinandersetzung an Ostern in Erinnerung behalten?
Ich war abends um elf in einem Bus, der drei Straßen vom Betrieb entfernt langfuhr. Vorher war ich in der Soziologie-Fakultät der Universität, wo beschlossen worden war, dass ich eine PTS-Kandidatin für die nationalen Parlamentswahlen sein würde. Da sah ich noch nichts Ungewöhnliches. Als ich nach Hause kam, fing ich an mich umzuziehen und sie riefen mich an, um es mir zu sagen. Ich zog mich wieder an, lief nach draußen, nahm ein Taxi und war gegen eins bei Brukman.

… Am darauffolgenden Freitag sah es aus, als wären Sie kurz davor, wieder reinzugehen, doch am Ende – nichts. Was passierte da?
Die Stadtregierung hatte erklärt, dass sie unseren Wiedereinzug garantieren würde, sofern der Richter uns den Betrieb übergeben würde, doch die Vereinbarung wurde nicht akzeptiert. Sogar Hebe de Bonafini[83] war an diesem Tag vorbeigekommen. Es gab beträchtlichen Druck – die Leute wollten reingehen. Wir sagten nein, wir wollten alles richtig machen und legal. Ich hatte ein paar junge Leute von der Studentenorganisation Venceremos ganz vorn gesehen, die waren aufgebracht. Sie wollten um jeden Preis Ärger machen... sie warfen Steine auf die Polizei. Ich sagte ihnen, dass sie das lassen sollen, dass sie getötet werden könnten. Dann baten wir die versammelten Menschen auseinanderzugehen, weil ich wirklich Angst hatte, dass die Polizei auf sie schießen würde. Viele meinen, es wäre die Schuld der PTS, dass wir nicht reingegangen sind, weil wir die Menge zurückriefen. Aber auch die PTS kam und fragte mich, warum

---

83 Anführerin der Madres de Plaza de Mayo, der Organisation von Müttern „Verschwundener" aus der letzten Diktatur, von denen damals wie auch im Dezember 2001 entscheidender Widerstand ausging und die bis heute als moralische Instanz gelten – A.d.Ü.: Bonafini ist heute auf Regierungslinie, andere Madres nicht, wie z.B. Elia Espen, die der FIT nahesteht.

Yuri und ich uns hinstellten und sagten, dass wir verhandeln würden. Wir konnten uns einfach diese Kids, so jung, nicht tot vorstellen.

... Und was änderte sich bis zum folgenden Montag, dass Sie dann doch den Absperrzaun umwarfen und reingingen?

An dem Tag verhandelten wir mit der Nationalen Ombudsfrau Nana Bevilaqua. Wir baten Chiche Duhalde[84], die gerade Wahlkampf machte, uns als Compañera zu helfen. Wir sprachen auch mit der Arbeitsministerin Graciela Caamaño. Ich erklärte ihr, dass wir unter keinen Umständen unsere Positionen an den Polizeiketten aufgeben würden. Irgendwann sagten die Mädels zu mir: „Lass uns reingehen, lass uns reingehen!" Ich sagte ihnen, sie sollten noch warten, da wir gerade mit dem Minister verhandelten. Aber dann gab es nichts mehr zu diskutieren. Der Polizeipräsident sagte uns, dass wir nicht reingehen könnten, auch nicht um zu verhandeln. Das machte uns so wütend – ohnmächtig. Ich stand unter großem Druck; die ganze Belegschaft des Betriebs war direkt hinter mir, weil wir vorher gesagt hatten: Wenn jemand einfährt, dann wir zuerst. Ich hielt am Zaun fest und Juanita, Estela und Delia Figueroa schrien mich an: „Reingehen, reingehen, reingehen!" Ich drehte mich um und fuhr sie an, fragte sie, ob sie wirklich reingehen wollten. Als sie ja sagten, drehte ich mich zurück und begann, gegen den Zaun zu drücken. Ich hakte mich bei drei Compañeras unter, die nach vorn getreten waren, und wir bewegten uns weiter. Es war ein Moment der Wut – ein Donnerschlag. Als der Zaun fiel, sah ich, wie die Polizisten ihre Gewehre nahmen und zielten. Dann begannen sie zu schießen, ich dachte: „Sie werden uns umbringen, genau hier." Wir liefen alle zusammen in eine Ecke und kauerten uns vor dem benachbarten Laboratorium zusammen. Ich konnte nicht aufhören zu denken, dass wir so kurz davor gewesen waren, aber immer noch nicht dort. Überall liefen die Leute umher. Ich erinnere mich, wie plötzlich meine Töchter da waren. Der Gedanke, sie zu verlieren, jagte mir Angst ein.

... War der Beschluss reinzugehen ernstgemeint?

Weiß ich nicht. Es war nicht durchdacht. Ich hatte nicht damit gerechnet, dass die Madres vorn mit dabei waren – oder meine 18jährige Tochter, die am Ende ohnmächtig wurde.

---

84 Ehefrau von Eduardo Duhalde, dem Vizepräsidenten in der Regierung Carlos Meném 1989-1995 und Übergangspräsident 2002-2003

... Wie wurde entschieden, ein Zelt aufzuschlagen?
Die PTS schlug das vor. Wir waren vor dem Zaun und wollten dort bleiben, ungeachtet der tobenden Gewalten. Als sie das vorschlugen, sagten wir okay. Ich dachte, sie würden kleine Campingzelte anschleppen. Plötzlich kamen die Kids von der PTS-Jugend mit diesem riesigen Zelt an. Das war eine gute Art, den Widerstand fortzusetzen, auch wenn es sehr hart war, draußen auf der Straße zu sein – es waren ja doch ein paar Monate.

... Nicht lange danach schien der Kampfgeist im Zelt nachzulassen. Es kam der Eindruck auf, dass der Kampf am Abklingen war...
Die Compañeras wollten nichts mehr mit den linksradikalen Parteien zu tun haben. Die Arbeitslosen-Organisationen gingen weg. Sie kehrten alle in ihren Alltag zurück. Die Arbeiter kämpften zusammen mit der Linken, weil es alles war, was wir hatten. Wenn die Justizialisten (Peronisten) uns zu Hilfe gekommen wären, wären wir nie mit der Linken gegangen. Das ist der Grund, warum ich zu dieser Zeit aufhörte, Peronistin zu sein. Ich ging zu meiner vormaligen Partei und fragte, ob sie uns helfen würden, aber wir bekamen nie eine Antwort. Die Linke unterstützte uns und half, uns zu ernähren – half uns zu überleben – mittels der Streikkassen. Später, nach dem Regierungswechsel gingen Leute wieder zur Tagesordnung über, wollten unbedingt wieder legal sein und wandten sich der Genossenschaftsidee zu. Bis zum Mai oder Juni war der Papierkram fertig. Zudem waren wir nach Uruguay gefahren, um Nachforschungen anzustellen, und hatten herausgefunden, dass einer der Hauptgläubiger des Unternehmens ein Geschäftspartner von Brukman war. Das war praktisch ein Kredit an sich selbst. Diese Information war hilfreich, als wir die Gerichte aufforderten, Brukman bankrott zu erklären.

... Was ist Ihre Einschätzung der Kulturwoche, die im Zelt organisiert wurde?
Das war der beste Teil dieser Zeit dort. Viele Leute kamen, um uns ihre Unterstützung zu geben – Naomi Klein und andere Autoren. Das kam in der ganzen Welt in die Presse und füllte unsere Streikkasse, was wir am meisten brauchten, damit wir den Kampf fortsetzen konnten. Die Idee kam von den Compañeros bei Bueno Film, Kino Nuestro Lucha und Contraimagen.[85] Für uns sprang auch ein Auftrag heraus – eine Bestellung über 2000 Taschentücher für die englische Antiglobalisierungsbewegung anlässlich eines alternativen G8-Treffens in Mexiko.

---

85 Alternative Medienorganisation mit Verbindung zur PTS, produzierte mehrere Dokus über den Kampf um *Brukman*

... Wovon lebten Sie in jenen Monaten?
Von der Streikkasse. Die Arbeiter gingen zu den Universitäten. Wir konnten 50, 80, 100 Pesos nach Hause bringen. Trotzdem verließen uns einige, weil sie Miete bezahlen mussten oder Kinder in der Schule hatten. Es war hart, ohne geregeltes Einkommen zu sein.

... Was für Auswirkungen hatte Ihre Entscheidung, für die PTS zur Parlamentswahl anzutreten, im Zelt?
Ich beschloss, die Nominierung anzunehmen, weil ich wusste, dass ich dadurch ein Podium bekäme, um zu sprechen und unser Anliegen zu verbreiten, dass wir den Betrieb zurück und ein endgültiges Enteignungsgesetz haben wollten. Es war eine Möglichkeit, unseren Kampf bekannt zu machen. Ich wusste, dass die PTS eine winzige Partei war, ich kannte meine Grenzen und erwartete nicht, dass ich gewinnen würde.

... Warum dann diese Kontroverse?
Es gab keinen Ärger wegen Juan Carlos, dem Kandidaten von Polo Obrero. Aber er tauchte auch nicht auf Flugblättern oder Plakaten auf – gar nicht. Und plötzlich war die Stadt mit meinem Bild vollgepflastert. Meine Kollegen fanden es noch nie gut, wenn ich mich hervortat. Sie meinten, dass sowohl ich als auch die Partei versuchten, den Kampf für sich auszuschlachten, aber das berührte mich nicht.

... Manche der Arbeiter kritisierten Sie und sagten, die Partei hätte einen Kampf an sich gerissen, der allen Arbeitern gehörte.
Das weiß ich nicht, das könnte so sein. Die Zeiten hatten sich übrigens schon geändert, da es eine andere Regierung gab. Die Leute fingen an, alles anders zu betrachten. Im Zelt brachen viele Diskussionen aus – die Anwälte wurden zur Rede gestellt, weil sie die Räumung weder vorhergesehen noch uns darauf vorbereitet hatten. Und die Genossenschaft wurde gegründet.

... Was war der Wendepunkt?
Die gleichen Anwälte meinten, dass wir vielleicht in einer bestimmten Rechtsform wieder in den Betrieb könnten. Die Kollegen gingen zu Eduardo Murúa, kamen aber nicht sehr überzeugt zurück. Ich redete mit dem CeProDH, um zu sehen, ob sie mit Luis Caro sprechen könnten, um herauszufinden, ob er eine Lösung hätte. Es war schon viel Zeit vergangen und wir brauchten eine Lösung. Ich verabredete mich mit ihm, er sprach mit meinen Kollegen und wir entschieden, dass er unser Berater sein sollte. Die einzige Sache, über die wir mit ihm nie einig wurden, war Punkt acht des Enteignungsgesetzes, in dem es hieß, dass wir

es akzeptieren müssten, wenn die Streikbrecher zurückkommen und arbeiten wollten.

... Aber von denen kam niemand.

Die Streikbrecher wussten, dass sie nicht zurückkommen konnten, auch wenn es ihnen das Gesetz erlaubte. Jedesmal, wenn ich mit den Medien sprach, sagte ich, dass sie nicht zurückkommen könnten. Einmal kamen sie mit Polizeieskorte zum Betrieb, und wir haben es ihnen gut gegeben, als sie wieder abzogen. Wir warfen mit Sachen nach ihnen.

... Als ihre Kollegen entschieden, die Bewegung der Instandbesetzten Betriebe herbeizurufen, dachten Sie da irgendwann, dass Brukman nicht länger ein Ort für Sie wäre?

Nein, nein. Ich dachte weiter, dass es mein Ort war, und ich musste es ausfechten. Ich kämpfe für das, wovon ich denke, dass ich dafür kämpfen muss. Ich kämpfe darum, meine Kollegen von dem zu überzeugen, was ich glaube. Wie sie dann abstimmen, ist eine andere Sache. Ich gehe nicht einfach weg, weil sie nicht so denken wie ich – dafür habe ich schon zuviel gekämpft. Meine Kinder haben mir angeboten, eine Nähmaschine zu kaufen, damit ich zu Hause bleiben und dort arbeiten könnte. Ein anderer Sohn, der eine Bäckerei betreibt, bot mir an, für mich einen Platz für eine Bäckerei anzumieten. Aber nein, für mich ist es mein Leben hier zu sein. Brukman ist das, worauf ich alles verwettet habe, wofür ich gekämpft habe.

... Wie fühlten Sie sich an dem Tag, an dem die vorläufige Enteignung des Betrieb durchkam?

Unglaubliche Freude, und auch einige Verbitterung. Weil viele Leute, die hätten da sein sollen, nicht da waren – Leute, die gekämpft und ihre Knochen hingehalten hatten. Auf einmal waren es nicht die Arbeiter, die sprachen. Der Anwalt sprach, und dann ein Abgeordneter, der ein neues Gesetz verkündete und versuchte, sich das politische Verdienst unseres Kampfes abzustauben.

Und nun – wie funktioniert die interne Organisation der Genossenschaft?

Wie immer. Jetzt haben wir einen Präsidenten und einen Treuhänder, aber wir beschließen weiter alles in der Versammlung – alle bekommen den gleichen Lohn. Wir verdienen zwischen 100 und 150 Pesos pro Woche. Wir haben die alten Kunden, die uns treu geblieben sind, und suchen uns neue.

... Haben Sie je darüber nachgedacht, dass Brukman der berühmteste instandbesetzte Betrieb der Welt ist, aber gleichzeitig der Betrieb, dessen rechtliche Auseinandersetzung bislang am längsten dauerte?

Nein, darüber hab ich noch nie nachgedacht. Ich habe immer gesagt, dass wir wiederkommen und kämpfen würden. Als die Regierung uns anbot, ein Kleinunternehmen zu gründen, sagten wir nein. Trotzdem ging eine Gruppe los, um sich dieses Angebot genauer anzuschauen. Es gab etwa 20 von uns, die das Angebot annehmen wollten. Und wieder mussten wir streiten und debattieren, aber für mich ging es immer um diesen Ort. Wir schafften es, diese Idee aufzuhalten. Ich glaubte, dass der Kampf sich um diesen Ort drehte, nicht irgendeinen anderen irgendwo anders. Sie hatten uns für diesen Betrieb verprügelt, und wir wollten uns nicht still in eine Hütte in Villa Tachito (Armenviertel in einem Vorort) zurückziehen. Man muss stolz auf das sein, wofür man kämpft – und davon überzeugt sein. Ich war immer überzeugt, dass wir in diesen Betrieb zurückkehren würden.

... Warum nannten Sie und eine Gruppe von Arbeitern sich die Brukman-Dissidenten?

Die Genossenschaft ist jetzt in der Bewegung der Instandbesetzten Betriebe. Die Sache ist, dass einige von uns damit nicht einverstanden sind. Wir finden es nicht gut, dass in der Bewegung nur die Präsidenten der Genossenschaften sprechen dürfen. Auch gibt es eine Menge wichtige Dinge, die außerhalb des Betriebs passieren, die wir nun ignorieren. Während unseres Kampfes haben die Leute so viel Solidarität mit uns gezeigt – und wir waren auch solidarisch mit ihnen. Aber jetzt gehen wir nicht mal mehr auf die Demos. Ich weiß es nicht, aber vielleicht denken wir seit dem Beitritt zur *MNFR* zu sehr nur an uns selbst.

Situation 2014: Celia Martinez hat ein eigenes kleines Geschäft eröffnet, Matilde Adorno ist immer noch in der Kooperative tätig. Dieser geht es nicht gut. Claudio schildert die Lage so: „Wir sind erschöpft und fühlen uns, als würden wir ertrinken. Uns gehören die Maschinen – sie sind alt, aber sie gehören uns. Wir haben ein Budget, aber keine Investitionsmittel. Wir bekommen nicht genug Subventionen. Sie geben uns tröpfchenweise gerade genug, dass sie sagen können: Seid nicht so undankbar. Der Plan ist, mehr Mittel vom Staat zu fordern und ihn dazu zu bringen, Banken Kredite an Recuperadas gewähren zu lassen. Und wir wollen Standard-Ausstatter von Staatsunternehmen werden – aber das Wesen dieses Staates steht gegen Betriebe wie unsere."

Kapitel drei

Crometal

Metallarbeiter des 21. Jahrhunderts

Nach einem Konflikt, der eineinhalb Jahre währte, wurde ein Metallbetrieb, der Industrieregale und Acrow-Gerüste baut, von den Arbeitern der Crometal-Kooperative übernommen. Der vergessen geglaubte Klang einer arbeitenden Fabrik ist wieder zu hören, und dazu die Geschichte dieser Arbeiter, die ständig von den Medien schikaniert wurden, die den Betrieb viermal besetzten und dreimal rausgeworfen wurden, die in einem Bus wohnten, die wissen, was Erniedrigung heißt, und von denen sich ihr Boss mit drei Kilo Fleisch loskaufen wollte.

Daniel Martins, 50 Jahre alt, kräftiger altmodischer Schnurrbart, Präsident der *Crometal-Kooperative*, weiß, dass nach so viel Betrug, Ungewissheit und Überraschung die Mitglieder der Kooperative gelernt haben, wachsam zu schlafen – und immer ein Auge offenzulassen. Martins ist ein Präsident, der Overalls trägt. „Wir sind hier alle Techniker, Ingenieure, Arbeiter, was auch immer." Das Interview findet in einem Besprechungsraum statt, der kalt ist, weil er kaum benutzt wird. „Das hier fing Ende 2001 an, zeitgleich mit dem *Corralito*[86] und dem Sturz de la Ruás. Zu der Zeit waren wir bereits zwei oder drei Monate nicht bezahlt worden. Wir hatten nichts mehr. Das macht einen wirklich fertig", sagt Daniel.
    Warum ging der Betrieb zugrunde?
Das ist ein Rätsel, wenn man erfährt, dass diese Fabrik für Industrieregale 1.700 Kunden hatte, darunter Techint, Arcor, Johnson & Johnson, Sancor, Carrefour, Coto, die argentinische Marine, Andreani, Oca und Roggio. Eine Version davon, wie das Unternehmen verfiel, geht so: „Eduardo Nascimento, der Besitzer, hat drei Unternehmen. Eines ist *Enas*, das Gerüste verkauft und vermietet, und ein drittes verkauft und verleiht Baumaterial. Es wurde deutlich, dass *Acrometálica*

---

86 Corralito („kleiner Stift"), wurde die Maßnahme genannt, mit der de la Rúas Wirtschaftsminister Cavallo Ende 2001 die Sparguthaben der Argentinier einfror. Das war der unmittelbare Anlass für die Cacerolazos, die vor vielen Banken des Landes abgehalten wurden.

zwar Rohstoffe einkaufte, Steuern, Löhne und Rechnungen zahlte, aber nichts verkaufte. *Enas* war das Unternehmen, das verkaufte. *Acrometálicas* Bankrott verlief als Aussperrung, und endete als Aushöhlung des Unternehmens. Die anderen Unternehmen dieses Mannes laufen immer noch, dieses hier haben sie versenkt", sagt Martins.

Wie sah der Deal aus? „*Acrometálica* ausschlachten. Er nahm sogar eine Hypothek auf. Er bekam 260.000 Pesos. Er ließ das Unternehmen die Hypothek aufnehmen, aber von dem Geld kam nie etwas hier an." Jorge Rodríguez, der Sekretär der Kooperative, bringt ein weiteres Element ins Spiel: „Es ist klar, dass er die Produktion stillegen wollte, und in den anderen Unternehmen wollte er unter der Hand Leute einstellen, zu sehr unüblichen Bedingungen."

Der Kampf begann Ende 2001, doch schon im Januar 2002 schien es, als würde sich alles klären. Das Unternehmen bot den Arbeitern 100 Pesos für jede ausstehende Woche. Das Versprechen hielt zwei Wochen.

Drei Kilogramm Fleisch

Dem Betrieb wurden Strom, Gas und Telefon abgestellt, da die Rechnungen nicht bezahlt worden waren. Die Hypothek wurde weiter davor bewahrt, für solche Notwendigkeiten eingesetzt zu werden.

Angesichts dieser Situation beschlossen die Arbeiter am 6. Februar 2002, die Fabrik zu besetzen, um ihre Löhne einzufordern oder wenigstens eine Abfindung zu bekommen, wenn das Unternehmen nicht mehr vorhaben sollte, den Betrieb weiterzuführen.

Als Antwort erhielten sie zwei Tage später Telegramme, die ihnen mitteilten, dass sie gefeuert waren. Zusätzlich wurde ihnen mit der Begründung, sie würden das Grundstück widerrechtlich betreten, noch ein Strafverfahren angehängt.

Und so begann ein seltsamer Tanz aus Gesprächen, Verhandlungen und Anhörungen im Arbeitsministerium. Im März tauchte ein Mann namens Ricardo Rabin auf, um die Leitung des Betriebs zu übernehmen. „Er kam mit einem Angebot, das wir genau hier besprachen, in dem Raum, in dem wir gerade sitzen", sagt Martins. „Er vertrat eine brasilianische Firma, *Formet*, die mit Nascimiento verbunden war – so hieß es jedenfalls –, und er behauptete, dass er gekommen sei, um den Laden wieder in Gang zu bringen. Er ließ uns in dem Glauben, dass es eine Lösung geben könnte, aber er sagte, dass er sich die Lage genauer anschauen müsste, um die Brasilianer von der Übernahme zu überzeugen."

Rabin gab bekannt, dass *Format* nicht das Geld hatte, um die vollen Löhne zu zahlen, und schlug stattdessen vor, ihnen 20 Pesos pro Woche und drei Kilogramm Fleisch zu geben.

„Wir haben das akzeptiert", gesteht Martins verschämt, „weil wir schon seit Monaten nicht mehr bezahlt worden waren und dachten, es wäre eine Möglichkeit, dem Betrieb auf die Beine zu helfen und unsere Arbeitsplätze zu behalten.

Rabin bezahlte sie nie. Die Arbeiter erkannten schnell den Trick. Die „Angebote" waren dazu gedacht, den Kampf abzuwürgen, und schon bald entdeckten sie etwas, das sie restlos davon überzeugte, dass das Unternehmen entschlossen war, die Geschäfte zu sabotieren. „Sie wollten das Grundstück des Betriebs als Supermarkt-Lagerhaus vermieten, wegen seiner strategisch günstigen Lage zwischen Buenos Aires und La Plata (der Hauptstadt der Provinz Buenos Aires). Auf diese Weise, dachten sie, würden sie die Arbeiter und alles andere loswerden können."

Die Arbeiter und „alles andere" waren immer noch klar darauf aus, die Abrisspläne für die Fabrik zu vereiteln. Jorge Rodríguez erzählt, wie ihnen in dieser Lage die Sektion der Metallarbeiter-Gewerkschaft *UOM* von Quilmes (der Provinz, in der der Betrieb liegt) vorschlug, eine Kooperative zu bilden. Dann nahmen sie Kontakt mit Horacio Campos, dem Präsidenten der Kooperative *IMPA*, und mit Eduardo Murúa von der *Nationalen Bewegung der Instandbesetzten Betriebe* auf und schufen schließlich im April 2002 die *Crometal Arbeiterkooperative*. Die Arbeiter erzielten ein einstimmiges Ergebnis im Stadtrat von Berazategui (der Stadt, in der sich der Betrieb befindet), welcher die Fabrik zum öffentlichen Besitz erklärte und sie der Enteignung unterzog, und erhielten Unterstützung vom Provinzparlament, das ebenfalls für die Enteignung votierte.

Angst vor Dieben

Der Betrieb war immer noch besetzt und lahmgelegt. Eine kleine Gruppe blieb nachts dort, um auf die Anlagen aufzupassen, damit nichts gestohlen werden würde, sagt Rodríguez.

Hatten sie Angst vor Dieben?

„Nein, wir hatten Angst vorm Boss. Was wir befürchteten, war, dass sie etwas Wertvolles entwenden würden. Der Kompressor, zum Beispiel, der die meisten Maschinen am Laufen hält, kostet 50.000 Pesos. Ohne die Maschinen hätten wir die Fabrik nie wieder zum Laufen bringen können."

Zwei Monate später wurden sie rausgeworfen.

Am 19. Juni 2002 sah das Kräfteverhältnis so aus: Draußen vor dem Zaun standen 115 Polizeibeamte, bewaffnet für den Fall eines Zusammenstoßes und bereit, jeden Widerstand zu zerschlagen. Drinnen, fünf Arbeiter. Kurz darauf gingen die drinnen raus und die draußen gingen rein.

„Nein, es gab keinen Widerstand – 115 gegen 5, da war nichts zu machen", sagt Rodríguez.

Also blieben sie draußen. Jemand lieh ihnen einen alten orange-weißen Schulbus. Das war nun ihre Zuflucht. Martins sagt: „Wir verlagerten unser ganzen Leben in diesen Bus. Wir kochten, schliefen und hielten unsere Versammlungen dort ab – es war wie ein mobiles Zuhause."

Von dort aus sahen sie nun durch den Zaun mit an, wie die Bosse die Fabrik wieder in Besitz nahmen. Sie blieben im Bus. Da sie weiter befürchteten, dass die Bosse Material oder Maschinen entfernen würden, lernten sie die Kunst, mit einem geöffneten Auge zu schlafen.

Der Bus war ein Symbol eines ungelösten Konfliktes. Rabin schlug Verhandlungen vor und bot einen Scheck in Höhe von 9.000 Pesos, um ihre Schulden zu verringern. „Wir akzeptierten, weil so unsere Nabelschnur zum Betrieb nicht durchtrennt wurde", gibt Martins zu. Indem sie den Scheck unterschrieben, bestätigten sie ihr Abhängigkeitsverhältnis.

Das zeigt, dass die Genossenschaftsidee ihre Träume wahr machen konnte, dass die Arbeiter aber der Verzweiflung näher waren und dadurch offen für eine konventionelle Lösung. Ein Detail: Sie gingen, um ihre Entlassungen nicht anzuerkennen, auf ihre Planes Trabajar (Arbeitslosenprogramm der Regierung) nie ein. Das Einkommen eines jeden von ihnen war gleich null.

Daniel Martins hebt, mit einem Lächeln hinter seinem großen Nietzsche-Schnauzbart, etwas anders hervor: „Wenn du nach Hause kommst und feststellst, dass deine Frau kein Abendessen zubereiten kann, weil sie nichts hat, woraus sie es machen könnte... dann fühlst du dich als Mann, Ehemann, Vater herabgewürdigt, zumindest ging es mir so."

Martins sieht uns an und fragt: „Verstehen Sie, was ich meine?"

Wer verteidigt die Unternehmen?

Der Scheck, den Rabin ihnen gab, platzte. Im Betrieb hängt ein Schild, das die alten Bosse dort plaziert hatten, um das Bedienpersonal der Maschinen zu warnen: „Jede Verzögerung ist Zeitverschwendung." Aber während des Kampfes war der Unternehmerseite klar, dass sie sich mit jeder Verzögerung Zeit verschafften und den Kampfgeist zermürbten. Rabin, ein Mann mit Pokergesicht, kam wieder mit einem Angebot, das die Arbeiter – aus ihrer natürlichen Bereitschaft zur Höflichkeit und ihrer individuellen Verzweiflung heraus – geduldig anhörten. Sie erinnern sich an Rabin als jemanden, der viel und blumig sprach, und der sie von Sachen zu überzeugen vermochte, die sich in der Rückschau als äußerst nachteilig für sie erwiesen.

Die Arbeiter akzeptierten, dass die Gespräche mit Rabin buchstäblich ergebnislos waren, also blieben sie in ihrem Bus und versuchten, sich andere Lösungen einfallen zu lassen. Da sie immer noch keinen Cent bekommen hatten, wollten sie zur Nationalstraße Nummer 2 gehen und Autofahrer um Spenden bitten.

Martins sagt es direkter: „Wir lebten von Almosen. Wir baten die Autofahrer, Mitleid mit uns und unserer Lage zu haben. Sie gaben uns ein bisschen Kleingeld." Sie erhielten auch etwas Hilfe von *IMPA* und der *UOM* unter der Führung des Abgeordneten Francisco „Barba" Gutiérrez. Auf der nationalen Ebene unterstützte die kleine sozialistische Partei *Polo Social* zusammen mit peronistischen Gruppen die Idee einer Enteignung des Betriebs, aber nichts schien sich zu bewegen.

So kam es zur zweiten Besetzung am 28. Oktober 2002. An diesem Tag war der Bus von Vertretern der Nachbarschaftsversammlungen unter anderem aus Parque Avellaneda und Pompeya umringt, dazu Arbeiter von *IMPA* und aus anderen Betrieben in Berazategui, Leute von der *UOM* und Nachbarn.

Sie gingen einfach zusammen in den Betrieb. „Barba" Gutíerrez führte die Verhandlungen mit Rabin – in Gegenwart der Polizei. Die Arbeiter konnten vier Vertreter im Betrieb lassen, und die Unternehmerseite blieb weiter Eigentümer.

Eine Gruppe richtete sich im Betrieb ein und eine andere blieb im Bus. Sie gingen weiter rüber zur Nationalstraße, um den Autofahrern ihre Lage zu schildern. Sie schätzen, dass sechs von zehn Fahrern ihnen etwas in ihre Spendenbüchse taten. Die übrigen vier fuhren weiter, meist ohne sie zu beleidigen.

„Bei den Nachbarschaftsversammlungen, den Arbeitern aus anderen Betrieben und der Einstellung vieler Menschen aus der Umgebung hatten wir immer den Eindruck, dass die Leute hinter uns stehen", sagt Martins. „Ohne diese Menschen hätten wir diesen Kampf nicht weiterführen können, und jeder von uns wäre irgendwann nach Hause gegangen. Das ist die Wahrheit. Aber wir Arbeiter blieben beim Betrieb und passten auf die Assets des Unternehmens auf."

Der Ausdruck, den Martins verwendet, erscheint paradox, aber dies war einer dieser Fälle, bei denen die Assets – also wesentlich Material und Maschinen – eines Unternehmens zu wichtig waren, um sie in den Händen der Bosse zu belassen.

Im November verabschiedete das Parlament das Enteignungsgesetz der Arbeiter. Das Gesetz wartete gerade im Senat auf dessen Bestätigung, als die Regierung verfügte, dass alle Enteignungen – wenn es soweit wäre – durch die Kooperativen entschädigt werden müssten. Der Wortlaut des Gesetzes musste geändert werden, aber der Sommer rückte näher.

Piqueteros an der Nationalstraße 2

Die Forderung „Que se vayan todos" (sie müssen alle gehen) wurde streng befolgt – die Abgeordneten fuhren alle in den Urlaub.

Die Arbeiter waren weiter auf die Spenden von der Nationalstraße angewiesen. Rodríguez erinnert sich: „Rabin schickte ein paar Journalisten von *La Nación*. Am 2. Januar brachten sie einen Artikel, in dem es hieß, wir würden von den Autofahrern Wegezoll verlangen. Wir versperrten nicht mal die Straße – wir hielten immer eine Spur frei. Wir behinderten nur den Verkehr, um nach Spenden zu fragen und dann ließen wir die Leute fahren. Aber der Artikel ließ uns sehr schlecht aussehen."

Am nächsten Tag war die Gegend voller Polizeiautos und Fernsehübertragungswagen, die den Verkehr tatsächlich zum Erliegen brachten. „Es gab Medien, die uns unterstützten, wie *El Sol* aus Quilmes oder *Diario Popular*. Aber die meisten waren gegen uns. Sie sagten, wir seien Piqueteros – und alles mögliche andere. Nach der Sache mit *La Nación* kamen die Fernsehsender und wollten zeigen, wie wir die Straße blockierten. Das tat schon weh, weil sie uns traten, als wir schon am Boden waren. Sie wollten, dass wir in ihrem Theaterstück mitspielen. Wann immer wir aus dem Betrieb geworfen wurden, war kein einziger Journalist da. Und da denkt man sich schon: In was für einem Land leben wir?"

Martins versucht es sich nicht nahegehen zu lassen: „Es ist am besten, sich an die schrecklichsten Sachen gar nicht zu erinnern."

Der Artikel in *La Nación* stellte die örtliche Polizei als so etwas wie Komplizen der Arbeiter hin. Folgerichtig mussten die sogenannten Ordnungskräfte in die andere Richtung überreagieren. Also umstellten sie den Betrieb, um die

Arbeiter davon abzuhalten, in die Nähe der Nationalstraße zu gelangen. Vorher waren die Polizeiabsperrungen dazu da gewesen, die Arbeiter am Betreten des Betriebs zu hindern. Nun hinderten sie sie am Verlassen des Betriebs. Am 3. März beschlossen die Arbeiter, sich ans Werktor zu ketten, damit die Bosse keine weiteren Wertgegenstände oder Maschinen mitnehmen konnten, was diese in Begleitung der Polizei von Buenos Aires bereits getan hatten. Rabin meinte, er hätte einen Beschluss zur Entfernung des Materials.

Als der Abgeordnete Gutiérrez überprüft hatte, dass es gar keinen solchen Beschluss gab, hatten die ans Tor geketteten Arbeiter und *UOM*-Mitglieder bereits die Gastfreundschaft der Gefängnisse von Buenos Aires genießen dürften. Sie wurden für einen Tag eingesperrt.

Es herrschte nun wieder das instabile Gleichgewicht von vorher – einige der Arbeiter der Kooperative schützen weiter die Fabrik vor dem Entfernen von Assets. Zwei Wochen später änderte sich alles.

Entscheiden, was Nachrichten sind

Am 18. Juni 2003 übergab *lavaca.org* einen Bericht über die Redefreiheit in Argentinien an Eduardo Bertoni, Vertreter der *Inter-Amerikanischen Menschenrechtskommission (CIDH)*. Einer der zentralen Punkte war, dass es die instandbesetzten Betriebe nur in die Nachrichten schafften, wenn ihre Arbeiter ausgesperrt waren: „Das begrenzt die Möglichkeiten, über ihre neugewonnen Arbeitsbedingungen zu berichten oder eine öffentliche Debatte darüber anzuregen, welche politischen Entscheidungen und welche Mittel ihren Betrieb verbessern könnten."

Ein Beispiel war die Wiedereröffnung des Metallwerks *Crometal*. „Bis zur Wiederaufnahme des Betriebs erschienen die Arbeiter in den Medien nur als ‚diese Arbeitslosen, die an der Nationalstraße 2 Wegezoll verlangten' (La Nación). Als der Betrieb am Ende der Auseinandersetzung wiedereröffnet wurde, berichtete darüber keine einzige Veröffentlichung der Mainstream-Medien."

Gewehre und Verkündigung

Sie waren zu neunt. Einer stieg aus einem roten Fiat Duna mit einem langen Gewehr. Ein anderer stämmiger Mann kam aus einem Citroën-Lieferwagen mit einer Axt in jeder Hand. Die anderen sieben schwangen ebenfalls ihre Waffen. Das dritte Auto war ein weißer Fiat 128, erinnert sich Daniel Martins.

Rabin führte die Gruppe an.

Der mit dem Gewehr nahm kein Blatt vor den Mund. Wie von einer Tribüne herunter verkündete er[87]: „Kommt raus oder ich schieß euch die Eier ab!"

Es war Abenddämmerung, die Zeit, in der die Patrouille der Arbeiter am kleinsten war. Die bewaffnete Bande stand Jorge Rodríguez müdem Blick und Daniel Martins' ergrauendem Schnurrbart gegenüber.

Die beiden Arbeiter beschlossen, dass es am klügsten wäre, in den orange-weißen Bus auf der anderen Seite des Zauns zurückzukehren. „Von da konnten wir sehen, wie diese Schläger mit Rabin in der Fabrik herumliefen."

Das war die zweite Räumung.

Zwei Tage später fand die dritte Besetzung statt. Die Nachbarn aus Berazategui, mehrere Nachbarschaftsversammlungen aus Buenos Aires, Arbeiter aus anderen instandbesetzten Betrieben – zusammen zwischen 100 und 200 Leute – sammelten sich ein weiteres Mal auf der anderen Seite des Zauns.

Die Schläger – einschließlich des kräftigen Mannes mit den beiden Äxten – wedelten diesmal nicht mit ihren Waffen herum. Martins glaubt nicht, dass das aus formalen oder rechtlichen Gründen so war: „Es wäre zu riskant für sie gewesen, ihre Schusswaffen gegen so viele Leute einzusetzen. Sie hätten nicht mal Zeit zum Nachladen gehabt."

Die Bande wurde hinausgedrängt und die Arbeiter richteten sich einmal mehr in der Fabrik ein. Die Unternehmerseite versuchte – jenseits ihrer rechtlichen, gewalttätigen und polizei-gestützten Manöver – nie, den Konflikt zu lösen, etwa durch die abwegige Methode, die Rechte der Arbeiter anzuerkennen.

Schließlich wurde am 8. April 2003 das vorläufige Enteignungsgesetz unterzeichnet. Die Arbeiter von *Crometal* nahmen mit altem Material die Arbeit auf, brachten die Maschinen in Gang und planten die große Eröffnung ihres neuen Betriebs. Sie hatten nicht mal Zeit zum Feiern – und schliefen weiter mit einem offenen Auge.

---

87 A.d.Ü. Im Original Wortspiel mit dem alten Motto der konservativen Zeitung *La Nación* „Tribuna de Doctrina".

Die dritte Räumung ereignete sich am 14. Mai 2003. Der Provinzrichter Marcelo Goldberg verfügte die Einstellung des Betriebs und den Rauswurf der Arbeiter. „Wir waren bei der Arbeit, als wir die Polizei mit dem Räumungsbeschluss vorfahren sahen. Wir verstanden gar nichts mehr", erzählt Rodríguez.

„Wir fragten, was los sei, aber von der Polizei hieß es nur, wir sollten beim Gericht fragen. Aber da es schon später als 3 Uhr nachmittags war, war beim Gericht niemand mehr anzutreffen."

Das ergibt Sinn – Arbeiter auf die Straße zu setzen, sollte nicht der wohlverdienten Erholung der Justiz im Weg stehen.

Die Anzeigen wegen unerlaubten Betretens des Grundstücks waren gesammelt worden. Richter Goldberg, der auch die erste Räumung angeordnet hatte, blieb zusammen mit einem Staatsanwalt namens Madina an der Sache dran, trotz der Existenz eines Gesetzes, das vom Parlament verabschiedet und von der Exekutive unterzeichnet war.

Eskortiert von der Polizei von Buenos Aires nahm der unerschütterliche Ricardo Rabin noch einmal demonstrativ Besitz von der Fabrik, während die Arbeiter von draußen zusehen mussten.

Diesmal reichten die Arbeiter eine Klage gegen den Richter ein, wegen Behinderung der Justiz – das konnte zu einem politischen Prozess werden.

Am nächsten Tag traf sich Richter Goldberg mit dem Abgeordneten Gutiérrez und den Anwälten der Kooperative in versöhnlicher Stimmung. „Er sagte, er hätte weder die offizielle Bekanntmachung noch das Enteignungsgesetz gesehen, trotz des Umstands, dass sie Teil der Klage gewesen waren."

Es stimmt, dass es mühselig sein kann, amtliche Bekanntmachungen und Enteignungsgesetze durchzusehen, aber das ist nunmal etwas, das zur Arbeit eines Richters gehört. Dieser Richter hatte dafür über einen Monat Zeit gehabt. Doch mit der neuen Einreichung von Rabin und seinen Kumpels vor Augen, die die Räumung verlangten, legte er das Gesetz sehr geschwind in ihre Richtung aus. Wie man sehen kann, mahlen die Mühlen der Justiz nicht immer langsam.

Martins spekuliert: „Er muss wohl den Fall ‚Acrometálica gegen die Arbeiter' gesehen und gedacht haben: ‚Werft sie raus und dann sehen wir weiter'. Dieser Richter ist auf seinem Posten wohl keine glückliche Besetzung."

Doch diesmal hatte Richter Goldberg ein Kräftemessen provoziert, ein Gesetz ignoriert und sich zu weit aus dem Fenster gelehnt – und dadurch ein politisches Verfahren riskiert.

Also entschuldigte er sich bei den Arbeitern und erklärte sich zu einem Verfechter der Menschenrechte und der öffentlichen Güter.

Eine Frage der Moral

Der Richter machte die Räumung rückgängig, bestätigte das Enteignungsgesetz, und zum vierten Mal übernahmen die Arbeiter den Betrieb. Diesmal nicht nur legitimerweise, sondern auch mit dem formalen Recht auf ihrer Seite. Rabin und seine Bande zogen sich durchs Werktor zurück.

Das Problem ist laut Martins, dass man in diesen Fällen in ein rechtliches Spinnennetz gerät, was zeigt, dass es – zusätzlich zu Entschlossenheit, Willenskraft und einer unermesslichen Dosis an Mut – auch einer genauen Kenntnis der Gesetze bedarf, um sein Ziel zu erreichen.

Sie nahmen den Betrieb wieder auf. Das Werk bedeckt 20.000 von 70.000 Quadratmetern des gesamten Grundstücks. Es gibt Tunnel, die das Rohmaterial durchspülen, einen Raum, in den Roboter Farbe auftragen, einen 40 Meter hohen Ofen, der 180 Grad Hitze erreicht. Die Arbeiter zeigen stolz den 50.000 Pesos teuren Kompressor und die 10.000 Pesos teuren Brenner, die schweren Regale, die in Supermarkt-Lagerhäuser benutzt werden, leichtere Regale, Gerüste, Träger und Stützen für den Bau.

Mit der Zeit haben sie einige der früheren Kunden zurückgewonnen. Ohne Hilfe, ohne Marketing, nur mit Schweiß, sagt Martins. Viele Geschäftspartner arbeiten gern mit den Kooperativen zusammen, weil sie bei ihnen eine Ernsthaftigkeit und Effizienz vorfinden, die bei Unternehmern, die auf *Asset Stripping* aus sind, nicht anzutreffen ist.

Für Martins war die Wiederherstellung nicht nur eine industrielle. „Viele von uns waren psychologisch zerrüttet. Unser Weg der Genesung[88] war nicht, zum Psychologen zu gehen, sondern hier zu arbeiten."

Ein anderer Arbeiter erzählt, wie sie anfangen wollen, solide zu werden. „Momentan ist unser Ziel, von unserer Arbeit leben zu können, und das machen wir. Aber es geht nicht nur ums Geld. Es ist auch eine Frage der Moral geworden. Wir wollen den Bewohnern von Berazategui – den Leuten, die uns kennen, den Ladenbesitzern, den Händlern, allen, die uns geholfen haben – zeigen, dass das, was sie getan haben, sehr wichtig war. Ohne sie wären wir zerfallen – und auch

---

88 A.d.Ü. „Recuperación" bedeutet sowohl Genesung als auch Wiederherstellung, und so werden die Instandbesetzungen in Argentinien genannt.

ohne die Versammlungen und die anderen Betriebe und die Gewerkschaft. Wir
wollen ihnen sagen: ihr lagt nicht falsch mit uns."

Laut sagt er das, inmitten des Lärms der Gerüst-Maschinen, und er schaut
hinüber zum alten Schulbus. Der soll nun wieder zu seinem Besitzer zurückkehren, da die Arbeiter sich die Sache nicht mehr länger von der anderen Seite des
Zauns ansehen wollen.

*Situation 2014: Die Kooperative hat etwa 30 Mitglieder. Seit dem Erscheinen des
Buches wurde die Produktion ausgeweitet, weiterhin vor allem von Industrie-Lager-
systemen. Die Rechtslage ist ungewiss – die temporäre Enteignung lief 2013 nach
zehn Jahren aus. Die UOM von Quilmes unterstützt sie weiter.*

Kapitel vier

Chilavert

Was man so alles tun muss, um arbeiten zu können

Eine Druckerei schaffte es, Jahre von Mangelauslastung und Verfall zu überwinden, und ging eines Tages – buchstäblich – in Flammen auf. Ihren Arbeitern gelang es, um die Polizei herum zu arbeiten.

In der Wand der Druckerei ist ein etwa 20 bis 25 Zentimeter großes Loch, das mit Ziegeln verdeckt ist. Wie jedes anständige Guckloch diente es einmal einem geheimen, verschwörerischen und vielleicht subversiven Zweck. In diesem Fall ermöglichte es den acht Arbeitern der Druckerei zu arbeiten. Diese verdeckte Tätigkeit erfolgte hinter dem Rücken von acht Polizisten und einem Sicherheitsmann, die alle das Gebäude bewachten.

Nicht lange davor sahen sich die gleichen Arbeiter einer Belagerung durch die Polizei gegenüber. Aber aus den hohen Fenstern des Gebäudes schworen sie, bewaffnet mit Benzin (und anderen Sachen), dass sie den ganzen Laden abbrennen würden, von der Barrikade am Eingang des Gebäudes bis zu den Maschinen und allem anderen. Noch heute treibt diese Geschichte Cándido González, wenn er sie erzählt, Tränen in die Augen.

Die Lageeinschätzung der Arbeiter sah so aus: „Es wird Blut vergossen werden, aber auf beiden Seiten."

Diese Geschichte scheint nicht aus einem gefälligen Film über Streiks, Heldentaten und Widerstand zu stammen. Sie spielt in Buenos Aires, in einer der heute vielleicht besten Druckereien des Landes. Diese befindet sich im Stadtviertel Pompeya, in der Chilavert-Straße bei Nummer 1136. Die ursprüngliche Gruppe wurde von Plácido Peñarrieta, Aníbal Figueroa, Ernesto González, Jorge Luján, Manuel Basualdo, Daniel Suárez und den Brüdern Fermín und Cándido González gebildet.

Cándido ist der Sekretär und so eine Art natürlicher Sprecher der Arbeiterkooperative. Früher hieß das Unternehmen *Gaglianone* – eine beliebte Qualitätsdruckerei, die nach 76 Jahren im Geschäft in den Händen der zweiten Besitzergeneration landete, bei Horacio Gaglianone. Das Unternehmen ging, wie so viele

andere in Argentinien, wegen des Verhaltens der Regierung und ihrer Wirtschaftspolitik der letzten Jahrzehnte in die Krise. Doch laut González gab es noch eine
zusätzliche Offenbarung – das Gewissen von Horacio Gaglianone war verstorben.

Bei einer Gelegenheit verkündete Gaglianone den Arbeitern seine Prioritä-
ten: „Ich werde zuerst mich selbst retten, als zweites mich selbst, und als drittes
mich selbst." Angesichts eines solchen Aktionsplans richteten sich die Arbeiter
auf schwere Zeiten ein.

González verweist auf Gaglianones „totes Gewissen" und spielt damit darauf
an, was geschah, als Gaglianones Frau Tola starb: „Sie war diejenige, die Moral
in die Druckerei brachte. Tola starb, und der Mann war nun ohne Gewissen. Sie
ging in Krankenhäuser, um Kranken zu helfen, sie war eine großzügige Person,
da war etwas in ihr."

Die Einstellung des Eigentümers wurde feindselig. „Ich gestehe ihm zu, dass
er sich selbst retten wollte, aber was war mit den Menschen, die ihr ganzes Leben lang ihm zur Seite standen? Ich sage nicht, dass er ihnen alles zahlen müsste, aber doch die Hälfte oder ein Viertel."

Was er nun erzählt, führt das Ausmaß der Garstigkeit vor Augen, die sich
gegen diese normalerweise besonnenen Arbeiter richtete. Cándido, 59 Jahre
alt, begann vor 35 Jahren für Gaglianone zu arbeiten. „Ich dachte nie, dass er
irgendwann würde zumachen müssen." Seine persönliche Geschichte fällt mit
der vieler argentinischer Arbeiter in den letzten Jahrzehnten zusammen. Als er
noch sehr jung war, war er neben der Arbeit her aktiv in den Gewerkschaften. Er
war im *CGTA*[89] *und der Grafikergewerkschaft.*

„Raymundo Ongaro[90] *war ein Kämpfer", sagt er, doch ihm ist klar, dass sich mit
dessen Exil in den 1970er Jahren die Dinge in der Gewerkschaft änderten. „Es gab einen internen Streit – Gangster wollten die Gewerkschaft übernehmen. Mir gefiel das
gar nicht, und ich machte weiter als Gewerkschaftsvertreter hier bei Gaglianone,
um die Arbeitsbedingungen, Überstunden, Pausenzeiten und solche Sachen zu
diskutieren." Dann stellt er klar: „Ongaro war ein Kämpfer, aber dann hat er uns
reingerissen."*

---

89 Unabhängiger Gewerkschaftsbund, der den Pakt der CGT mit der Diktatur von Juan Carlos
    Onganía 1966-1970 ablehnte. Wurde 1868 gegründet und 1972 nach der Verhaftung der
    meisten seiner Anführer aufgelöst.
90 Gründer der CGTA und Anführer der Grafikergewerkschaft. Ab der Zeit der Militärdiktatur
    1976 im Exil, kehrte er zurück und führte die Grafikergewerkschaft während der 80er Jahre.

So verbrachte Cándido die letzten Jahrzehnte während der Wiedereinführung der Demokratie. Er betrachtet sich kritisch: „Du konzentrierst dich auf deine eigenen Sachen, deine eigenen Leute, und so fängst du an, dich von allem zu entfernen. Es ist, als würdest du zumachen und die Verbindung zur Realität verlieren. Das ist mit uns geschehen – wir verloren den Kontakt zur Realität und alles lief an uns vorbei. Und jetzt denkst du dir: ‚Was für ein Idiot ich war! Wie konnte ich nicht sehen, was los war?'"

Cándido fing nach dem 19. und 20. Dezember 2001 an, die Dinge anders zu betrachten. Er begann sich an der Nachbarschaftsversammlung von Pompeya zu beteiligen. „Ich sah das Problem der Arbeitslosigkeit, den Hunger, und ich wollte nicht untätig daneben stehen. Mir gefiel es, etwas in der Nachbarschaft zu tun, nicht nur zu protestieren."

Und dann geschah das Unerwartete. „Ich half, Essen für Bedürftige zu sammeln, doch am Ende brauchten wir das Essen selbst."

Er hat die Lektion daraus zu seinem Motto gemacht: „Um deinen Arbeitsplatz zu verteidigen, musst du den Arbeitsplatz von anderen verteidigen. Und um dein Essen zu verteidigen, musst du das Essen von anderen verteidigen."

Das korrupte Ausschlachtungsorchester

Die Geschichte entwickelte sich in mehreren Etappen. Als erstes ging die Unternehmerseite zu einer Gläubigerversammlung. Cándido erklärt: „Der Kerl bezahlte die Gläubiger unter der Hand, damit er die Maschinen behalten konnte. Es war kein gewöhnlicher Bankrott, sondern eher eine Ausschlachtung des Betriebs. Sie beraumten das Treffen an und arrangierten alles mit dem Richter. An der Stelle beginnt die Korruption. Und sie geht weiter mit dem Sekretär des Richters und dem korrupten Treuhänder, und so weiter und so fort, bis hin zu den korrupten Buchhaltern und Anwälten."

Das Komplott kulminierte darin, dass das Unternehmen zu einem leeren Betrieb wurde – wie eine ausgeschlürfte Auster. „Und der arme Eigentümer erscheint als ein Mann, der nichts mehr hat. Nichts kann ihm noch genommen werden, und er kann auch nicht ins Gefängnis. Mit dem Richter sorgten sie dafür, dass die Maschinen aus dem Inventar verschwanden und der Betrieb leer stehen blieb. Das alles sind illegale Verbindungen – es ist *Asset Stripping*, Ausschlachtung."

Das Ereignis, das dieses Ende auslöste, war der Verlust des seit 25 Jahren laufenden Auftrags, die Programme für das *Teatro Colón* zu drucken. „Das hatte durch die Publicity jede Menge Geld gebracht. Ich glaube, es ging verloren, weil Politik dabei eine große Rolle spielte. Der Mensch, der den Vertrag mit der Regierung einfädelte, musste bezahlt werden, verstehen Sie?" (Verstanden. Chilavert hat als Kooperative nun solche Praktiken abgeschafft: „Wir arbeiten mit dem Staat zusammen, aber das ist nur ein Kunde wie jeder andere, der 50 Prozent im Voraus und 50 Prozent bei Lieferung bezahlt.")

Sobald der *Colón*-Auftrag weggefallen war, gab Gaglianone bekannt, dass alles so weiter gehen würde wie geplant, auch ein Austausch der Maschinen. „Wir waren hier wochenlang ohne Bezahlung und mit sich häufenden Schulden, aber wir arbeiteten weiter. Währenddessen versuchte er, die hypothekenbelasteten Maschinen freizubekommen. Da er das Gebäude nicht mitnehmen konnte, nahm er die Maschinen."

Die hässliche Wahrheit

Cándido erklärt, dass auf diese Weise die Ausschlachtung des Betriebs geplant wurde. Von 2000 bis 2002 gab es kaum Arbeit, die Rechnungen stapelten sich, und Gaglianone verkündete, dass er die Maschinen verkaufen würde, um neue anschaffen zu können. „Wir hielten das für normal; wir wollten unbedingt bleiben. Aber wir wurden misstrauisch, als der Strom abgestellt wurde."

Die Arbeiter gingen zum Eigentümer und verlangten eine Erklärung. Es war der 3. April 2002. „Der Kerl sagt uns: ‚Jungs, ihr seht, in was für einem Schlamassel das Land steckt. Es geht alles vor die Hunde, und ich kann keine neuen Maschinen kaufen.' Wir sagten ihm, er solle sie eben nicht kaufen, aber auch nicht die Maschinen wegnehmen, die zur Auktion stünden. ‚Wer hat etwas von Auktion gesagt? Ich habe sie vor zwei Monaten verkauft.'"

Cándido und seinen Kollegen wurde klar: „Der will uns bescheißen."

Am nächsten Tag kam ein Monteur aus der Gegend, um die Maschinen abzubauen. Die Arbeiter umstellten ihn. Gaglianone erschien mit einem Abteilungsleiter und einem Manager und rief: „Hey, Cándido, was soll das, dass du mich nicht meine Maschinen nehmen lässt? Wie lange kennen wir uns schon?"

„Entschuldigen Sie, mein Herr, die Wahrheit ist, ich kenne Sie nicht."

„Was soll das heißen, dass du sie uns nicht nehmen lassen willst?"

„Die werden diesen Laden nicht verlassen", beharrte Cándido mit sieben Kollegen hinter sich.

„Okay, lasst sie uns abschalten", verlangte Gaglianone.

„Nein. Wenn du sie abschalten willst, bezahl uns, was du uns schuldest."
„Wieviel ist das?" fragte der Eigentümer.
„In meinem Fall, 33.000 Pesos", erwiderte Cándido. Die Augen des Monteurs wurden so groß wie Teetassen, er verabschiedete sich und ging.

„Ich warne dich – die Richter können gekauft werden", sagte Gaglianone, „es kommen vier Überfallwagen und sie setzen euch mit einem kräftgen Tritt in den Arsch auf die Straße."

„Okay, wenn der Richter und die Überfallwagen kommen, helfen wir ihnen, die Maschinen abzubauen."

Diese Nacht, es war der 4. April, verbrachten sie im Werk, direkt neben den Maschinen. „In diesem Moment sind wir über unsere Unentschlossenheit hinausgewachsen. Wir sagten: ‚Wir werden kämpfen.'"

Als das Wochenende kam und Gaglianone sah, dass die Arbeiter vorhatten, es im Betrieb zu verbringen, wurde ihm klar, dass es zu spät war um umzukehren. „Wir fanden eine Matratze und ein paar Möbel im oberen Stockwerk und begannen uns einzurichten. Gaglianone tauchte immer wieder auf. Er schloss sich in seinem Büro ein und nahm dann die Geschäftsbücher mit zu sich nach Hause. Er gab uns immer noch Gutscheine über ein oder zwei Pesos, und einmal bezahlte er uns sogar mit einem 50-Pesos-Schein, der aber zu allem Überfluss eine Fälschung war. Als das Telefon abgestellt wurde, hängten wir uns in die Hauptleitung, damit wir mit den Nachbarschaftsversammlungen von Pompeya und anderswo in Verbindung bleiben konnten, für den Fall, dass wir Hilfe brauchten. An einem Tag hörte er das Telefon klingeln, und er kam an und fragte: ‚Jungs, würdet ihr mich einen kurzen Anruf machen lassen?' Danach ließen wir ihn nichts mehr mitnehmen. Seine Position wurde schwächer und wir wollten über alles die Kontrolle gewinnen."

Cándido kann nicht anders, als die Situation in der Sprache des Krieges zu fassen. „Irgendwann kam der korrupte Buchhalter, um einige der Geschäftsbücher zu holen, und wir schlugen ihm die Tür vor der Nase zu. Man verliert irgendwann den Respekt vor diesen Leuten. Es ist Krieg, sie wollen sich retten – und wir auch. Alle verteidigten, was sie hatten."

Was ist nötig, um ein Geschäft aufzulösen?

In jenen Tagen entdeckten die Arbeiter eine Zauberei: „Die Maschinen waren in der Inventurliste, die bei der Gläubigerversammlung zusammengestellt worden war, nicht aufgeführt. Wir meldeten eine Konkursverschleppung, und der Treuhänder sagte: ‚Das kann nicht sein. Ich bin zur Druckerei gegangen und da waren keine Maschinen.' Das beweist, dass es einen korrupten Richter, einen korrupten Treuhänder und Korruption bei allen anderen Beteiligten geben musste, damit die Insolvenz so durchkam."

Sie wurde am 10. Mai 2002 erklärt.

„Das hieß, dass sie uns nun jederzeit rauswerfen konnten."

Etwa zur gleichen Zeit hatten sie die *Nationale Bewegung für instandbesetzte Betriebe MNER* und ihren Präsidenten Eduardo Murúa kontaktiert. Die Kooperative *IMPA* und Nachbarschaftsversammlungen wie die von Palermo Viejo, Congreso, Parque Avellaneda und Parque Patricios waren ebenfalls alarmiert.

Sie landeten schließlich bei der Idee, sich als Kooperative zu konstituieren. „Chilavert ist der Name der Straße, in der wir uns befinden, aber die ist benannt nach dem Oberst, der in der Vuelta de Obligado kämpfte[91]. Uns gefiel der Name aus beiden Gründen." Alle geben zu, dass auch die Popularität des Torwarts Chilavert[92] dazu beitrug, dass der Name haften blieb.

Um zu überleben verkauften sie Aluminiumplatten an *IMPA*. Doch unerwarteterweise bekamen sie auch den Auftrag, den Umschlag des Buches ¿Qué son las asambleas populares? („Was sind die Volksversammlungen?"), veröffentlicht von Peña Lillo, zu drucken und es zu binden. „Aber am nächsten Tag taucht der Treuhänder auf, begleitet von drei Polizeiautos. Wir riefen die Leute von der Nachbarschaftsversammlung von Pompeya an. Wir waren mit dem Treuhänder drinnen, als die Pompeya-Leute draußen sahen, wie ein Schlosser dabei war, am Fronttor das Schloss auszutauschen. Sie stoppten ihn. Sagen wir, sie überzeugten ihn – er entfernte das neue Schloss, brachte das alte wieder an und machte sich aus dem Staub. Als auch noch die IMPA-Leute dazukamen, wurde die Polizei immer mehr zu einer Minderheit."

Der Treuhänder redete gegen die Absicht der Arbeiter, den Betrieb zu übernehmen. Er sagte, sie hätten ja nicht mal Strom. Gerade hatten sie jedoch vom Erlös aus dem verkauften Aluminium einen kleinen Generator angeschafft. „Damit brachten wir ihn zur Ruhe, und sie gingen, versprachen aber, drei Tage später wiederzukommen."

---

91   Seeschlacht gegen eine englisch-französische Flotte im Jahr 1845
92   José Luis Chilavert: Fußballtorwart aus Paraguay und Star der argentinischen Mannschaft Vélez Sarsfield, für die er spielte

Arbeiten ist was für Verbrecher

Sie fuhren mit voller Kraft fort, das Buch zu drucken, und zwei Tage später, am 24. Mai 2002, war der Treuhänder wieder da, mit mehr Begleitung als zuvor: acht Polizeiautos, acht Überfallwagen, zwei Krankenwagen und eine Feuerwehr. „Als wären wir Verbrecher oder Terroristen", beschreibt das Cándido. Die Arbeiter lösten Alarm aus und riefen ihre Familien, IMPA-Arbeiter, Leute von den Versammlungen (aus Pompeya, Traful, Parque Patricios, Palermo Viejo, Parque Avellaneda), Rentner aus dem Altenheim des Viertels – etwa 300 Leute. Sie kamen alle, um den acht Arbeitern beizustehen.

Sie errichteten eine Barrikade aus Reifen und Papier. „Wir begegneten der Gewalt ihrer Einsatzfahrzeuge mit der Gewalt unserer Barrikade", sagt Cándido und wirkt ergriffen von der Erinnerung an die Ereignisse.

Die Frauen der Arbeiter postierten sich im zweiten Stockwerk und warfen kleine Papierfetzen aus den Fenstern, um die brennende Barrikade unten damit zu anzuheizen. „Wir warnten die Polizei, dass wir alles niederbrennen würden", sagt Cándido.

Und die Sache war, dass sie wirklich bereit waren es zu tun. „Es gab zwei von uns, die wussten, was zu tun war. Die IMPA-Leute sagten uns: ‚Wir werden euch verteidigen – wie weit wollt ihr gehen?'"

Cándido hat nun Tränen in den Augen, während er sich erinnert. Wir sitzen in der Druckerei, es ist 7 Uhr abends und es wird dunkel, wie um seine Tränen zu verdecken. Er hebt seinen Kopf und sagt: „Du kämpfst für dich – aber wenn andere für dich kämpfen..."

Gegen 6 oder 7 Uhr abends befahl der Richter, die Druckerei zu räumen.

Notiz am Rande

Der Mann, der diesen Befehl erhielt, sollte ein paar Monate später zu zweifelhaftem Ruhm kommen. Juan Carlos Pereyra war der Kommissar der Polizeiwache 34, in der neun Polizisten dafür angeklagt wurden, Teenager in den verseuchten Riachuela[93] geworfen zu haben, wobei einer von ihnen, Ezequiel Demonty, starb.

Cándido sagt: „Ich kannte diesen Pereyra, weil er zur Versammlung von Pompeya gekommen war, um dort Mauricio Macri zu vertreten und die Nachbarn auf eine heiße Schokolade einzuladen. Zu der Zeit machte er bereits Wahlkampf für Macri, obwohl er als Kommissar im Dienst war."

---

93 Umgangssprachlicher Name für den Fluß La Matanzas, der die Südgrenze des Hauptstadtdistrikts von Buenos Aires bildet

Alle Mutmaßungen über die Verbindung zwischen „Kommissar Pereyra",
„Macri",„Schokolade" und „Teenager im Riachuelo" seien dem Leser überlassen.

„Nicht anzünden!"

Kommissar Pereyra erhielt den Räumungsbefehl, als er sich die Barrikade an-
sah und die Unterstützermenge rufen hörte. „Die Leute beleidigten die Polizei",
erzählt Cándido. Er flehte die Arbeiter an: „Zündet das Feuer nicht an!" Er sagte
dem Richter: „Schauen Sie, da sind lauter Leute."

Im zweiten Stock hatten die Arbeiter neben den Fenstern Benzinfässer und
anderes zur Verteidigung plaziert.

„Wir redeten uns ein: Blut wird vergossen werden, aber auf beiden Seiten."
Schließlich schien der Kommissar den Richter überzeugen zu können. Die Fern-
sehkameras schienen ebenfalls einen Einfluss zu haben. Um 10 Uhr abends hoben die so genannten Ordnungskräfte ihre Belagerung auf und ließen acht Polizisten als Wache zurück. (Was die Polizei immer mit der Zahl acht hat, erschließt
sich auch Cándido und seinen sieben Kollegen nicht.)

Das Guckloch

Zwei Monate lang blieb die achtköpfige Polizeitruppe vor dem Werkstor stationiert, um verdächtige Aktivitäten zu unterbinden, vor allem Arbeit. Es ging
darum, die Beharrlichkeit jener zu zermürben, die ihre Unentschlossenheit
überwunden hatten. Cándido beschreibt, was sie als nächstes taten. „Das Buch
über die Versammlungen war immer noch in Produktion. Wir beschlossen, die
Umschläge zu drucken. Gaglianone hatte einen privaten Sicherheitsmann dagelassen, den wir bequatschen konnten, so dass er nichts mitbekam. Wir erklärten den Umstand, dass die Maschinen in Betrieb waren, damit, dass sie laufen
müssten um intakt zu bleiben. Wir schafften es zu drucken, aber wir bekamen
die fertigen Bücher nicht nach draußen. Wir dachten schon darüber nach, sie
übers Dach rauszuschaffen, aber dann bot ein Nachbar an, einen Wanddurchbruch zu seinem Haus zu machen. Wir schlugen dieses Loch in die Wand, und er
fuhr uns dann sogar mit seinem Auto zur Auslieferung, weil wir nichtmal Geld
für den Bus hatten. Als wir an einem Tag dabei waren, die Bücher durch das Loch
zu reichen, sagte jemand:,Was man so alles tun muss, um arbeiten zu können.'"

Das Loch befindet sich etwa zwei Meter über dem Boden, an einer Stelle, wo
vorher eine Klimaanlage war. Die Arbeiter nutzten diesen Platz, um die Wand

erneut zu durchbrechen und die Bücher hindurchzureichen. Auf der anderen Seite nahm sie ihr Nachbar Don Julio Berlusconi entgegen. Er verzieht sein Gesicht komisch, als er sagt, dass sein Nachname Berlusconi ist. „Was kann man da schon machen? Dass jemand wie Berlusconi Italien regiert, zeigt doch, dass die ganze Welt verrückt geworden ist."

Don Julio hat eine kleine Metallwerkstatt in seinem Haus. Indem er den Wanddurchbruch zuließ, beging er eine Straftat. „Aber ich bin ein Arbeiter und das zählt. Wenn ich einem Compañero helfen muss, dann helfe ich ihm, und fertig", sagt er.

Um das Loch auf der Chilavert-Seite zu verdecken, hängten die Arbeiter ein gerahmtes Stilleben von de la Cárvoca davor.

Jetzt hängt das Gemälde als Andenken unter dem Guckloch, das mittlerweile wieder zugemauert ist. Offen und unverputzt soll es dort für immer zu sehen sein, damit es nicht vergessen wird: dieses naturaleza viva.[94]

Marketing und Spaß

Allmählich brachten sie den Betrieb wieder auf die Beine und fingen auch an, einen annehmbaren Lohn nach Hause zu bringen (erst 200 Pesos pro Woche, jetzt 800). Sie schafften das Unerwartete. „Wir gingen zu allen Protesten, um unsere Solidarität zu zeigen. *Chilavert* errang den Ruf, eine Druckerei zu sein, die zu diesem ganzen Kampf gehört. Unser Marketing bestand in dieser Mundpropaganda", sagt Cándido.

Sie verlassen sich nicht mehr auf die Unterstützung der Grafikergewerkschaft unter Raymund Ongaro. González macht klar: „Er war ein Kämpfer, aber was er nun ist..."

Cándido holt zwei Scheine aus der Tasche hervor. Einer ist bläulich, wie der 2-Pesos-Schein, und zeigt das Bild eines Mannes mit Turban und Zeichen, die aussehen wie aus dem russischen Alphabet. Der andere ist grün wie ein Dollar, angeblichen „eine Million Dollar" wert, wie es in Buchstaben und Zahlen darauf steht.

„Ongaro gab sie uns als eine Art Zugangsberechtigung, damit wir mit seiner Rückendeckung zu den Sozialhilfe-Leuten gehen konnten. Wie aus Mitleid gab er uns Sozialhilfe für zwei Monate und sagte, dass wir danach auf uns gestellt

---

94 Spanisches Wortspiel. *Naturaleza muerta* (wörtlich: tote Natur) bedeutet in der Kunst „Stilleben". Hier wird das verschlossene Loch über dem Stilleben als *naturaleza viva* bezeichnet, wörtlich: lebende Natur.

seien." Ongaro ist keiner von denen, die ihre Unentschlossenheit hinter sich gelassen haben. „Nein, wie will er sich denn noch ändern? Er macht sich zum Affen und kommt nirgendwo hin. Ich weiß nicht, was mit ihm passiert ist; er war mal anders. Ich behalte diese falschen Scheine als Souvenirs."

Die Arbeiter bei *Chilavert* verdienen weniger Geld als früher. „Aber wir haben mehr Spaß, weil wir unser eigenes Ding machen. Es ist eine andere Umgebung, ein anderes Verhältnis. Niemand von uns würde in Betracht ziehen, wieder unter einem Boss zu arbeiten."

Cándido denkt, dass obwohl die instandbesetzten Betriebe nur ein kleiner Flecken in der argentinischen Wirtschaft sind, „der Unterschied darin besteht, dass wir ein kleiner Flecken mit großem Ansehen sind. Nicht alle, die mächtig sind, haben Ansehen."

Cándido beschreibt die neue Situation – sie erreichten die endgültige Enteignung am 25. November 2004 –, spricht über die Zukunft und fasst seine Erfahrungen in wenigen Worten zusammen, die nicht vergessen weden sollten:

„Wissen Sie, was das Wichtigste ist für uns? Das Gefühl, das wir es schaffen können."

Situation 2014: Seit Erscheinen des Buches eröffnete die Kooperative auf dem Betriebsgelände ein Kulturzentrum namens „Chilavert recupera" (2004), wo Musik, Tanz, Theater, Vorträge und Diskussionen stattfinden; das Dokumentationszentrum der instandbesetzten Betriebe (2006), das gemeinsam mit der Facultad de Filosofia y Letras der Universität von Buenos Aires betrieben wird; die selbstverwaltete Volkshochschule (2007, siehe Vorwort), in der viele aus der Nachbarschaft ihren Schulabschluss machen konnten. 2012 konnte der Enteignungsprozess für das Gebäude und die Maschinen abgeschlossen werden, so dass der rechtliche Status nun geklärt ist. Gegenwärtig hat die Kooperative 13 Mitglieder, während eine größere Zahl von Menschen an den übrigen Projekten mitwirkt. Chilavert gehört zur „Federación Red Grafica Cooperative", einem überregionalen Zusammenschluss von Druckerei-Kooperativen.

Kapitel fünf

Sime

Steinbruch im Widerstand

Der Steinbruch Sime, gelegen am Rande von Victoria in der Provinz Entre Ríos, wurde enteignet und von seinen Arbeitern instandbesetzt. Eine Zeitlang waren sie heftigen Demütigungen und Beschimpfungen am Arbeitsplatz ausgesetzt, doch als sie den Laden selbst in die Hand nahmen, konnten sie ein Schicksal abwenden, das für sie nur Arbeitslosigkeit bereithielt. Sie traten bewaffnet und kampfbereit auf, lebten von Jagen, Fischen und Solidarität. Schließlich schafften sie es, einen Betrieb wiederzube-leben, der schon stark durch Ausschlachtung und Hinterziehung angeschlagen war – und durch die Art von Tricks, welche die Arbeiter nur aus dem Fernsehen kannten.

Die Provinz von Entre Ríos lag einst auf dem Grund des Ozeans. Niemand weiß, wie die Welt in diesen Tiefen aussah. Auch mit den Möglichkeiten der modernen Wissenschaft ausgestattet, tun wir trotzdem besser daran, unsere Vorstellungs-kraft zu bemühen. Vielleicht war es ein Ort, der für seine Bewohner günstiger war – Wesen mit weniger Problemen als die heutigen.

Doch vor Millionen von Jahren kam es zu tumultartigen Ereignissen. Die Erde geriet aus den Angeln, die Kontinente hoben sich, fielen wieder und verstreu-ten sich über den Planeten. Süßwasser, Flüsse und neue Lebewesen tauchten auf. Schließlich begannen rätselhafte Zweibeiner die Region zu übernehmen.

Unter den Territorien, die sich gebildet hatten, war auch Argentinien, das ein Gebiet namens Entre Ríos beherbergt, in dem wiederum ein Ort namens Victo-ria liegt. Wenn man vier Meter tief gräbt, findet man Seeschnecken, Austern und Muscheln. Ein Ozean, gebildet aus tonnenweise Souvenirs einer Vorgeschichte, die sich nur vorstellen lässt. Sieht man jedoch nur auf die Oberfläche, finden sich dort die Alpträume und Hoffnungen derjenigen, über die wir den zukünfti-gen Archäologen Aufzeichnungen hinterlassen wollen.

Der Steinbruch *Sime* in Victoria, 92 Kilometer entfernt von der Provinzhaupt-stadt Paraná, war ein halbes Jahrhundert lang in Betrieb und holte Seemu-scheln und versteinerte Austern, also pures Kalziumkarbonat, aus dem Boden,

HONORABLE CAMARA DE SENADORES

ENTRE RIOS

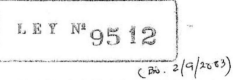

LEY Nª 9512

(Bo. 2/9/2003)

LA LEGISLATURA DE LA PROVINCIA DE ENTRE RIOS SANCIONA CON FUERZA DE

LEY:

ARTICULO 1°.- Declárase de utilidad pública y sujeto a expropiación con destino a la venta directa para explotación industrial y comercial que realiza y realice en el futuro la **Cooperativa de Trabajo Canteras SIME Ltda.**, entidad inscripta en el Instituto Nacional de Asociativismo y Economía Social del Ministerio de Desarrollo Social bajo Matrícula 24.669 (Acta N° 11.614 de fecha 25/06/2.003), una fracción de terreno con todo lo en él clavado y plantado, de titularidad de GERMAN VARDE FREIRE, o quien en definitiva resulte propietario, ubicado en el Departamento Victoria, Distrito Corrales, identificado como Lote N° 1 inscripto en el Registro de la Propiedad de Victoria bajo MATRICULA 003.786 Plano N° 18.070 Partida Provincial N° 102.308 que, según Mensura practicada por el Agrimensor Antonio A. Affranchino en fecha 26 de abril del año 2.001 consta de una Superficie total de dieciocho hectáreas, setenta y ocho áreas y cuarenta y un centiáreas (18 ha. 78 as. 41 cas.) dentro de los Límites y Linderos:

NORESTE: Recta (1-2) al rumbo S 35° 29' E. de 302,30 mts., lindando con Alejandro Ruiz;

SURESTE: Recta (2-3) al rumbo S 36° 28' O. de 226,33 mts. Lindando con Lote 2 de Canteras Sime S.A., (6-7) al rumbo N 25° 38' O. de 68,54 mts.; (7-8) al rumbo S 36° 28' O. de 59,65 mts., lindando estas dos últimas líneas con María C. Balparda y otra; Plano N° 17. 17.748) y (8-9) al rumbo N 23° 48' de 35,37mts., lindando esta última con Ruta Provincial N° 11 Victoria, Paraná.

NORESTE: Recta (9-1) que corre por eje de Callejón Público al rumbo N 36° 28' E de 673,40 mts., lindando con Santiago C. Reggiardo y otros.

ARTICULO 2°.- La medida se hace extensiva a todo lo clavado y plantado en el inmueble objeto de expropiación sito en Ruta 11 Km. 106 Distrito Corrales del Departamento Victoria, talleres, fábrica, oficinas y demás dependencias pertenecientes a la planta fabril y oficinas de CANTERAS SIME SOCIEDAD ANONIMA y a los bienes muebles, máquinas, herramientas, útiles de trabajo, indumentaria, automotores y accesorios, inventariados judicialmente en los autos "BAUER, GUILLERMO RAMON y OTROS C/ CANTERAS SIME S.A. S/ COBRO DE PESOS" y sus incidentes -Embargo Preventivo y Medida cautelar innovativa- que tramitan ante el Juzgado de 1° Instancia en lo Civil, Comercial y del Trabajo de Victoria.

ARTICULO 3°.- Cumplido el proceso expropiatario, la Provincia de Entre Ríos venderá los bienes expropiados a la Cooperativa de Trabajo Canteras SIME Ltda.-

HONORABLE CAMARA DE SENADORES

ENTRE RIOS

ARTICULO 4°.- A partir de la entrada en vigencia de esta Ley, se reconoce a la Cooperativa de Trabajo Canteras SIME Ltda. la facultad de continuar en el uso y explotación exclusivos y excluyentes de los bienes sujetos a expropiación utilizados con destino a dar ocupación y constituirse en fuente de trabajo para los asociados.

ARTICULO 5°.- Se encomienda al Poder Ejecutivo, a través del área respectiva y a la Escribanía Mayor de Gobierno formalizar los instrumentos que perfeccione la transferencia de dominio de los bienes expropiados por la presente a la Cooperativa de Trabajo Canteras SIME Limitada. En la escritura, deberá constar que la entidad beneficiaria se obliga a proseguir con la explotación de la cantera, fabricación y comercialización de los productos derivados de la materia prima de ella obtenida.

ARTICULO 6°.- El importe de la indemnización que resulte será depositado a la orden de GERMAN VARDE FREIRE y/o quien resultare legítimo propietario de los bienes objeto de esta Ley.

ARTICULO 7°.- A los 30 días de promulgada la presente Ley, el Poder Ejecutivo deberá iniciar el proceso expropiatorio que ordena la Ley 6467.

ARTICULO 8°.- Comuníquese, etcétera.

PARANA, SALA DE SESIONES, 19 de agosto de 2003.

Raúl Abraham TALEB
Vicepresidente 1ª H. C. de Diputados
a/c Presidencia

Juan Antonio COLOBIG
VicePresidente 1ª H. C. de Senadores
a/c Presidencia

Mario G. JOANNAS
Secretario H. C. de Diputados

Horacio D. DOMINGO SUAREZ
Secretario H. C. de Senadores

ES COPIA AUTENTICA

RICARDO ALBERTO ANAVERO
Prosecretario H. C. Senadores
ENTRE RIOS

PARANA, 22 AGO 2003

POR TANTO:

Téngase por Ley de la Provincia, cúmplase, comuníquese, dése al registro Oficial y archívese.-

MINISTERIO DE GOBIERNO Y JUSTICIA, 22 AGO 2003

Registrada en la fecha bajo el N° 9512.-CONSTE.-

Dr. FERMIN LUIS GARAY
Ministro de Gobierno
y Justicia

ZULEMA F. CONDE DE BRANDAN
Directora de Despacho
M. G. y J.

zur Verwendung als Rinderfutter, bei Asphaltierungen und Ausbesserungsarbeiten. (Die Nationalstraße 11, die die Provinzen Santa Fé, Chaco und Formosa verbindet, hat einen Abschnitt namens „weiße Straße", der mit diesem Material gepflastert ist.) Hauptsächlich wurde es jedoch zur Fütterung von Hühnern verwendet. Kalziumkarbonat stärkt in Verbindung mit einer ausgewogenen Ernährung das Geflügel, so dass es gesunde Eier mit stabilen Schalen legt.

Nach Jahrzehnten normalen Betriebs schaffte es die letzte Geschäftsführung, die Firma zu zerstören und die Arbeit zum Erliegen zu bringen. Die Arbeiter endeten auf der Straße und Kunden blieben ohne Material – ein Unternehmen, das in verhängnisvoller Weise darauf aus war, Eier zu zerschlagen.[95]

María del Huerto, 45 Jahre alt, erzählt die Geschichte in einem süßen Akzent mit Nachklängen von Guaraní.[96] Immer wieder wird sie wütend und empört dabei. „Im Dezember 2002 gaben sie uns 35 Tage außerplanmäßigen Urlaub. Wir lehnten das ab, weil sie es uns nicht einfach unvorbereitet sagen konnten und auch nicht, ohne die Kunden und Lieferanten zu informieren. Wir gingen zum Arbeitsministerium und zur Bergarbeitergewerkschaft und erreichten die Unterzeichnung eines Zielzahlungsvertrags."

Es war der 23. Dezember. Die Unternehmensleitung bat uns, das Treffen zu verschieben. „Sehen Sie, wie kaltherzig die sind? Sie ließen uns ohne irgendetwas für Weihnachten", sagt sie. Das Treffen wurde auf den 30. Dezember vertagt. „Und dann taten sie es wieder."

Die Zwangsbeurlaubungen dauerten bis zum 20. Januar. Die 28 Arbeiter kehrten zum Steinbruch in der ländlichen Stille zurück und fanden ihn leer vor. „Ein Stück Weideland ohne Licht, fließendes Wasser oder Telefon. Nichts. Es war trostlos." Alles, was übrig war, waren ein paar alte Maschinen.

Waffen in die Hand

María hatte sich bereits mit Mitgliedern der Bewegung der instandbesetzten Betriebe getroffen. „Ich wusste gar nicht, dass eine Fabrik oder ein Unternehmen besetzt werden kann. Sie sagten mir, das Motto hieße ‚Besetzung, Widerstand, Produktion', und das änderte mein Leben." Im Einklang mit den ersten beiden Punkten des Mottos übernahmen María und ihre Kollegen den Steinbruch mit der Waffe in der Hand – „für den Fall, dass wir Widerstand leisten müssten", er-

---

95 „Huevos" heißt im Spanischen auch „Eier" (Hoden)
96 Ureinwohner-Sprache im Nordosten Argentiniens, in Paraguay die zweite Nationalsprache.

klärt sie. „Wir nahmen Schusswaffen mit, einige Nachbarn liehen uns Jagdgewehre. Wir verkündeten, dass wir auf niemanden schießen wollten, dass wir aber unsere Arbeitsplätze verteidigen wollten und die Bosse davon abhalten, noch mehr zu klauen."

Was bedeutete das Wort Widerstand? Es war Sommer, die drückende Hitze konnte 40 Grad erreichen, Moskitos waren überall, und die Arbeiter hatten kein Einkommen mehr. „Um etwas zu essen zu haben, jagten die Männer wilde Meerschweinchen – sie sind braun und sehen wie große Mäuse aus. Sie angelten auch Caruchas aus einer nahegelegenen Lagune, und Don Joaquín schickte uns Tarpune vom Fischmarkt. Was war mit uns geschehen? Wir hatten uns für Mittelklasse gehalten, und hier waren wir nun, bettelten und jagten, um über die Runden zu kommen."

Jagen, Fischen und Solidarität. Das Benediktinerkloster, das auch eine Herberge betreibt, bereitete in großen Mengen Essen für die Gäste und die Arbeiter zu, die wiederum rot-gelb-gefiederte Kardinalsvögel jagten, um sie für fünf Pesos das Stück zu verkaufen.

Beschimpfung am Arbeitsplatz

Bevor wir mit der Geschichte fortfahren, stellt sich die Frage: Wie konnte es überhaupt zu alldem kommen? María erinnert sich: „Der Eigentümer wechselte Ende der 1990er Jahre, und Roberto Vizioli trat die Geschäftsführung an. Als er starb, übernahm seine Frau, María Enriqueta Fontán, eine Buchhalterin aus Avellaneda (einem Außenbezirk von Buenos Aires). Ihre Tochter, Mariquita Sánchez Fontán wurde als Managerin eingesetzt. Der Laden war auf den Namen eines Maurers eingetragen. Und sie gründeten auch eine Tarnfirma namens *San Roberto*, die auf eine ihrer Haushaltshilfen lief." Das Bild wurde vervollständigt durch die Entdeckung des Kaufs einer Maschine im Namen eines „El Chino"-Steinbruchs. Die Arbeiter erfuhren bei der Bundesverwaltung für Öffentliche Einkommen (AFIP)[97], dass diese angebliche Firma – ansässig an der exakt gleichen Addresse wie der *Sime*-Steinbruch – auf einen Achtzigjährigen eingetragen war, der als Strohmann fungierte. „Der Laden wurde völlig ausgeschlachtet und war randvoll mit Korruption. Das ist das Erbe der Menem-Ära", urteilt María. Sie erlebte zudem selbst eine besonders hässliche Situation im Betrieb.

---

97 A.d.Ü. Das argentinische Finanzamt.

Cecilia, die mit María im Verwaltungsbereich arbeitete, merkte es als erste. „Die Buchhalterin und ihre Tochter Mariquita schrien uns an, beleidigten uns. Mariquita war nicht normal, sie schrie die ganze Zeit und rannte wie verrückt auf und ab. Wir fanden später heraus, dass sie sie in Therapie geschickt hatten. Leider war ihre Vorstellung von Therapie, die Arbeiter zu beschimpfen." Das Ergebnis war, dass Cecilia sich in Behandlung begeben musste. „Sie entwickelte eine Art Verfolgungswahn, eine Phobie. Sie schloss sich in ihrem Haus ein, aus Angst, dass sie auf der Straße den Fontáns begegnen könnte."

María beschreibt das Problem in deutlichen Worten: „Es war Missbrauch am Arbeitsplatz. Es ist das Gleiche, wie wenn ein Mann seine Frau schlägt. Dann lebst du in einem Zustand ständiger Unterwerfung und Angst." Cecilia, die drei Kinder hat, musste ihre Arbeit aufgeben. María blieb im Büro allein zurück. „Dann machten sie sich über mich her", sagt María.

Worin bestand der Missbrauch? „Sie schrien einen an: ‚Kind von tausend Huren, du bist zu nichts gut!' Manchmal direkt ins Ohr. Es wirkte, als würden sie einen gleich schlagen, aber man musste sich auf die Zunge beißen. Und warum? Um seinen Job zu behalten. Ich hatte 23 Jahre lang in diesem Betrieb gearbeitet."

Die Lage verschlechterte sich noch, als María an eine andere Stelle versetzt wurde. „Die Fahrer kündigten en masse. Mir wurde Geld gegeben, um sie auszuzahlen – ein Peso für jede transportierte Tonne. Sie antworteten mir: ‚Gute Frau, erwarten Sie, dass wir umsonst arbeiten?'"

Mariquita rief sie aus Buenos Aires an und schrie: „Hast du schon neue Fahrer angeheuert, du Stück Scheiße?"

„Nein, Mariquita, niemand will das für dieses Geld machen."

„Du nichtsnutzige Hure. Du machst das mit Absicht. Du solltest besser hoffen, dass ich dich nicht finde, wenn ich wieder da bin."

María fährt fort: „Als ich den Hörer auflegte, fühlte ich mich merkwürdig, als würde mein Herz platzen. Ich rief ein Taxi und ließ mich in die Poliklinik von Victoria fahren. Der Arzt legte mir eine Pille unter die Zunge und sagte: ‚María, Sie können so nicht weitermachen; diese Frau ist gestört, sie ist krank, ihr Gehirn ist Mus. Denken Sie an Ihre Gesundheit.'"

María fuhr nach Hause und kehrte ein paar Tage später in den Steinbruch zurück, in der Annahme, dass sich die Dinge etwas beruhigt hätten. „Es war noch schlimmer. Mutter und Tochter redeten zusammen auf mich ein: ‚Du nichtsnutzige, wertlose Hure, wir brauchen eine LKW-Flotte für den Transport, aber du rufst niemanden an, weil du ein idiotisches Stück Scheiße bist, das mit dem Arsch am Stuhl festgeleimt ist. Hoffentlich stirbst du bald.' Alles direkt in mein Ohr! Ich hielt zitternd bis 4 Uhr nachmittags durch, dann brachte mich mein Mann zum Neurologen. Dort wurde ich an einen Psychiater überwiesen, der mir Beruhigungsmittel und psychologischen Beistand gab."

Trotz allem, was María wiedergibt, kommt ihr Redefluss erst ins Stocken, als sie bei etwas angelangt, das sie „Foto" nennt. „Ich sah durchs Bürofenster einen Kollegen, Walter Sadaña. Sie hatten ihn raus in die Sonne geschickt, um Felsen und Kalk mit einem Hammer zu zertrümmern. Das einzige, was da noch fehlte, waren die Ketten. Ich werde diese Momentaufnahme nie vergessen."

Kurz darauf schloss der Steinbruch und die Arbeiter wurden beurlaubt. María sagte zu ihrer Kollegin Cecilia: „Diese Frauen werden uns auf die Straße setzen – warum schauen wir nicht, ob wir Hilfe finden können?"

Unten aufschlagen und wieder hochkommen

María erfuhr von den instandbesetzten Betrieben durch eine Preisverleihung an Jorge Aguilera, einem Arbeiter in der Firma *Mil Hojas* in Rosario.

„Ich fand ihn dann einfach über die Telefonauskunft und verabredete mich mit ihm. Wr trafen uns zusammen mit José Abelli und anderen Arbeitern aus instandbesetzten Betrieben. Ich erfuhr, was das Wort ‚Aussperrung' bedeutete, das ich vorher noch nie gehört hatte."

María lernte, Nachforschungen anzustellen, Strohmänner zu erkennen und Abgeordnete zu überzeugen. „Wir erfuhren, dass die Firma Steuern hinterzogen hatte. Einer unserer Kollegen wollte in Rente gehen und fand heraus, dass die Firma nichts von dem Geld gezahlt hatte, das sie neun Jahre lang von seinem Gehaltsscheck abgezogen hatten."

Die Arbeiter gründeten die *Sime-Steinbruch-Arbeiterkooperative*, wählten María del Huerto zu ihrer Präsidentin, und im April 2003 verfügte ein Richter, dass der Steinbruch in die Treuhänderschaft der Kooperative überging. „Wir hatten 160 Pesos Arbeitslosenunterstützung bezogen, aber nun konnten wir wieder arbeiten. Ich bin dankbar, dass keiner meiner Kollegen Selbstmord beging, dass wir niemanden auf dem Weg verloren haben – sie waren schon dabei, ihre Möbel für Essen zu verkaufen, verstehen Sie? Das ist deprimierend – und es ist entwürdigend."

Sie konnten auch damit aufhören, Hasen und Vögel zu jagen. Ein Gruppe von Medizinstudenten besuchte sie und behandelte sie fast wie Versuchspersonen. „Sie sagten mir, dass alle Arbeiter, die durch eine solche Instandbesetzung durchgegangen sind, psychologisch unten aufgeschlagen sind. Andererseits hat die Arbeit nun unser Leben verändert. Es ist zu sehen, dass die Arbeiter glücklicher, dynamischer sind. Wir haben bewiesen, dass wir dunkelhäutiges Gesindel aus Entre Ríos nicht blöd sind, weil wir nicht auf uns herumtrampeln lassen. Genauso wenig ließen wir uns weiter behandeln wie Bettler."

Marías Mann, Juan Ángel Schwindt, arbeitet ebenfalls im *Sime*-Steinbruch. Sie haben drei Kinder, 10, 17 und 19 Jahre alt. „Wer hätte gedacht, dass wir in unserem Alter noch aus Verzweiflung zusammen weinen würden, und dann aus Freude zusammen weinen würden, weil wir den Steinbruch instandbesetzt hatten. Ich wusste nicht, dass es so etwas gibt. Ich dachte, das gibt es nur im Fernsehen. Aber nun ist es mir passiert."

María ist klar, dass dies das zweite Mal war, dass ihre Arbeit sie gerettet hat. Das erste Mal geschah das, als sie selbst „ausgenommen" wurde: „Ich hatte Gebärmutterkrebs, also wurde eine Hysterektomie nötig. Nach der Operation ging ich mit meinem Mann zu dem Arzt, der die Untersuchungsergebnisse auf dem Tisch hatte und besorgt blickte. Ich sagte: ‚Coco, was ist los? Sieht es schlecht für mich aus?' – ‚Nein, María, es ist schlimmer. Ich hab deine Gebärmutter grundlos entfernt. Es war ein Fehler; die Gebärmutter war in Ordnung.' Mein Mann wollte ihn auf der Stelle umbringen. Aber da ich dabei war, mit den ganzen Stichen, passierte nichts."

María litt daraufhin an vorzeitiger Menopause, begleitet von Problemen mit trockener Haut, schwachen Knochen und vor allem einer Depression, die sie zu Hause festhielt. „Ich war eine Hexe ohne Besen. Eines Tages schaute ich in den Spiegel und sagte: ‚Das bin nicht ich'. Und was habe ich gemacht? Ich ging zum Friseur, schminkte mich, zog meine Absatzschuhe an und ging zur Arbeit. Sie wollten mich nicht lassen. Ich sagte: ‚Wenn ihr wollt, dass ich wieder gesund werde, lasst mich arbeiten.'"

Die Arbeit, vorher und nachher

María und ihre Kollegen schrieben an jeden einzelnen Abgeordneten und Senator, und erreichten ein einstimmiges Ergebnis für die Enteignung in beiden Kammern des Provinzparlaments. Es war der 22. August 2004. „Alle waren sie da. Die Benediktiner, die Kunden, die Polizei, und auch die Lokalpresse, die uns sehr fair behandelte." Victoria machte seinem Namen alle Ehre.

Heute fördern die Arbeiter 1.600 Tonnen, etwas weniger als die 2.000 bei Schließung des Steinbruchs. „Wir haben unseren guten Ruf und unsere Kunden wiedergewonnen. In Wahrheit haben sie uns alle geholfen und uns sogar Land verpachtet, damit wir mehr fördern können." Am Anfang brachten die Arbeiter 50 Pesos pro Woche nach Hause und behielten das Arbeitslosengeld. „Wir fangen neu an. Ich habe einen Brief an Präsident Kirchner geschrieben, weil wir einen Baggerlader brauchen. Derzeit müssen wir einen für 60 Pesos pro Stunde mieten, das sind 7.000 Pesos pro Woche, die wir selbst gut gebrauchen könnten." Sie haben ihre Rechnungen beglichen, und der Steinbruch hat wieder Strom. „Es war eben einfach Zeit, dass wir reagierten, aufstanden und sagten: ‚Genug!' Wir Arbeiter können nicht zu Hause bleiben und über unser Unglück jammern, wenn sie uns unser Menschenrecht auf Arbeit genommen haben." Die Kooperative reichte Klagen gegen alle Voreigentümer ein, da auch die Abfindung, die den Arbeitern zusteht, nie bezahlt wurde. „Wir müssen auch die Betrüger in Buenos Aires erwischen, denn wenn man bei der AFIP nachschaut, wird klar, dass alles über Strohleute läuft."

Die Arbeiter haben nun den Betrieb und die alten Maschinen. Sie haben die Worte in die Tat umgesetzt, von denen sie gar nicht gewusst hatten, dass sie sie sich aneignen könnten – sie haben besetzt, sie haben Widerstand geleistet, und nun produzieren sie. Die Forschung versucht herauszufinden, ob Kalziumkarbonat auch pharmazeutische Anwendung finden könnte, was dem Betrieb eine neue Produktreihe bescheren würde. Der geförderte Muschelkalk besteht zu 98 Prozent aus Kalziumkarbonat, das als Ausgangsstoff für Medikamente gegen Osteoporose und auch gegen Mangelernährung dienen könnte. Biotechnik-Studenten aus Oro Verde, einer Universitätsstadt in Entre Ríos, haben die Einrichtung eines Labors zur Herstellung dieser Art von Medizin vorgeschlagen. Wo die Mittel (die neue Mittel bringen könnten), der politische Wille, die Unterstützung für dieses Projekt und der Anstand zur Schaffung von Arbeitsplätzen herkommen werden, weiß noch niemand. Ihre Zukunft ist so ungewiss wie die aller anderen in diesen unerforschten Gebieten, doch – wie María sagt – jammern sie nicht länger über ihr Unglück, sondern lassen den Irrsinn und den Missbrauch hinter sich. „Wer hätte das gedacht? Mit einem Federstrich zerstörten sie unsere Hoffnungen. Doch noch in meinem Alter hab ich gelernt, neu anzufangen."

Situation 2014: Nachdem der Steinbruch mit Unterbrechungen seit seiner Besetzung in Betrieb war und 12 Mitgliedern der Kooperative so zumindest ein Teilzeit-Einkommen verschaffte, versucht der Alteigentümer nun eine Räumung zu erwirken. Der Ausgang des Konflikts ist ungewiss.

Kapitel sechs

Conforti

Aufstand der Maschinen

Eine der größten Druckereien des Landes wurde durch die Anstrengungen einer Gruppe von Arbeitern wiederbelebt, die den Betrieb im Angesicht des Abgrunds der Arbeitslosigkeit zu enteignen und als Kooperative Patricios wieder in Gang zu bringen vermochten. Dies ist die Geschichte, wie sie einen intriganten Geschäftsmann und ein ignorantes Gerichtswesen bezwangen. Heute gibt es zusätzlich zur Druckerei eine Graphikschule, die Erwachsene ins Bildungssystem zurückholt, ein Kulturzentrum und eine Stadtviertelbibliothek.

Mitte 2003 beschrieben die Wände des grünen Gebäudes, das einen halben Block[98] auf der *Avenida Patricios 1900* im Stadtteil Barracas von Buenos Aires ausfüllt, die Situation im Grafikbetrieb Conforti in wenigen Worten. Weiße Großbuchstaben teilten mit:

CONFORTI-ARBEITER WOLLEN IHRE JOBS BEHALTEN
SIE SCHULDEN UNS MEHR ALS EIN JAHR LOHN
NEIN ZUR LIQUIDATION!
GERECHTIGKEIT FÜR DIE ARBEITER!!
WIR WOLLEN EINE LÖSUNG – SOFORT!!!
SCHON MEHR ALS DREI MONATE KAMPF
RAÚL GONZALO, VERBRECHER, BEZAHL ENDLICH!
NEIN ZU GEPLANTEN INSOLVENZEN
KEINE RÄUMUNG

Es gab auch einen Vorschlag, der angesichts der Wirkung, die solche Situationen haben können, ein Vorbild an Präzision und Harmonie war:

GONZALO, DU HURENSOHN VON EINEM DIEB, ZAHL, WAS DU UNS SCHULDEST

---

98 A.d.Ü. Ein Block ist die Strecke zwischen zwei Straßenecken, die jeweils immer die vollen Hunderter Hausnummern markieren und im Durchschnitt 100 Meter auseinanderliegen.

Und ganz am Ende standen weiß auf grün die beiden stärksten Worte (ins Deutsche übersetzt werden es drei):

WIR WOLLEN ARBEITEN.[99]

In Barracas, einem der ältesten Stadtviertel von Buenos Aires, stehen die Häuser auf Stelzen, um Überschwemmungen zu entgehen. Conforti ist nur einen halben Block vom Riachuelo entfernt. Die heruntergelassenen Jalousien sehen aus wie die geschlossenen Augen eines Betriebs im Koma, einem Opfer einer anderen Art von Überschwemmung und eines der Korruptionsfälle, wie sie für unsere „nationale Führung" (wenn diese beiden Wörter zusammen noch einen Sinn ergeben) sinnbildlich geworden sind.

Zeit totschlagen

Das erste Treffen mit den Arbeitern der Graphik-Kooperative *Patricios* findet in einer stillen, dunklen und ungenutzten Werkhalle statt, was für jeden Graphiker und jeden Journalisten die größte Betrübnis ist. Der Film *Terminator 3* belebt ein klassisches Thema der Science Fiction wieder – die Rebellion der Maschinen als Vorzeichen einer Katastrophe der Menschheit. In Argentinien ist die Katastrophe bereits eingetreten, und eine Rebellion der Maschinen wäre hier wohl viel eher das, was Betriebe wie *Conforti* wieder arbeiten ließe. Wir folgen hierzulande einem anderen Drehbuch, in dem Menschen und Maschinen Verbündete sind.

In der Werkhalle sind die Maschinen still und haben ihre Augen geschlossen. Die Arbeiter spielen Karten. Im Grunde ist es immer das gleiche Spiel – die Zeit totschlagen um zu verhindern, dass die Zeit sie totschlägt. Aber es gibt etwas, das die Stille überwindet – die Arbeiter schätzen, dass sich dieser Ort in 20 Tagen in eine wesentlich lautere Umgebung verwandeln könnte. Zusammen mit den Maschinen werden sie die Möglichkeit zu arbeiten wiedererlangen.

Die Geschichte begann zwischen 1998 und 1999 aus dem Ruder zu laufen, als der Chef von *Conforti*, Raúl Gonzalo, den Arbeitern nur noch das absolute Minimum zu zahlen anfing. Er ist ein dicklicher Mann, wirkt getrieben, aber aalglatt, trägt immer einen Bart und fährt einen Geländewagen. „Er ist die Art Mensch, die dich davon überzeugen will, dass alles, was dir gehört, seins ist, und du glaubst ihm das", sagen die Arbeiter.

Es gab keinen Mangel an Aufträgen.

---

99 Spanisch: QUEREMOS TRABAJAR

Gustavo Ojeda, ein Gewerkschaftsdelegierter, der jetzt Mitglied der Kooperative ist, kann sich noch an einige der Kunden erinnern: die Tageszeitung *El Cronista Commercial*, die Zeitschriften *Cablevisión*, *Telecentro* und *Segundamano* und ein Bordmagazin namens *Via Aérea*. Das klingt nicht, als hätte es nichts zu tun gegeben – es gab nur zu wenig Lohn. Die etwa 80 Beschäftigten fanden sich mit den Kürzungen und verspäteten Zahlungen ab, da sie das kleinere Übel als die sonst drohenden Entlassungen und freiwilligen Pensionierungen waren, welche auch immer weniger freiwillig wurden. „Tatsächlich wurde sich an viele der Verträge, die vom Arbeitsministerium bewilligt wurden, nicht gehalten. Sie wurden zwar unterschrieben, aber das Geld kam nicht. Wir beschwerten uns beim Ministerium, aber der amtliche Beleg für den Vertrag war verschwunden."

In Argentinien waren die Entlassungen privatisiert worden, damit sie effizienter abliefen. „Effizienter" heißt hier, dass das „gegenseitige Übereinkommen" zwischen Beschäftigten und Unternehmern als Tarnung benutzt wurde, um noch mehr Leute noch einfacher entlassen zu können. Im erwähnten Vertragsfall waren jedoch die Belege nicht mehr da. Für Ojeda ist die einzige Erklärung für dieses Rätsel seine Faust auf dem Tisch: „Jemand muss dafür Geld hingelegt haben."

Weihnachten mit Kleingeld

Es kann immer noch schlimmer kommen. In Argentinien wurde das 2001 klar, als die Menem-Rezession und ihre Überschneidung mit der Regierung de la Rúas den völligen Zusammenbruch der Wirtschaft herbeiführte. Unter diesen Umständen bezahlte Gonzalo seinen Arbeitern immer noch weniger. Von Löhnen um die 1000 Pesos pro Monat ging er zu wöchentlichen Teilzahlungen von 150 Pesos über, dann waren es nur noch 100, schließlich 50. Und wo er schon mal dabei war, demütigte er die Arbeiter, indem er sie bis zu sieben Stunden außerhalb ihrer Arbeitszeit warten ließ, um diese 50 Pesos zu bekommen.

Gleichzeitig weitete Gonzalo seine Geschäfte als Eigner und Geschäftsführer der *Conforguías-Kapitalgesellschaft* aber aus, bei der *Confortis* Kunden und Verträge endeten. Den Arbeitern dämmerte, dass vor ihren Augen ein Akt schwarzer Magie stattfand – alles, was da war, verschwand einfach. Sie nannten es „Leermachen". Gegen Ende 2001 hatte *Conforti* noch einen Kunden – die spanische Zeitung *El País*, die in kleiner Auflage in Buenos Aires und in Montevideo (Uruguay) erschien.

Raúl Gonzalo nahm an einer Gläubigerversammlung teil. „Wir arbeiteten weiter", sagt Juan José Rodriguez, „und wir arbeiten nun auch noch umsonst am Wochenende. Wir taten das, weil wir dachten, dass es noch schlimmer wäre, wenn die Firma zumachen würde."

Als die Arbeiter Versammlungen abhielten, um ihre ausstehenden Löhne einzufordern, kam Gonzalo zu ihnen und hielt ihnen Vorträge. Miguel Isidro Barrios wundert sich immer noch über die Argumente. „Wissen Sie, was er uns sagte? Er meinte, die Krise der Firma läge an uns. Er behauptete, wir würden die Arbeit schlecht machen und deshalb würden die Kunden weggehen."

Der Dezember 2001 kam. Corralito.[100] Ojeda klagt: „Aber Corralito betraf diesen Kerl nicht. Er ging einfach nach Uruguay, um sich das Geld zu holen." Niemand weiß genau wieviel, aber zu Weihnachten 2001 zahlte er jeden Arbeiter zehn Pesos. Zu diesem Zeitpunkt waren etwa 80 Arbeiter im Betrieb, also investierte er 800 Pesos in ihre frohen Festtage. Seltsam bleibt nur, dass er sie mit Münzen bezahlte, da dies das einzige Kleingeld waren, das er hatte.

Nicht jeder, dem er was schuldete, bekam seine zehn Münzen. Zusätzlich zu den verspäteten Löhnen kamen noch Zahlungen an die AFIP, andere Regierungsbehörden, die Sozialversicherung und die Gewerkschaften mit auf den Schuldenberg, der – ganz wie die argentinische Auslandsverschuldung – zusehends schlechter zu bewältigen war.

Um sich um die Zahlung einiger dieser Schulden herumzudrücken, versuchte Gonzalo ein weiteres esoterisches Manöver – er gab gegenüber der AFIP eine eidesstattliche Erklärung ab, keine Beschäftigten zu haben. Er löste seine Arbeiter in Luft auf.

Später bat er jedoch das Arbeitsministerium darum, eine Krisenpräventionsmaßnahme auszurufen, damit er die Hälfte seiner Belegschaft entlassen könnte. Zusammenfassend gesagt: Er hatte keine Beschäftigten, aber er wollte die Hälfte von ihnen feuern.

Diese Theorie über die Teilung des Nichts verdient eine gründliche philosophische Debatte, den Physik-Nobelpreis oder Wiedergutmachungszahlungen für die Opfer der rechtswidrigen Verbindung zwischen dieser Art von Geschäftsleuten und einem neoliberalen Staat, der sie unterstützt, indem er ihnen solcherart Dienste zukommen lässt.

---

100 Umgangssprachliche Bezeichnung fürs Einfrieren der meisten Bankkonten im Dezember 2001.

Schlechtes Fälscherhandwerk

Im Februar 2003 hatten die Arbeiter genug und veranstalteten eine „Arbeitsverschleppung" – da sie nicht bezahlt wurden, kamen sie nur zur Arbeit, um nichts zu tun. Trotzdem sorgten sie gemeinsam dafür, dass alles getan wurde, damit *El País* weiter erscheinen konnte. Gonzalo verkündete nun, dass er den Arbeitern nicht einmal mehr die 50 Pesos pro Woche bezahlen könnte und dass ab dem 10. März die Arbeit eingestellt werden würde.

Der Richter bei der Gläubigerversammlung, Juan José Dieuzeide, wies dem Fall nun einen Inspekteur zu. Gonzalo schlug mit einer Klage wegen „Betriebsbesetzung" zurück und verlangte die Räumung. Der Betrieb war jedoch weder übernommen noch besetzt – die Arbeiter kamen einfach zu ihren Arbeitsschichten. Auch der Inspekteur teilte dem Richter schriftlich mit, dass es keine Besetzung gab. „Das Werk wird", so berichtete er, „vom *Libercoop* Sicherheitsdienst und von zusätzlichen Kräften der Bundespolizei kontrolliert, beide in ständigem Kontakt mit Gonzalo persönlich."

Es gab noch mehr versuchte Zaubertricks. Gonzalo behauptete, seine Schulden den Arbeitern gegenüber seien vernachlässigbar und den gesamten Lohn für 2002 hätte er ihnen bezahlt. Um das zu beweisen, tat er das logisch Richtige – er händigte alle von den Arbeitern unterschriebenen Quittungen an den Inspekteur aus.

Störendes Detail: Alle Unterschriften auf den mehr als 300 Quittungen waren gefälscht. Auf den ersten Blick war zu erkennen, dass hier ein und dieselbe Person möglichst unterschiedliche Unterschriften zu schreiben versucht hatte, was der Richter selbst ohne gründlichere Untersuchung des Gekrakels bestätigen konnte. Jeder ehrbare Bürger und auch jeder gute Fälscher musste empört sein darüber.

Privatjustiz

Nach der Entdeckung der Fälschung und alles anderen, das auf kriminelle Aktivitäten hindeutete, wurde ein Haftbefehl erteilt.

Jedoch nicht gegen Raúl Gonzalo, sondern gegen die Arbeiter, die des unerlaubten Betretens beschuldigt wurden – von Richterin Mónica Atucha de Ares vom *Nationalen Revisionsgericht Nummer zwei*. Diese Frau demonstrierte, wie schnell die Justiz zuweilen arbeiten kann, indem sie die Beschwerde wegen unerlaubten Betretens akzeptierte, die Räumung der Arbeiter aus einem nicht besetzten Betrieb anordnete und gegen 14 Arbeiter Anklage erhob, welche der von ihr am selben Tag losgeschickter Inspekteur vor Ort angetroffen hatte.

Die Richterin stufte, ganz ähnlich wie der Provinzrichter Marcelo Goldberg im *Crometal*-Fall, den Schutz des Privateigentums und die Notwendigkeit einer Räumung höher ein als alle anderen Interessen und Rechte. Und sie tat das trotz des Umstands, dass sie es mit einem Fälscher und Betrüger zu tun hatte, der beschuldigt wurde, seine Firma absichtlich ruiniert zu haben. Richter Goldberg entschuldigte sich letztendlich persönlich bei den Arbeitern, als er merkte, dass er sich einem politischen Prozess aussetzen würde. Richterin Atucha de Ares hält hingegen an ihrer Räumungsdrohung fest.

Don Aniceto Sanabria, Urgestein der Kooperative, sagt es laut: „Es gibt hier keine Gerechtigkeit, oder?" Niemand derer, die ihn umgeben, hat etwas Neues dazu zu sagen.

Die Arbeiter brachten die Idee eines Enteignungsgesetzes auf, die sie von Abgeordneten aus Buenos Aires übernahmen.

Gustavo Ojeda erinnert sich: „Unsere Absicht war es, hier eine Grafikschule, ein Gesundheitszentrum für Barracas und La Boca und ein Kulturzentrum einzurichten." Das ist das IMPA-Modell, wie es auch von anderen Kooperativen übernommen wurde.

Ghelco ist ansteckend

Die Idee, den Konflikt in Richtung auf die Gründung einer Kooperative zu lenken, kam Gustavo, als ihn ein Polizist ansprach. Der sagte ihm: „Schauen Sie sich diese Leute an, die hatten lauter Ärger, haben aber am Ende eine Kooperative gegründet und den Betrieb behalten können." Der Polizist gab ihm sogar eine Telefonnummer. So konnte Gustavo Kontakt zu den *Ghelco*-Arbeitern aufnehmen, die bereits als *Vieyes-Arbeiterkooperative* Cafés und Eisdielen belieferten. Dann berichtete Gustavo seiner Grafikergewerkschaft über die Lage und wurde von dort an Eduardo Murúa vom *MNER* vermittelt.

Auf die Frage, was für einen Effekt die ganze Situation auf ihre Familien hat, reagieren die Arbeiter nüchtern. Ojeda sagt: „Sie unterstützen uns." Aber Cristófero Gramajo blickt finster, als er hinzufügt: „Es war sehr hart."

Die Stille der Medien

Der Konflikt hatte ein mageres Nachspiel in den Medien. Am merkwürdigsten waren *Kanal 9* und die Zeitung *Página 12* (die bis Mitte der 1990er noch bei Conforti gedruckt worden war), die beide Berichte erstellten, die dann aber nie gesendet oder veröffentlicht wurden. Gustavo Ojeda sagt: „Die Leute von *Página* kamen, um einen Artikel über uns zu schreiben, aber wir fanden später heraus, dass sie ihn wegen Gonzalos Verbindung zu den Zeitungsmachern nicht brachten."

Die Arbeiter liefen Gonzalo weiterhin im Arbeitsministerium über den Weg. Bei einer Begegnung erzählte er von den Schwierigkeiten, denen er sich gegenüber sah, etwa, dass er die Versicherung für seinen Geländewagen (oder den seiner Frau) nicht bezahlen konnte. So weit, dass er unter die Ebene automobiler Subsistenz gesunken wäre, kam es dann aber doch nicht. Schon kurze Zeit später sahen die Arbeiter sie beide beim Betrieb vorfahren, jeweils im eigenen Wagen. Das sollte reichen, um die Verbündeten und Freunde der Familie und die Versicherungsleute zu beruhigen.

Die Gewerkschaft unterstützte die Arbeiter finanziell, während sie auf die Enteignung warteten. (Die *Chilavert*-Arbeiter hatten zuvor keine Unterstützung bekommen.) „Für mich war das eine Metamorphose", sagt der überraschte Ojeda. „Ich war neun Jahre lang Gewerkschaftsdelegierter, und nun plötzlich hieß es, dass wir alle zu Eigentümern des Betriebs werden sollten."

Beobachtet von Lauro Vázquez und Gustavo Mirando, den beiden jüngsten Mitgliedern der Kooperative (einige waren in den Dreißigern, die übrigen älter), ergreift Don Aniceto Sanabria das Wort: „Sie haben viele Fragen. Darf ich Ihnen eine stellen? Warum ist dieser Gonzalo nicht im Gefängnis? Gibt es irgendeine Gerechtigkeit?"

Anfang 2004 ändert sich alles

Die Arbeiterkooperative erwirkte das befristete Enteignungsgesetz für den Betrieb am 27. Februar und die endgültige Enteignung am 25. November. Die Wand ist nicht mehr beschrieben. Und der Laden brummt. „Wir haben ganz klein wieder angefangen, aber mittlerweile arbeiten wir die ganze Woche", sagt einer der Arbeiter. Er lächelt, während einer seiner Kollegen mit einem Motorkarren, beladen mit haufenweise Zeitschriften und Broschüren, zwischen den Maschinen hin- und herfährt. Sie spielen nicht mehr Karten – sie müssen keine Zeit mehr totschlagen. Die Seele des Ortes hat sich verändert.

28 Mitglieder zählt die Kooperative, aber es gibt schon sechs weitere Kandidaten, die tageweise hier arbeiten. „Die Idee ist, dass sie, wenn das Arbeitsvolumen weiter wächst, dauerhaft eingestellt werden", sagt Oneja, der die Maschinen während der Nachtschicht bedient.

Die Kunden kamen wieder. Darunter sind *Poligráfica del Plata*, die bei ihnen Zeitschriften wie *Mía* und *Debate* sowie die Prospekte für die *Auchan*-Supermärkte (in einer Auflage von 400.000 Stück) drucken lassen. Des weiteren die *Enfoques Alternativos* von der Kommunistischen Partei, *El Vocero Boliviano*, *El Descamisado*, Stadtteilzeitschriften und Zulieferungsaufträge für Verlage wie *Perfil*.

Zunächst brachten sie jeder 100 Pesos pro Woche nach Hause, jetzt sind es schon 200, und es sollen monatlich 1000 werden. „Und dann werden wir die Tätigkeiten umwerten", schlägt Oneja vor. Jetzt verdienen alle noch das gleiche Geld, aber bald werden sie verschiedene Verantwortlichkeiten einführen müssen, „sonst werden die Kollegen faul. Ich kann ja einfach später oder gar nicht kommen, wenn ich eh das gleiche dafür bekomme."

Der Traum ist, irgendwann 200 oder 250 Arbeiter hier zu haben, um das Potenzial voll ausschöpfen zu können.

Gustavo, mit seiner Erfahrung als Gewerkschaftsdelegierter, hegt keinen falschen Optimismus hinsichtlich der „Ansteckungsgefahr", die von den instandbesetzten Betrieben ausgeht. „Es geht darum, das Bewusstsein der Arbeiter zu heben, um sie in den Kampf hinein zu bringen. Aber die Wahrheit ist, dass das sehr schwer geht und sehr aufreibend sein kann. Sehr oft wollen die Arbeiter einfach nur zur Arbeit gehen, ihr Geld bekommen und wieder nach Hause."

Aber selbst in solchen Fällen – was würden die Arbeiter vorziehen, wenn sie die Wahl hätten? Würden sie lieber unter einem Boss arbeiten (privat oder staatlich) oder es so machen, wie sie es jetzt machen? „Die Leute, die jetzt hier sind, werden nicht mehr weggehen. Aber diejenigen, die nicht wissen, was es heißt, in einer Kooperative zu arbeiten, mögen vielleicht lieber so weitermachen wie bisher und sich von den Problemen abwenden. Deshalb ist es wichtig, dass sie erfahren, wie es in einer Kooperative zugeht."

Was sonst noch geschah

Das Bildungsdezernat von Buenos Aires eröffnete im Betrieb eine Spezialschule für Grafik, Teil eines Programms, um Schulabbrecher wieder ins Bildungswesen zurückzubringen. Es lernen schon 140 Schüler im Alter von 15 bis 19 Jahren dort.

Die Stadtteilbücherei von Barracas ist mit ihren 30.000 Büchern ebenfalls in den Betrieb eingezogen.

Das Kulturzentrum bietet Kurse über alles von Tanz über Theater bis Schach und veranstaltet jedes Wochenende Festivals.

Es gibt den Plan, einen Hort für Kinder aus dem Viertel und eine Klinik einzurichten. Das sind bislang nur Vorhaben, aber durch die bisherigen Erfolge hat die Kooperative sich bereits einen guten Ruf erworben. Gustavo sagt: „Ich bin sehr begeistert von der ganzen Sache. Vor ein paar Jahren erschien der Gedanke, einen Betrieb instandzubesetzen, als utopisch. Ich denke wirklich, das hier ist historisch für die Arbeiterbewegung."

Mit Blick auf den Arbeitsalltag stellt er fest, dass sich das Klima gewandelt hat. „Wir sind alle erheblich entspannter, ruhiger und müssen keine Angst mehr vor Repressalien haben. Das erzeugt mehr Verantwortlichkeit. Gleichzeitig müssen wir das Bewusstsein unserer Kollegen schärfen, damit jeder versteht, dass wir jeden Arbeitsplatz verteidigen müssen und dass wir beweisen müssen, dass wir den Betrieb besser führen können als irgendjemand sonst."

Das tun sie jeden Tag. Gustavo vergleicht es mit winzigen Auseinandersetzungen, die im Rahmen eines großen Konfliktes zweier sich gegenüberstehender Kräfte gewonnen werden: „Es gibt Leute, die morgens aufstehen und sich überlegen, wie sie andere übers Ohr hauen können, und es gibt die, die überlegen, wie sie dieses Argentinien wieder aufbauen können, das auseinandergerissen wurde."

Situation 2014: Die Kooperative hat gegenwärtig etwas mehr als 60 Mitglieder. Sie konnten über die Jahre ihr Produktionsniveau halten, müssen nun aber ihre Anlagen erneuern, wobei ihnen das Netzwerk „Red Gráfica" hilft. Es gibt eine selbstverwaltete Volkshochschule, einen lokalen Radiosender und eine Poliklinik. Die Eigentumsfrage ist „eingefroren" – sie haben noch kein Enteignungsgesetz, und sind für ein solches auf die konservative Stadtregierung von Buenos Aires verwiesen.

Kapitel sieben

Renacer

Eine Explosion am Ende der Welt

Das ehemalige Unternehmen Aurora, enteignet und nun in den Händen der Renacer-Kooperative, erlebte einen jahrelangen Kampf – mit Streikposten bei minus 14 Grad, Auseinandersetzungen mit der Metallarbeitergewerkschaft UOM und Widerstand gegen die politische Macht. Menschen, die einfach nur arbeiten wollten, sahen sich dazu gezwungen, sich ihren Betrieb gewaltsam zurückzunehmen, die Nationalbank, das Parlament und selbst das Gebäude der Provinzregierung zu besetzen – eine Geschichte über den Fluch der Krise und die Ungewissheit der Zukunft. Schauplatz: Tierra del Fuego, Feuerland – die südliche Spitze Südamerikas.

Margarita Monla stammt aus der Provinz San Juan. Niemand würde denken, dass ihr ältester Sohn schon 21 Jahre alt ist. Sie ist eine Frau, die heitere Gelassenheit ausstrahlt, und es scheint nicht klug zu sein, sie dazu zu bringen, ihre Gelassenheit zu verlieren. Schließlich war sie es, die eine ganze Fabrik in den Aufstand führte.

Monica Acosta, jünger noch, gerade erst in ihren Dreißigern, ist zehn Jahre nach ihrem Umzug in den Süden immer noch dabei, ihren Cordoba-Akzent abzulegen, und hat es geschafft, nicht mehr nur ein hübsches Gesicht zu sein, wie die UOM-Mitglieder, die sie aus der Gewerkschaft ausschlossen, bestätigen können. Sie wurde ausgeschlossen, weil sie die Arbeiter verteidigte. Die Entscheidung zum Ausschluss kann reaktionär, sexistisch, bürokratisch und hässlich genannt werden. Aber es gelang nicht, sie aus der Fabrik zu werfen, welche Monica und ihre Kollegen schließlich für sich gewinnen konnten – die UOM wurde mit dem Staub rausgekehrt.

Suff und Verfall

Die Geschichte beginnt 1996, in der Ära Menems, als die *Aurora-Werke* für Haushaltsgeräte all ihre Fertigungsstätten schlossen, darunter auch das Werk in Ushuaia mit seinen 750 Beschäftigten. Eine Kombination aus Dollar-Peso-Parität, unmöglicher Konkurrenz durch Billigimporte und dem Tequila-Effekt (der neoliberale Katzenjammer nach dem Finanzexzess und dem Zusammenbruch der mexikanischen Währung 1995) ließen die Firma untergehen. Die Eigentümer, die Tarsiuks, gingen nicht unter; sie beschworen laut Monica einen betrügerischen Bankrott herauf, wanderten in andere Geschäftsfelder ab und brachten ihr Geld in anderen Ländern in Sicherheit, fernab des hiesigen kalten Klimas: „Aber die Bundes- und Provinzregierung sowie die UOM wollten die soziale Explosion verhindern, die kurz vorm Ausbruch zu sein schien – so töteten sie Víctor Choque.[101] Und sie schlugen Selbstverwaltung der Fabrik durch die *Renacer-Kapitalgesellschaft* vor, für die von der Provinzregierung 1,8 Millionen Pesos Startkapital gewährt wurden."

Angesichts des Abgrunds der Arbeitslosigkeit, der vor ihnen lag, akzeptierten die Arbeiter diese Option. Sie beteiligten sich alle an dem Geschäftsmodell, in dem Glauben, dass die direkte Zusammenarbeit mit der UOM eine Gewähr für die richtige Ausrichtung wäre: „Es gab ein Vertrauensverhältnis, weil sie während der Arbeitskämpfe für uns dagewesen waren."

Schon kurze Zeit später begann das Direktorium der neuen Firma, gebildet aus dem Führern der UOM, doppelzüngig zu reden: „Sie klangen immer mehr wie die alten Bosse, es gab ständig Widersprüche in den Aussagen, doch die Löhne offenbarten dann alles."

Die harte Wirklichkeit: In dieser Fabrik, in der alle „compañeros" waren, verdienten die Arbeiter 500 Pesos pro Monat und die Mitglieder des Direktoriums mehr als 5000. Auch erwähnenswert: Der Generalsekretär der UOM, Marcelo Sosa, war auch der Chef des Unternehmens.

Die Tauglichkeit dieses Modells einer Art UOM-geführten Kapitalgesellschaft war augenfällig – in kürzester Zeit hatte *Renacer* unerklärliche 700.000 Pesos Schulden angehäuft. Das Direktorium berief eine Vollversammlung ein und ließ nervös verlauten, dass nun alle für den Erhalt ihrer Arbeitsplätze Opfer bringen müssten. Jeder wurde verpflichtet, einen Privatkredit in Höhe von 5000 Pesos bei der *Banco del Tierra del Fuego* aufzunehmen.

Diesmal wollte das Direktorium demokratische Gleichheit praktizieren – die Arbeiter mit ihren 500 Pesos Lohn und die großen Tiere mit ihren 5000 mussten alle die gleiche Summe leihen.

---

101 Bauarbeiter aus dem Continental-Werk in Ushuaia, der bei einer Demonstration gegen die brutale Räumung des Betriebs am 12. April 1995 von der Polizei getötet wurde.

Bargeld für die Politiker

Das Jahr 2000 war bereits im vollen Gange. Margarita und Monica erzählen, wie die UOM-Firma ein Vermögen dafür ausgab, ihren loyalen Anhängern Überstunden zu bezahlen, die sie gar nicht geleistet hatten. „Die Delegiertenversammlung war wie die Mafia – wenn sich jemand beschwerte, bekam er Drohanrufe. Sie bewarfen sogar die Häuser einiger Gewerkschaftsmitglieder mit Steinen." Diesen Preis mussten alle zahlen, die der Meinung waren, dass die egalitäre Demokratie der Gewerkschaftsbosse nicht besonders schlau war.

Im Delegiertenrat war das Verhältnis 13 zu 2 – 13 Mitglieder des Direktoriums gegen 2 Nichtmitglieder, von denen eins Monica war, die der Gewerkschaft angehörte, sich der neuen Linie aber nicht anpasste.

Damit wurde in vorhersehbarer Weise umgegangen – sie wurde aus der UOM geworfen. Sie waren nicht in der Lage, sie auch aus der Fabrik zu bekommen, aber sie verlor ihre Gewerkschaftsprivilegien. Sie ging zurück in die Produktion, aber sie wurde von der Verpackungsabteilung für die Waschmaschinen, wo sie zuvor gearbeitet hatte und im täglichen Kontakt mit ihren Kollegen stand, in einen dunklen Raum versetzt, ein bisschen wie eine Abstellkammer, wo sie allein war und nur Schalter bediente. „Das war schlimm, und meine Kollegen kamen trotzdem um mich zu sehen, was sie nur noch wütender machte."

Als Monica Acostas Ausschluss gerade vorbereitet wurde, schickte das UOM-Unternehmen an Margarita Monla das Kündigungsschreiben. Die Fabrik beurlaubte 70 Prozent der Belegschaft für 68 Tage; in den Medien hieß es, es wäre nur für einen Monat. Zu alldem stellte sich heraus, dass das Unternehmen immer noch enorme Kredite in der Größenordnung von 150.000 Pesos aus den *Aportes del Tesoro Nacional* erhielt, Mitteln, die aus dem Bundesbudget an die Provinz fließen. Margarita prangerte beides im Fernsehen an, weshalb sie mit einem recht kreativen Telegramm bedacht wurde. Darin beschuldigte die UOM sie, das Image der Firma zu beschädigen. Margarita hält ihre Hände weit auseinander: „Der Zettel mit der Nachricht war so groß – es sah aus wie eine öffentliche Bekanntmachung."

Bis dahin hatte es nur sporadisch Auseinandersetzungen im Betrieb gegeben. „Monica und ich hatten uns noch nicht zusammengetan. Sie protestierte auf ihrer Seite und ich, die ich in der Fernseherabteilung arbeitete, wendete mich an die Presse. Als ich gefeuert wurde, waren alle dagegen. Ich hatte keine Fehltage. Ich hab nicht geklaut. Warum wurde ich gefeuert? Weil ich die Wahrheit gesagt habe?

Meine Kollegen und ich gingen zusammen zur UOM, wo sie gerade dabei waren, über Monicas Ausschluss zu beraten. Was uns beide dann schließlich zusammenbrachte, war, dass sie gar nicht dort war, um gegen ihren eigenen Ausschluss zu kämpfen, sondern dass sie sich dafür einsetzte, dass ich wieder eingestellt werde."

Nun vereint gingen sie von der UOM zum Betrieb und besetzten die Büros des Direktoriums. „Damit zwangen wir sie, Marga wieder einzustellen", erklärt Monica. Am nächsten Tag war die Kündigung kassiert.

Zur gleichen Zeit drohte das Unternehmen zu zerfallen, und es verbreitete sich die Nachricht, dass sich ein Schuldenberg von 20 Millionen Pesos angehäuft hatte, gedeckt von der Provinzregierung unter Carlos Manfredotti. Marcelo Sosa und andere Mitglieder des Direktoriums traten zurück, womit die Schließung des Betriebs eingeleitet werden sollte. Nach ihren Rücktritten bekamen viele der Gewerkschafter Regierungsjobs. Der Verdacht liegt nahe, dass die enormen Schulden zusammen mit weiteren Zuwendungen dazu gedient hatten, politische Kampagnen des Amtsinhabers zu finanzieren.

Monica vermutet: „Er trat zurück, um den Preis für die Schließung der Fabrik zu zahlen, aber er zog weiterhin die Fäden. *Sanyo* wollte nun *Renacer* kaufen." Es ging das Gerücht, dass der Verkauf das Werk retten würde, jedoch nur mit 150 Arbeitsplätzen.

Die Axt

Zu diesem Zeitpunkt im Jahr 2000 hielten 400 Arbeiter im Betrieb aus. Sie gründeten die *Comisión de Lucha* („Kampfausschuss") und Monica, die ausgeschlossene Gewerkschafterin, wurde einstimmig hineingewählt.

Im März 2001 wurden die Werktore geschlossen. Das UOM-Direktorium und das Arbeitsministerium einigten sich auf eine „Krisenpräventionsmaßnahme" – die Fabrik sollte für drei Monate geschlossen bleiben. Monica fährt fort: „Da sie uns die Möglichkeit genommen hatten, den Kampf drinnen zu führen, was in dieser Art Auseinandersetzung immer zentral ist, schlugen wir draußen ein Zelt auf, bereit, bis zum Ende der Aussperrung auszuharren."

Die Leser sollten sich darüber bewusst sein, dass wir über Temperaturen zwischen minus zehn und an wärmeren Tagen plus zehn Grad reden, bei kaltem, eisigen Regen und Schnee. Die Lösung: brennende Mülltonnen in der Mitte des Zeltes, um es wenigstens etwas aufzuwärmen. Damit sie rund um die Uhr vor Ort sein konnten, wechselten sie sich ab. Abgesehen vom Präsenzzeigen, war es ihr Ziel zu verhindern, dass Material oder Maschinen aus dem Werk verschwanden. Sie konnten zwar nicht rein, aber dann sollte auch nichts von dem, was drin war, rauskommen.

Die UOM-Mitglieder drängten auf einen Verkauf des Betriebs. „Einige Kollegen waren ohne schlechte Absichten auch für Verkauf, weil dadurch wenigstens ein paar hundert Arbeitsplätze erhalten bleiben würden. Wir sagten: ‚Niemand bleibt draußen.'" Monica sagt, dass die, die für den Verkauf waren, gegen die anderen ausgespielt wurden.

Als die Zeit der „Krisenprävention" am 8. Juni vorüber war, trafen sich alle Arbeiter morgens um vier am Zelt um zu entscheiden, was sie bei Schichtbeginn um sechs tun würden.

Die Frage in jener Nacht war: Was sollen wir machen? „Wir hatten zwei Möglichkeiten", sagt Monica. „Wir konnten entweder auf die bürokratische Lösung warten und beim Arbeitsministerium Eingaben machen – oder wir konnten den Weg der Arbeiter gehen und die Fabrik direkt einnehmen."

Eingaben waren nicht sehr aussichtsreich. Die Arbeiter hatten bereits eine Klage gegen die Regierung wegen Betrugs und wegen ihrer Verstrickung in die Abwicklung der Firma eingereicht.

Die andere Option, einfach reinzugehen, ohne noch weiter zu diskutieren, flößte allen Angst ein. Im Werk war ein privater Sicherheitsdienst stationiert, und niemand schloss aus, dass die Regierung repressiv eingreifen würde.

Bei Kälte und Angst hilft Bewegung. Alles geschah ganz ruhig – einer der Arbeiter ergriff die Initiative und, damit einhergehend, eine Axt. Eine Gruppe von größtenteils Frauen folgte ihm hinein.

Als die Polizei kam, die wegen unerlaubten Betretens des Grundstücks gerufen worden war, fand sie das Werktor in einwandfreiem Zustand, mit einem neuen Schloss und frisch gestrichen vor. „Die Arbeiter hatten blitzschnell alles wieder repariert. Und der Polizist, der eine Bestandsliste anfertigen sollte, hatte die schlaue Idee, sie auf einem Untergrund mit frischer Farbe zu schreiben." Er schrieb seinen Bericht dennoch auf dem farbfleckigen Papier und schilderte darin alles als völlig normal. Monica sagt: „Sie waren zahlenmäßig weit unterlegen. Da war eine Tonne von uns, und sie waren nur eine Handvoll Cops, die als Kanonenfutter fungierten."

Katzen im Sack

Seit sie das Zelt aufgeschlagen hatten und mehr noch, seit sie die weiterhin still-gelegte Fabrik wiederbetreten hatten, war die Aufgabe der *Comisión de Lucha* die einer Erwerbslosenbewegung – sich um die Bedürfnisse von Arbeitern und ihren Familien zu kümmern, die sich in einer Lage befanden, die Marga als be-drückend beschreibt.

Im Betrieb blieb die Verwaltung in den Händen einer pro-bürokratischen Gruppe. Margarita erinnert sich: „Wir hatten alles gegen uns, wir waren Arbeiter über 40, es lief eine Verleumdungskampagne und die Medien wirkten fast voll-ständig zugunsten der Regierung und der Gewerkschaftsbürokratie. Die Leute im Ort waren gespalten – viele wollten die Fabrik nicht verteidigen."

Sie zählten ihre Unterstützer zusammen: öffentlicher Sektor – null; Gewerk-schaften – null; Justiz – null; Medien – null.

Der Kampf richtete sich nach wie vor gegen die UOM und gegen das, was Mo-nica das „falsche Direktorium" nennt. Es gab Strom im Werk, aber kein Gas. Es war unmöglich, die Produktion wieder anzufahren, und 2000 Liter Farbe aus der Be-schichtungsabteilung waren verschwunden. Monica bemerkt: „Sie wollten die Fa-brik kaputtmachen, um sie verkaufen zu können, und währenddessen wollten sie auch sämtliche Beweise vernichten, sowohl für die Schwarzgeldkasse, aus der poli-tische Kampagnen bezahlt worden waren, als auch für ihre anderen Betrügereien."

Die Arbeiter mussten sich auch überlegen, wie sie verhindern konnten, dass bei ihnen zuhause die Energie abgestellt wurde, während ihr Privatbesitz be-reits zur Rückzahlung der Zwangskredite gepfändet wurde. „Diese Heuchler", sagt Monica aufgebracht, „hatten uns keinen Peso gegeben, aber kamen trotz-dem noch hinter uns her. Wir haben auch diesen Kampf gewonnen."

Mit der gleichen Entschlossenheit baten die Arbeiter die nahegelegene In-genieursschule um eine Einschätzung der Marktfähigkeit des Betriebs, setzten sich mit der staatlichen Rentenagentur *Ansés* um die Gewährung von Unterstüt-zungsleistungen auseinander, gingen zum Insolvenzgericht, sperrten bei minus 14 Grad die Straße, trafen sich mit Vertretern der *Banco Nación* und besetzten die Bank, als das nötig wurde. Sie führten eine Geldsammlung unter dem Motto „Ein Peso nach dem anderen" durch, um wieder Gas in der Fabrik zu haben.

Zeit und Beharrlichkeit fingen an, für sie zu arbeiten. Sie bekamen immer mehr Unterstützung für ihren nervenaufreibenden, unfairen Kampf, um ihre Jobs in einem leeren und stillgelegten Betrieb wiederzubekommen. So vergingen die Jahre 2001 und 2002 für die Arbeiter, bis zwei Mitglieder des Direktoriums zurücktraten und der Treuhänder, der mit den Arbeitern sympathisierte, die beiden Neubesetzungen bestimmte. Eine von ihnen war Margarita Monla. Die Kontrolle über den Betrieb war jetzt nicht mehr alleinige Sache der Gewerkschaftsgruppe, die vorsichtig den Rückzug angetreten hatte.

Die Idee war nun, nicht nachzulassen. „Wir ergriffen einige kühne Maßnahmen, aber wir gingen nie zu weit. Wir haben das Regierungsgebäude besetzt. Erst gingen zwei von uns rein, um einen Termin zu machen, dann folgten wir anderen alle hinterher. Das war keine Spaßaktion. Wir wussten, dass sie uns wie Katzen im Sack hauen würden[102]. Aber wir waren auch nicht blöd. Wir suchten den Dialog mit Regierungsvertretern, und wir wussten, dass wir ohne die Unterstützung von landesweiten Organisationen wie der CTA[103] oder dem MNER einfach beiseite gedrückt worden wären. Wir befanden uns in einer feudalen Provinz, in der sich Manfredotti in seinen vier Jahren als Gouverneur keinem einzigen Streik gegenüber gesehen hatte."

Die Enteignung

Die Idee einer Kooperative hatte sich schon lange zusammengebraut. „Wir waren für jede Lösung offen, aber Enteignung schien die beste Option zu sein. Wir bildeten die Kooperative mit der Grundbedingung gleicher Löhne; grundsätzliche Entscheidungen sollten per Versammlung getroffen werden. Wir sind gegen die Trennung von Hand- und Kopfarbeit, wir wollen eine Rotation der Posten und vor allem die Möglichkeit, unsere gewählten Anführer abberufen zu können."

Die Enteignung von *Renacer* wurde zum Hauptthema der Provinzwahlen. Als Manfredotti das Rennen um das Gouverneursamt verlor, erreichte eine unglaubliche Nachricht die Arbeiter – die UOM hatte sich für die Enteignung ausgesprochen. „Jetzt können wir endlich wieder ruhig schlafen", war die Reaktion der Arbeiter auf diese Meldung.

Im Parlament herrschte Unentschlossenheit. Einige Abgeordnete sagten ihnen: „Das geht gegen das Privateigentum; sie werden uns alle fertigmachen." Die Arbeiter suchten den Richter auf, der für das Insolvenzverfahren zuständig war. Die Antwort: „Die einzige Möglichkeit, damit ich nicht einfach alles verstei-

---

102 A.d.Ü.: Schlecht übersetzbare Redewendung – in etwa: sie wussten, es könnte heftig werden.
103 Central de Trabajadores Argentinos: 1992 gegründeter progressiver Gewerkschaftsverband mit etwas über einer Million Mitglieder, größtenteils aus dem öffentlichen Dienst

gern lasse, ist die Enteignung des Betriebs. Ich werde keinen politischen Prozess führen, der das hinauszögert."

Die Abgeordneten schlugen vor, bis zum August zu warten. Am 13. Juli 2003 sollten sie ein Datum für die Debatte festlegen – da tauchte eine Menschenmenge auf.

Marga beschreibt sie: „Lehrer, Angestellte der Stadt, Taxifahrer, Nachbarn und Angehörige kamen. Es war schön. Als es hieß, die ganze Angelegenheit müsse zu einem späteren Zeitpunkt noch weiter untersucht werden, suchten wir uns ein Plätzchen auf dem Teppich, um dort die Nacht zu verbringen. Es war ein Uhr morgens am 14. Juli und wir ließen niemanden mehr raus. Wir wollten nicht gehen, und sie sollten auch nicht gehen."

Monica fährt fort: „Hätten wir nicht darauf bestanden, hätte es am nächsten Tag bestimmt keine Sitzung gegeben. Sie wollten aussetzen, aber am nächsten Tag waren alle supernett."

Die Arbeiter entspannten sich etwas, als sie Marga sagen hörten: „Wenn sie gegen uns stimmen sollten, haben wir sie wenigstens alle hier auf einem Haufen und können ihnen an Ort und Stelle die Haare ausreißen." Sie blieb mit einem Abgeodneten im Gespräch. Sie war überzeugend, und der Abgeordnete änderte den Gesetzentwurf zugunsten der Arbeiter, so dass das Gebäude und die Maschinen ebenfalls der Kooperative zugeschlagen wurden.

Das Abstimmungsergebnis lautete: 12 dafür, 3 Enthaltungen.

Ungewisses Ende

Mit den verbliebenen Rohmaterialien im Werk und einigem Einfallsreichtum schafften sie es, 120 Waschmaschinen zu bauen, die sie in Ushuaia für 650 Pesos verkauften. Mit dem so gewonnenen Kapital machten sie verschiedene Teile des Werks wieder flott und konnten 300 weitere Waschmaschinen produzieren, deren Verkauf sie mit der Haushaltwarenkette *Easy* verhandelten, bis die Provinzregierung sie schließlich selbst kaufte. Margarita sagt, aus eigener Erfahrung und nach dem zu urteilen, was ihr Leute sagen, sind das die Sorte Waschmaschinen, die von Generation zu Generation weitergegeben werden. „Die halten mindestens acht oder zehn Jahre, und sind trotz ihrer hohen Qualität günstiger als die importierten. Außerdem stellen wir die Ersatzteile selbst her."

Wenn alles gut geht, kann der Betrieb mehrere Produktreihen von Haushaltsgegenständen wieder aufnehmen.

Sie scheinen auch einige Träume wieder zum Leben erweckt zu haben. 90 Prozent der Betriebe in Ushuaia und der Nachbarstadt Río Grande waren nach dem neoliberalen Erdbeben zusammengebrochen. Manche denken jetzt, dass die Lösung, die für das ehemalige *Aurora*-Werk gefunden wurde, auch für sie funktionieren könnte.

Monica hatte nie große Illusionen bezüglich der Kirchner-Regierung, nicht einmal in der Phase kurz nach der Wahl, als Kirchner auf dem Höhepunkt seiner Beliebtheit war. „Diese Leute sind nicht dumm. Es gibt ein paar Themen, die sehr attraktiv und edel erscheinen, aber die Hauptprobleme bleiben der Hunger und die 20 Millionen Argentinier in Armut. Darum wurde sich bisher nicht gekümmert. Den Kindern geht's schlimmer. Den Älteren geht's schlimmer. Da gibt es keine Verbesserung. Wie viele Fabriken hat Kirchner seit seinem Amstantritt eröffnet?"

Monica sagt, nun, da die Kooperative läuft (in der weder sie noch Margarita eine Führungsposition innehaben, da sie weiter im *Comisión de Lucha* sind), ist es wichtig, einen „Rückfall" zu verhindern. Sie spricht von den Einstellungen, mit denen sie sich seitens der UOM-Mitglieder herumschlagen musste. „Wir wollen keine untreuen Gewerkschaften mehr. Wir müssen die Betriebe für uns gewinnen, aber auch die Gewerkschaften." Sie fordert etwas, das in den Ohren vieler Gewerkschafter seltsam klingt: „Die Gewerkschaftsvertreter sollen auch arbeiten."

Im Jahr 2003 unterzeichnete Nestor Kirchner ein Gesetz zur Förderung der Industrie, zugunsten von *Renacer*, in Gegenwart von Mitgliedern der *Comisión de Lucha* und der maoistischen Erwerbslosen-Organisation CCC, in der auch Monica und Margarita sind. Das Bild des Präsidenten zusammen mit dem CCC-Anführer Juan Carlos Alderete war überall in den Medien. Darüberhinaus kaufte die Provinzregierung insgesamt 1000 Waschmaschinen.

Ein Jahr später war die Fabrik immer noch faktisch außer Betrieb und Monica Acosta nennt den Präsidenten „einen Feind der instandbesetzten Betriebe", prangert an, dass er „niemals sein Versprechen eingelöst hat, *Renacer* einen Kredit von 900.000 Pesos als Startkapital zu gewähren." Ohne Kapital ist es unmöglich, Importgüter zu kaufen, die für die Wiederbelebung der Fabrik und den Neustart der Produktion nötig sind. Die Veröffentlichungen der CCC und der *Revolutionären Kommunistischen Partei*, ihrer Mutterorganisation, berichten jetzt, dass die Kooperative sich nach den gebrochenen Regierungsversprechen „auf dem Kriegspfad" befindet.

Zuzeiten scheint die Krise dieses Betriebs ein Fluch aus Metall und Eis zu sein, dem niemand entkommen kann.

Zeit und wer-weiß-wieviele Kämpfe werden entscheiden, ob „Renacer" (das spanische Wort für „wiedergeboren werden") eine schöne Idee ist, die in diesem Fall nur eine falsche Metapher bleibt oder ob das Wort ein Projekt beschreibt, das seinem Namen gerecht werden kann.

Situation 2014: Die Provinzregierung bezahlte 2007, entsprechend eines modifizierten Enteignungsgesetzes aus dem Jahr zuvor, die ausstehenden Schulden und gewährte der Kooperative das Eigentum am Betrieb und an den Maschinen – im Gegenzug stellte die Kooperative der Regierung eine Fertigungsanlage für Ausbildungszwecke zur Verfügung. Da es keine Kredite gibt, muss überwiegend Auftragsarbeit gemacht werden. So produziert Renacer nun Billigelektronik für Sanyo/New San und konnte seine Belegschaft dadurch auf 160 verdoppeln. Seit Anfang 2014 macht sich die allgemeine Krise bemerkbar, so dass die Nachfrage um 40 Prozent fiel – dennoch wurde niemand aus der Kooperative ausgeschlossen und der Erlös weiter gleich unter allen aufgeteilt. Es gibt Pläne, elektronische Bauteile und Hilfsmittel zur Anwendung in der Biomedizin herzustellen. Die Kooperative zeigt sich der lokalen Bevölkerung gegenüber dankbar, spendet immer wieder aus der Produktion, unterhält einen preisreduzierten Werksverkauf und beteiligt sich am örtlichen Wohnungsbau.

Kapitel acht

IMECC

Die Reifen-Prophezeiung

Die IMECC-Klinik, friedlich von ihren Arbeitern besetzt, wurde am 12. März 2004 gewaltsam geräumt, wobei die Polizei brutal mit Schlagstöcken vorging, mehrere Arbeiter verletzte und einen verhaftete. Die Arbeiter antworteten mit einer Straßenblockade der Avenida Díaz Vélez im Stadtviertel Parque Centenario in Buenos Aires. Die Regierung griff erst ein, als sie die brennenden Reifen roch. Das Folgende ist ein Augenzeugenbericht der Räumung. Zweck seiner Wiedergabe in genau der Form, wie er Stunden nach den Ereignissen auf lavaca.org erschien – inmitten sich überstürzender Ereignisse, die eine schnelle Verbreitung der Nachrichten erforderten – ist es, die Repression zu bezeugen, der sich diejenigen ausgesetzt sehen, die ihre eigenen Arbeitsplätze schaffen und verteidigen.

Elsa Monteros Prophezeiung erfüllte sich genau:„In diesem Land hier wird viel darüber geredet, mehr Jobs zu schaffen, aber es läuft doch andersrum – es müssen Straßen blockiert und Reifen angezündet werden, damit einem jemand zuhört."

Die Arbeiter hatten friedlich das sechsstöckige Gebäude des *Instituts für Kardiovaskuläre Medizin und Chirurgie* (IMECC) besetzt, einer Klinik für hochspezialisierte Behandlung von Herz- und Kreislauferkrankungen. Sie warteten auf eine Entscheidung – Richterin Matilde Ballerini (die gleiche, welche die Räumungen von *Brukman* verfügt hatte) wollte das Besitzrecht nicht an die Kooperative übergeben.

Es ging für die Arbeiter nicht darum, im Lotto zu gewinnen. Der Vorschlag der Kooperative bestand darin, die bankrotte Klinik für eine Million zu kaufen, die nach einer einjährigen Vermietung über fünf Jahre in Raten zu 43.000 Pesos pro Monat bezahlt werden sollten. Es sollte erwähnt werden, dass das Kaufangebot der Kooperative das einzige war, das für die Klinik an der Ecke der Avenidas Díaz Velez und Otamendi vorlag.

Die Richterin lehnte das Angebot trotzdem ab und erklärte öffentlich, dass sie nur akzeptieren würde, die Klinik der Stadtregierung als Vermieterin zu überlassen. Sogar die Miete war schon auf 4000 Pesos monatlich festgesetzt, und die Kooperative sollte die Klinik nur gegen medizinische Dienstleistungen als Kompensation betreiben können.

Aber diese mündliche Vereinbarung traf auf zwei Hindernisse. Erstens die Regierungsbürokratie, die es nach der Bewilligung des Projekts durch das Gesundheitsministerium nicht schaffte, die Zahlungsmodalitäten zu regeln. (Ist diese Art von Verzögerung ein Versagen oder Teil einer Strategie?) Und zum zweiten der beispiellose Aktionismus der Richterin: Nachdem sie monatelang untätig geblieben war, verfügte sie die Räumung über Nacht, obwohl sie wusste, dass der Regierung das Angebot vorlag. (Ist diese Art von Beschleunigung ein Versagen oder Teil einer Strategie?)

Exekutive und Justiz waren somit am Ende in einer Sache vereint: in den Betroffenen ihrer Tätigkeit und Untätigkeit.

Die Polizei erreichte – in gepanzerten Fahrzeugen, kugelsicheren Westen und Schutzanzügen – die Klinik am Freitagnachmittag um zwei. Sie hatte Luftunterstützung – ein Polizeihubschrauber schien von einer Wolke herabzuhängen, als ginge es darum, einen Fußballkrawall einzudämmen. Die Ordnungskräfte sollten die Klinik zurückerobern, die zu diesem Zeitpunkt von vier Leuten besetzt gehalten wurde, zwei von ihnen Frauen. Zwei andere waren losgegangen, um Getränke für ihr Mittagessen zu kaufen – vom MNER gespendete Brathähnchen zur Zubereitung in der Krankenhausküche. Die Polizei fuhr zusammen mit dem Treuhänder Eduardo Echaire vor, der den Schlüssel hatte, mit dem das Schloss an den Ketten vorm Haupteingang geöffnet werden konnte.

Das Paradox: Echaire hatte schriftlich erklärt, dass er dafür sei, dass die Klinik unter Arbeiterkontrolle geöffnet bleibt, aber nun machte er das Schloss auf, damit sie rausgeworfen werden konnten.

„Der Vorgang ist der, dass er als Treuhänder verpflichtet ist, der richterlichen Anordnung Folge zu leisten", erklärt MNER-Anwältin Florencia Kravetz.

„Gehorsam gegenüber der Justiz?"

„Etwas in der Art."

Kampf und El Chavo

Ein Arbeiter ließ einen Ruf ertönen, der niemals aus der Mode kommt: „Die Bullen!"

Zu spät. Die Polizei war bereits drinnen. Liz, eine der Klinikarbeiterinnen, floh die Treppen hinauf, um eine Kollegin zu warnen und die Außenwelt per Megaphon zu alarmieren. Ein Polizist verfolgte sie.

„Er rief, ich solle anhalten, er schrie mich förmlich an. Dann rutschte er aus und fiel hin. Wenn ich jetzt daran denke, ist das sehr komisch. Ich lief weiter die Treppen hoch, doch er holte mich im dritten Stock ein und fasste mich bei den Haaren. Ich sagte ihm, er soll verschwinden und ... die Haare seiner Mutter anfassen." Liz ist es peinlich, ihre Worte zu wiederholen. „Da hatte ich einen Bullen an jedem Arm und sie schubsten mich die Treppe wieder runter. In der Lobby misshandelten sie meine Kollegen. Ich fragte: ‚Und warum machen Sie das alles?', ‚Wir machen nur unsere Arbeit', sagte einer von ihnen. ‚Das wollen wir ja, wir wollen arbeiten', sagte ich ihm. ‚Wenn jemand klaut, geht er auch ins Gefängnis und kommt gleich wieder raus. Aber mit jemandem, der arbeiten will, Familie und Kinder hat, machen sie sowas hier."

Als die gefährliche Liz endlich unter Kontrolle war, widmeten sich die vier Polizisten im Erdgeschoss vollständig Hernán González, einem der beiden, die losgegangen waren, um Getränke zu holen. Liz erinnert sich: „Sie haben ihn umstellt. Sie warfen ihn zu Boden. Er wehrte sich. Sie drückten ihn mit ihren Schlagstöcken gegen die Wand. Und er wehrte sich weiter."

Hernán arbeitet nicht in der Klinik, er gehört zur Nachbarschaftsversammlung von Pompeya und ist der Sohn eines Arbeiters in der instandbesetzten *Chilavert-Kooperative*. Hernáns Bericht wirft ein Schlaglicht auf die ganze gegenwärtige Situation: „Als ich vom Einkaufen zurückkam, sah ich die Polizei schon drinnen, und ich fühlte mich so machtlos, dass ich einfach auch hineinlief. Der Einsatzleiter sagte, es wäre schön, wenn wir in Ruhe abziehen würden, sonst müsste er Zwangsmittel anwenden. Meine Compañeros sagten nein. Ich sagte, dass wir uns unserer Sache sicher seien. Sie ergriffen einen meiner Arme, den anderen Arm, dann meine Beine. Ich schrie ihnen alles mögliche entgegen: ‚Das willst du mal deinen Enkeln erzählen, du verdammter Hurensohn?'"

Die Hurensöhne setzten ihre Arbeit fort, indem sie Hernán nach draußen zerrten. „Sie warfen mich zu Boden. Sie fegten ein wenig den Bürgersteig mit mir. Ein Stiefel trat auf meinen Kopf, dann in meinen Nacken. Ein anderer Bulle stellte sich auf meinen Knöchel, der immer noch schmerzt. Ich weiß nicht mal mehr, wann sie eigentlich meinen Arm verletzt haben." Er zeigt auf die Wunden. „Jedenfalls unterschrieb später bei Gericht ein Arzt die Erklärung, dass ich in bester Verfassung sei."

Hernán wurden Handschellen angelegt, er wurde in ein Polizeiauto gestoßen und zum Polizeirevier des 11. Bezirks gebracht. „Im Polizeiauto schrie ich: ‚Mein Land oder mein Leben!'"

Er lacht, während er das erzählt. Während der Besetzung war er einer derjenigen, die einen Plan A („Sie geben uns die Klinik in Frieden") und einen Plan B („Wie bescheuert wegrennen und schreien: ‚Mein Land oder mein Leben!'") entwickelten, die auf Butterbrotpapier geschrieben wurden, das auf einer Staffelei lag.

„Auf der Wache behandelten sie mich wie Gentlemen. Aber es gab weiterhin Streit. Sie sagten: ‚Warum hörst nicht auf mit dem Quatsch, Mann? Warum machst du Ärger, wenn du da gar nicht arbeitest?' Ich erzählte ihnen von *Chilavert*, wo mein alter Herr arbeitet. Ich sagte ihnen, dass wir weder gegen sie kämpfen wollten noch das Gesetz brechen, dass aber manchmal die Gesetze ungerecht sind. Dann diskutierten wir über Legitimität und Legalität. Einer meinte, dass ihre Vorgesetzten sich auch nicht um die Polizisten scheren würden, die sie losschicken, um Arbeiter zu räumen. Sie schicken sie als Kanonenfutter und verhandeln dann über andere Kanäle."

Hernán berichtet, das er nun herzlich behandelt wurde: „Sie ließen mich an einem Tisch sitzen, wo ich fernsehen konnte. Es lief *El Chavo*[104]."

Wenig später kam Florencia Kravetz und legte die Kaution für ihn. Der Kommissar sagte, „der Kerl leistete Widerstand gegen seine Verhaftung", um Hernáns Inhaftierung zu rechtfertigen. Der saß im Nachbarzimmer und schaute zu, wie Don Rámon bei *El Chavo* Chilindrina ausschimpfte. Kravetz antwortete: „Ich hätte mich auch widersetzt. Ich denke, dass es einfach gefährlich ist, in diesem Land jung zu sein. Und zu arbeiten. Als sie am 30. Dezember die Klinik zugemacht haben, bin ich über die Straße gegangen und hab im Centenario-Park zwei Typen gesehen, die in unmittelbarer Nähe spielender Kinder Koks gezogen haben. Ich dachte: Was für ein Scheißland – du kannst neben Kindern Drogen nehmen, du kannst klauen und machen, was auch immer du willst, aber du kannst nicht arbeiten."

Verkehrsmeldung

Als Hernán verhaftet wurde, griff die Polizei gerade auch die ersten MNER-Mitglieder an, die vor Ort auftauchten und, angeführt von Eduardo Murúa persönlich, versuchten, das Gebäude wieder zu besetzen. Die Bereitschaftspolizei fing an, auf die Demonstranten einzuprügeln, und schlug dabei Sebastián Maiza die Stirn blutig.

„Ich arbeite bei IMPA", sagt Maiza kurz nach dem Angriff, in seinem blutigen Hemd und mit einem Verband um den Kopf. „Sie riefen uns wegen der Räu-

---

104 Beliebte alte Sitcom aus Mexico.

mung der Klink an und wir kamen her. Die Bullen waren schon an der Tür. Sie hatten schon einen Arbeiter verhaftet, Hernán. Die Abmachung war, dass wir draußen bleiben. An einem bestimmten Punkt entschieden wir uns für den Versuch, durch einen Seiteneingang hineinzugelangen und die Klinik so zurückzuholen. Die Bullen waren an der Vordertür. Sie fingen an, auf uns einzuschlagen. Es war völlig sinnlos. Murúa hatte es schon hineingeschafft, aber sie bugsierten ihn wieder raus. Ein Sanitäter kam und verarztete mich. Naja, mir wurde einfach die Wunde gereinigt. Sie wird wohl noch ein paar Stiche brauchen."

Hernán und Florencia kehrten zur Klinik zurück, wo sich immer mehr Arbeiter aus instandbesetzten Betrieben versammelten. Sie hatten bereits Straßenblockaden auf den Straßen Díaz Vélez, Malvinas Argentinas und Otamendi errichtet. Sie stapelten alte Reifen, Holz und Styropor-Matratzen aufeinander – alles mit Benzin getränkt, um jederzeit in Brand gesteckt werden zu können.

Die Leute, die diese Straßenblockaden errichteten, waren nicht diese furchteinflößenden Piqueteros, an denen sich die Massenmedien hochzogen, um diejenigen in Stimmung zu bringen, die nach Ordnung und Härte gegen Verbrechen verlangten. Diese Leute waren ganz normale Arbeiter. Sie trugen keine Masken. Manche hatten Anzüge an. Aber ihre Geduld war am Ende, und sie standen dort mit gezogenen Feuerzeugen.

Die Reifen begannen zu brennen. Der Centenario-Park war in eine schwarze übelriechende Wolke gehüllt. Die Nachricht verbreitete sich rasch über das Radio, und zwar über die Rubrik, die meist für diese Art von Auseinandersetzung zuständig ist – die Verkehrsmeldung.

Diego Kravetz, ein Kirchneristischer Abgeordneter in Buenos Aires und wie seine Schwester Florencia ein Anwalt der MNER, versuchte seine beiden Rollen auszufüllen. Mit hochgekrempelten Ärmeln und gelockerter Krawatte telefonierte er mit einem silbernen Handy inmitten des schwarzen Rauchs. Zu diesem Zeitpunkt gingen alle davon aus, das jemand von der Regierung sich der Lage annehmen würde. Diego war überzeugt, dass die Richterin nicht alles so belassen würde, nachdem sie die Räumung verfügt und damit einen sozialen Konflikt losgetreten hatte. „Niemand schafft es ins Amt eines Richters, wenn er dumm ist", sagte er. Die folgenden Entscheidungen versuchten ihn zu widerlegen.

Eigentlich war keine Dummheit im Spiel, sondern seine Einschätzung traf zu bezüglich der ideologischen Verbohrtheit der Richterin, die alles versuchen würde – außer der Lösung, die gut für die Arbeiter wäre.

Die, die nicht da waren

Die Flammen wuchsen. Kravetz betrachtete sie besorgt. Es waren nicht viele Leute an diesen zugestauten Kreuzungen, vielleicht 150. Am interessantesten war aber vielleicht, wer alles nicht dort war.

Die Gewerkschaftsbosse, die solchen Sachen wie der Verteidigung von Arbeitsplätzen lieber fernbleiben, waren nicht da. In gewisser Weise erreichten die Arbeiter die langersehnte Einheit der Gewerkschaften: Weder von den *gordos* (den fetten, faulen Bürokraten), noch von den *combativos* (den kämpferischen Gewerkschaftern), weder vom CGT noch vom CTA war irgendjemand vor Ort.[105]

Die linken/progressiven (wir überlassen dem Leser die genauen Zuordnungen) kirchneristischen Abgeordneten waren nicht da. Viele hatten Erklärungen zugunsten der Arbeiter unterzeichnet, aber bis auf wenige Ausnahmen blieben sie den Polizeiknüppeln und den Flammen fern.

Die linksradikalen Parteien waren nicht da. Sie zeigen derzeit eine gewisse Geringschätzung für die Kooperativen, die sie nicht für revolutionär oder „bewusst" genug halten (also für bar jenes Bewusstseins, das die linksradikalen Parteien ihnen nicht verschaffen).

Es waren keine Mitglieder dessen da, was mittlerweile das Piquetero-Establishment genannt werden könnte und das nicht mehr an dieser Art von Kampf teilnimmt. Es waren keine Politikwissenschaftler, Soziologen, politischen Philosophen, empirischen Sozialforscher oder andere Akademiker da, die vielleicht, wie die Abgeordneten auch, am Freitagnachmittag nicht arbeiten oder andere interessantere Forschungsgegenstände haben. Auch fehlten sämtliche Regierungsfunktionäre, die verkünden, dies sei ein Land, das seine Probleme ernstnimmt und in dem echte Arbeitsplätze geschaffen werden. Genausowenig waren die Menschenrechtsorganisationen da, von denen viele zuletzt davon mit historischen Debatten ausgelastet waren, die ins Museum gehören.[106]

Es ist schwer zu sagen, wie sich die zahlenmäßige Stärke auf das Kräftever-

---

105 Die CGT, die Allgemeine Arbeiterkonföderation, ist der peronistische Mainstream-Gewerkschaftsbund. Die CTA, das Argentinische Arbeiterzentrum, ist ein dissidenter Gewerkschaftszusammenschluss, der 1991 gegründet wurde. In ihm sind vor allem Beschäftigte des öffentlichen Dienstes organisiert, und sein politisches Profil ist sozialer und etwas mehr links als das der CGT.

106 Im März 2004 widmete Kirchner die ehemalige Schiffsmechanikerschule der Marine (ESMA) in ein Museum für die 30.000 Menschen um, die die letzte Militärdiktatur verschwinden ließ. Viele Menschenrechtsorganisationen beteiligten sich an der Einrichtung des Museo de la Memoria „Nunca Más" („Nie wieder"-Gedenkstätte).

hältnis auswirkte, und entsprechend schwierig lässt sich ermitteln, ob die Abwesenheit all dieser Leute eine Schwäche oder Stärke der Leute bildete, die immer mit einem Auge auf den Hubschrauber die Feuer in Gang hielten.

Ein schweres Polizeifahrzeug versuchte, die Blockade an der Díaz Vélez zu durchbrechen, schaffte es aber nicht und versuchte es in der Otamendi noch mal. Dort standen die MNER-Leute mit freiem Oberkörper im Weg. Hernán González hatte *El Chavo* schon wieder vergessen und setzte sich auf dem Asphalt direkt vor dem Fahrzeug nieder, das anhalten musste, um niemanden zu überfahren. Einige Arbeiter wollten die Polizisten aus dem Fahrzeug holen, um ihnen die Behandlung zu geben, die diese ihnen zuvor gegeben hatten. Währenddessen schaute die Bereitschaftspolizei von der anderen Seite der Flammen zu. Die Polizisten im Fahrzeug entschieden, dass sie sich zurückziehen müssten. Die Arbeiter begann auf und ab zu hüpfen und intonierten in Richtung der Polizei einen Slogan, der eine andere historische Situation ins Gedächtnis rief: „Que se vayan todos, que no quede uno solo." („Sie sollen alle gehen, keiner soll bleiben!")

MIT MORD DURCHKOMMEN

Während der Demonstrationen sozialer Bewegungen haben die Repressionskräfte des Staates Verbrechen begangen, die straflos blieben. Unter ihnen sind die Tode von:

– Teresa Rodríguez in Cutral Có, Neuquén, im April 1997
– Anibal Verón in Mosconi im November 2000[107]
– Carlos Santillán und Omar Barrios in Mosconi im Juni 2001. (Beim gleichen Polizeiangriff gab es auch 80 Verletzte, darunter der 19jährige Iván Dorado, der querschnittsgelähmt wurde.)
– Während des Aufstands am 19. und 20. Dezember 2001, dem *Argentinazo*, als die Regierung den Belagerungszustand verhängte. Im ganzen Land wurden 33 Menschen getötet und 4500 verhaftet.
– Am 26. Juni 2002 tötete die Polizei Dario Santillán und Maximiliano Kosteki bei einem Angriff auf die Avellaneda-Brücke in Buenos Aires.

---

107 Teresa Rodríguez und Anibal Verón waren arbeitslos und Piqueteros-Aktivisten. Ihr Andenken lebt fort in den Namen der beiden wichtigsten militanten Piqueteros-Organisationen, dem Movimiento Teresa Rodríguez und dem Anibal Verón Movimiento de Trabajadores Desocupados.

Provokationen

Die Polizei stand mit verschränkten Armen im Haupteingang der Klinik. Die Arbeiter saßen davor mit einer Fahne von *Fénix Salud*, einer anderen besetzten Klinik. Zu den Klängen der Trommeln sprach Florencia Kravetz über die Polizei:

„Wenn man mit ihnen spricht, sagen 80 Prozent, dass sie mit den Arbeitern einer Meinung sind. Ich glaube nicht, dass sie lügen. Sie merken, dass sie in eine Schlacht geschickt werden, in der die Armen gegen die Armen ausgespielt werden. Doch die Befehle werden erteilt, und ohne länger darüber nachzudenken, gehen sie gegen die Armen direkt neben ihnen vor – Menschen, die so sind wie sie.

Wieder, weil sie das System respektieren.

Aber das will ich nicht glauben. Das hab ich nie. Doch es ist sehr traurig – man kommt sich wie ein Idiot vor. Sie sagen dir, ‚ich stimme dir zu‘, und dann gehen sie gegen dich vor. So wie es weibliche Cops draußen gab, die korrekt blieben, habe ich drinnen Cops gesehen, die auf eine Schlägerei aus waren. Ich hab gesehen, wie sie die Arbeiter provoziert haben, wie sie schrien: ‚Hurensohn, na los, komm doch her‘, damit die Arbeiter ihnen Grund geben, sie anzugreifen.

Und die Haltung der Regierung?

Ich bin schwer enttäuscht. Die offiziellen Verlautbarungen sind sehr nett – aber hinter den Worten stehen keine Taten. Das ist für mich als junger Mensch, der sich an einer sozialen Bewegung beteiligt, persönlich sehr desillusionierend. Die Regierungsorgane verlangen von den Arbeitern Garantien, die diese unmöglich geben können und die nicht einmal die Banken verlangen. Sie verkünden, dass sie Kredite gewähren wollen, leiten aber die notwendigen Schritte dafür nicht ein. In Bezug auf die Rechte der Arbeiter herrscht völliges Schweigen. Bei zweistelliger Arbeitslosigkeit und brachliegender Produktion bringen Reden nicht viel. Davon gibt es noch keine Industrie. Und ohne Industrie gibt es kein richtiges Land. Es ist ein Land ohne Zukunft.“

Eduardo Murúa, der nur wenige Schritte entfernt stand, ergriff das Wort:

„Es gibt nach wie vor eine internationale Arbeitsteilung. Argentina soll Soja und andere Rohstoffe für andere Länder herstellen. Das ist alles. Schlimmer noch, diese Produkte schaffen keine Arbeitsplätze, sondern Ausschluss, Arbeitslosigkeit und ökonomische Konzentrationen. Aber das ist die gegenwärtige Politik.“

Eine Gruppe von 20 Leuten sprang herum und sang: „IMECC gehört den Arbeitern, und wem das nicht paßt – drauf geschissen!“ Und in Richtung Polizei riefen sie: „Was ist los, du Schwein? / Du siehst sauer aus / sie bezahlen dich schlecht / und du verteidigst sie".[108]

Es kamen Gerüchte auf, dass die Verhandlungen zwischen der Richterin und Regierungsfunktionären bereits im Gange waren – aber weder mit der Stadtregierung von Buenos Aires (wo sich die Klinik befindet), noch mit dem Arbeitsministerium. Die Gespräche liefen mit dem Justizministerium.

Wie konnte die Situation an dieser Straßenecke politisch erklärt werden? Murúa liefert – Mate trinkend und rauchend, während er auf den Treppenstufen vor der Klinik sitzt, die von der Bundespolizei bewacht werden – eine untypische Erklärung für diese Zeiten: „Es gibt eine ideologische Offensive der Rechten, und keine der politischen Richtungen interessiert sich für den Kampf der Arbeiter. Die Entscheidung der Richterin Ballerini ist kalt und kalkuliert. Sie soll einen sozialen Konflikt schüren, weil sie, gemeinsam mit anderen Teilen der Rechten davon überzeugt ist, dass Arbeiter die Betriebe nicht kontrollieren sollen. Die Rechte vertritt in den Zeitungen die Auffassung, dass Sozialprogramme wichtiger sind, als dass sich Arbeiter wieder reguläre Arbeitsplätze aneignen. Und die Regierung tut das gleiche wie die Rechte. Die Zuwendungen sind da, die Täuschungsmanöver wie der Plan *Manos a la Obra* sind da.[109] Das bekämpfen wir nicht und lehnen es auch nicht ab, aber das schafft keine richtigen Jobs. Die Wahrheit ist, dass die Regierung keine Strategie dafür hat, wie mit dieser Angelegenheit umzugehen ist."

Den Gläubiger verteidigen

Worauf bezieht sich Murúa? Am 4. März 2004 erschien in *La Nación* ein Editorial unter der Überschrift „Das Dilemma der besetzten Betriebe". Darin heißt es, dass es „höchst wahrscheinlich" ist, dass die Zahl dieser Art Betriebe weiter wächst, dass Richter diese Situationen nicht verhindern können und deshalb Wege finden müssen, die Konflikte zu lösen. „Aus diesem Grund werden die Akte unerlaubten Betretens nicht bestraft. Nach der Räumung von *Brukmann*[110] sind keine Zwangsmittel mehr zur Rückgewinnung der besetzten Betriebe eingesetzt worden", spekuliert die Zeitung.

---

108 Im spanischen Original: „IMECC es de los trabajadores, y al que no le gusta, se jode, se jode" und „Qué te pasa che milico / qué amargado se te ve / no te pagan un carajo / pero igual los defendés".

109 Ein Regierungsprogramm, das Mikrokredite anbietet, um Selbständigkeit zu fördern, ähnlich der Ich AG.

110 das Doppel-n, als wenn es ein deutscher Name wäre, ist wohl ein antisemitischer Verschreiber

Unter Verwendung der Formulierung „es gibt Schätzungen" verweist die Zeitung auf Ausgaben in Höhe von 60 Millionen Pesos, die angeblich an die instandbesetzten Betriebe geflossen sein sollen. Diese Information ist öffentlich und gut bekannt, was ihre Statistik zur Lüge macht, einer Lüge, die den Leitartikler seinen Monolog fortsetzen lässt.

Im weiteren Verlauf geht es darum, dass das kapitalistische System funktioniert, weil neue Firmen die überholten ersetzen, wenn diese pleite gehen. Also ist ein angemessenes Insolvenzrecht eines, dass es ermöglicht, „dass Vermögenswerte von neuen und tüchtigeren Geschäftsleuten erworben werden können, damit sie die Produktion wieder zum Laufen bringen". Geschäftsleute – nicht Kooperativen.

Das Editorial fährt fort: „Ebenso sollte der Verkauf von Vermögenswerten zur Umnutzung der Gebäude und zur Verschrottung nicht mehr nötiger Maschinen führen. Das ist die ‚schöpferische Zerstörung', die Joseph Schumpeter in seiner Theorie der ökonomischen Entwicklung beschrieb."

Der Artikel kommt zu dem falschen Schluss, dass instandbesetzte Betriebe nicht wirtschaftlich seien (was durch ihre bloße Existenz widerlegt ist), und ein unvergesslicher Satz lautet: „Es ist vorzuziehen, öffentliche Gelder für Arbeitslosenunterstützung oder andere öffentliche Projekte aufzuwenden."

Somit wäre es, sofern es Geld gäbe – und in den Worten Murúas wurde „nicht ein verdammter Peso" für diese Betriebe ausgegeben – besser, es für Arbeitslosenunterstützung auszugeben und die Arbeitslosen Geiseln des Staats oder der Wohlfahrtsorganisationen bleiben zu lassen.

La Nación fährt fort: „Diese unnötigen Dinge sind noch viel unangemessener, wenn unsere Regierung vor der Aufgabe steht, aus dem Defizit herauszukommen und bislang kein ausreichendes Anfangskapital zusammenbekommt, um den Gläubigern akzeptable Zahlungsbedingungen vorschlagen zu können." Wessen Interessen die Zeitung den Vorzug gibt, ist offensichtlich.

Doch es ging noch weiter. „Es kommt von den ausländischen Geldgebern keine Kritik an den großen Ausgaben der Regierung für Sozialmaßnahmen, die gegenwärtig die gravierende Arbeitslosigkeit und die Lebensmittelkrise mildern. Wogegen es Einwände gibt, sind unnötige und sinnlose Ausgaben, die in manchen Fällen schlicht politisch motiviert sind."

Übersetzung: Subventionen und Sozialhilfe sind im Einklang mit den Forderungen ausländischer Kreditoren. Wiederherstellung richtiger Arbeitsplätze ist hingegen „sinnlos" und nur politisch motiviert. Wirtschaftlich gesund ist, die Kreditoren zu bezahlen.

Die Predigt endet mit der Aufforderung an die Justiz, es sich lieber anders zu überlegen, bevor insolvente und „offenkundig unwirtschaftliche" Betriebe fortgeführt werden. Stattdessen sollte der günstige Verkauf von Vermögenswerten an „kompetente und erfahrene" Geschäftsleute Vorrang haben (man denke an jene kompetenten und erfahrenen Geschäftsleute, die diese Betriebe ihrer Vermögenswerte beraubten und sie in die Insolvenz trieben) – oder „an Arbeiterkooperativen, wobei aber darauf geachtet werden muss, dass diese Gruppen nicht zu bevorzugten Hilfeempfängern des Staates werden."

Dem lässt sich wohl entnehmen, dass besser die Gläubiger die Hilfe des Staates empfangen sollten. Die MNER schickte Kopien dieses Editorials an Regierungsvertreter, Senatoren und Abgeordnete in Buenos Aires, damit sie öffentlich ihre Position zu diesem Thema klarstellen. Guillermo Robledo von der MNER erklärt: „Hier läuft ein Grundsatzkonflikt mit dem System, das es nicht tolerieren kann, dass Arbeiter den Fortbestand ihrer Betriebe selbst in die Hand nehmen. Die Betriebe müssen ausgeschlachtet werden, damit die Arbeiter nicht wieder auf ihre Beine kommen. Dafür liefert der Leitartikel in *La Nación* den Beweis. Wir schlagen daher dem politischen Establishment Argentiniens eine einfache Neuerung vor. Die Notverordnung, die für die Wirtschaft gilt, sollte auf die Justiz ausgeweitet werden, so dass Richter nicht mehr entscheiden können, die Arbeiter aus den Betrieben zu werfen und diese zu verschrotten. Sie sollten den Arbeitern die Chance geben, die Betriebe zunächst für drei Jahre am Leben zu erhalten. Natürlich würde auf diese Weise das lukrative Geschäft des Ausschlachtens zusammenbrechen, an dem Richter, Treuhänder und andere verdienen. Es ist ein harter Vorschlag, weil er bedeutet, dass das Recht am Privateigentum eine Grenze hat – dass es nicht bedingungslos durchgesetzt wird. Das Recht auf Arbeit kommt zuerst. Das ist eine ideologische Grundsatzdebatte."

Es wird sich noch herausstellen, wie fundamental diese Debatte geführt wird und wie sie ausgeht. Immer noch auf den Stufen vor der IMECC beschreibt Murúa die entstehende politische und ökonomische Landschaft und seine Position hinsichtlich der Kriminalisierung des Protests: „Politiker unterlassen es zwar, gegen uns aufzutreten, aber sie tun auch nichts, um den Druck auf die Arbeiter von Seiten der Rechten und der Richter zu verringern. Wir hören immer nur Versprechungen, nichts anderes als Versprechungen. Der Staat tut nichts.

194 Die Reifen-Prophezeiung

Schlimmer noch, sie haben ein großes Spektakel mit dem Präsidenten im Dezember veranstaltet, das instandbesetzte Betriebe zusammenführen sollte und bei dem Kredite versprochen wurden. Wir haben nicht teilgenommen. Bisher haben wir noch keinen verdammten Peso gesehen. Die Großunternehmen und Monopole werden unterstützt, soviel ist sicher.

Wir haben Kirchner selbst gesagt, dass wir nicht mit dem Präsidenten in seinem Amtssitz verhandeln werden, solange noch Verfahren gegen mehrere Compañeros laufen, die gegen dieses ökonomische Modell gekämpft haben. Wenn die Regierung sagt, dass sie ihre Politik ändern will und ernsthaft gegen das jetzige Modell ist, kann es nicht diejenigen verfolgen, die gegen dieses Modell gekämpft haben. Es sollte eine sofortige Amnestie geben. Ich bin nicht enttäuscht von der Regierung. Ich glaube nicht, dass eine Regierung zu einer Volksregierung[111] werden kann, wenn sie in den Händen derjenigen verbleibt, die in den letzten 20 Jahren regiert haben. Ich glaube nicht an eine Volksregierung, die ihre Bevölkerung nicht in die wichtigsten Entscheidungen miteinbezieht. Demokratie, wie sie heute aussieht, dient nicht der Bevölkerung. Wir müssen Wege direkter Demokratie finden. Die Menschen sind reif dafür. Die Zeiten sind vorbei, als wenige noch für die große Menge entschieden haben – wir wollen jetzt, dass alle entscheiden können."

Wer das Hähnchen verspeist

Es wurde gerade dunkel, als die Nachricht eintraf: Ein Kompromiss war erzielt worden. Die Richterin hatte den Regierungsbeauftragten für Menschenrechte als Treuhänder der Klinik eingesetzt und die Polizei zurückgezogen. Es gab stürmischen Beifall, Umarmungen, Tränen. Elsa Montero umarmt Murúa. Hernán umarmt seinen Vater Cándido, und es ertönen noch mehr Gesänge: „Jetzt könnt ihr's sehen, wir haben sie einmal mehr geschlagen", das klassische „El pueblo, unido, jamás será vencido" („Das Volk, vereint, wird niemals verlieren"), „Die Idioten, jetzt können sie sich den Räumungsbeschluss in den Arsch stecken" und „Sieh, sieh, mach ein Foto, jetzt ziehen sie sich zum 11. Revier zurück, mit eingekniffenem Schwanz."[112]

---

111 A. d. Ü.: Murúa meint „Volksregierung" im Sinne einer linksperonistischen bis sozialistischen Regierung, wobei er sich auf Vorbilder wie Chavez' Venezuela bezieht.
112 Die Gesänge auf Spanisch: „Y ya lo ve, hoy les ganamos otra vez", „Qué boludos, ahora el desalojo se lo meten en el culo" und „Mirá, mirá, sacala una foto, se vuelen a la 11ª con el culo roto".

Florencia Kravetz: „Sie haben das Besitzrecht an Eduardo Duhalde übertragen, den *guten* Duhalde." Sie macht mit den Fingern Anführungszeichen in die Luft. „Duhalde ernennt einen Arbeiterausschuss, der auf die Assets im Betrieb aufpasst, die Klinik öffnet und mit der Instandbesetzung fortfährt.

In Wahrheit wollen die Arbeiter gar keine Enteignung. Sie wollen nichts vom Staat – sie wollen die Klinik kaufen, weil sie sie für ein profitables Unternehmen halten. Eigentlich würden sie dem Staat eine Quelle für Beschäftigung, Gesundheitsdienste und Steuerzahlungen verschaffen. Aber das ist die erste Geste des Staates. Ich lehne sie ab, aber es ist eine starke Geste. Noblesse oblige."

Was Guillermo Robledo aufgeworfen hat, bleibt ungelöst. Wenn eine Angelegenheit wie diese durch den Weg des „guten Duhalde" geregelt wird, bleibt abzuwarten, ob es nur eine Ausnahme bleibt, um die brennenden Reifen und Straßenblockaden wegzubekommen, oder ob es sich um eine wirkliche Veränderung in der Haltung zur Arbeitsplatzschaffung und zur Instandbesetzung insolventer Betriebe handelt.

Eduardo Duhalde fährt zusammen mit Diego Kravetz vor. Mit einem Lächeln unter seinem weißen Bart sagt Duhalde: „Ich übernehme die rechtliche Aufsicht und die Polizei wird zurückgezogen." Mehr Beifall und Umarmungen. Duhalde, ein Mann mit einer Sucht nach Ironie, sagt gegenüber dem *Lavaca*-Schreiber: „Nun bin ich der Treuhänder der Klinik. Wann möchten Sie einen Termin haben?"

Die Polizei zieht sich unter weiteren Gesängen zurück, und dann folgt die Wiederbesetzung der Klinik durch die Arbeiter.

Es gab ein paar Überraschungen. Die Polizei hatte zwei Türen zerstört und deshalb das Metalltor zusammengeschweißt, um eine mögliche „Arbeiterinvasion" zu verhindern. Sie hatten ein paar Stühle zerschlagen und auch die Staffelei, auf der Plan A und Plan B geschrieben worden waren, hatten das Brathähnchen gegessen, das die Arbeiter gerade zum Mittag zubereitet hatten, als sie rausgeworfen wurden, und sie hatten auch die Fahnen und Schilder der MNER zerstört. „Das wollte die Richterin so?" fragt Elsa Montero.

„Wir sind drin, die Polizei ist draußen – wir haben gewonnen", raunt Hernán und fügt hinzu: „Und wenn die Regierung einen Kampf will, liefern wir einen Kampf."

„Wir werden innerhalb und außerhalb des Gesetztes weitermachen", sagt Murúa mit dem „guten Duhalde" neben ihm, „aber wenn der politische Wille dazu in dieser Regierung, die sich selbst eine Volksregierung nennt, existieren sollte, dann sollten sie darüber reden, was für Gesetze wir ändern müssen, um ein Argentinien mit Arbeitsplätzen wiederherzustellen."

Der Verkehr kommt wieder in Fluss. Einige Autofahrer hupen als Zeichen ihrer Unterstützung. Jetzt wird es Nacht im Centenario-Park – der Geruch von brennenden Reifen hat sich verzogen. Die Arbeiter bleiben in der Klinik und freuen sich auf ein halbwegs gutes Wochenende.

Situation 2014: IMECC bzw. die Kooperative Ave Fénix hat heute etwa 90 Mitglieder und steht eigentlich unter dem Schutz des Gesetzes 1529/04 (Enteignungsgesetz des beweglichen und unbeweglichen Besitzes der „fábricas recuperadas" in Buenos Aires), das auch für andere Betriebe im Stadtgebiet gilt. Immer wieder hat die Stadtregierung jedoch gegen Verlängerungen dieses Gesetzes gestimmt, so dass auch IMECC derzeit rechtlich in der Luft hängt. Da die Regierung von Buenos Aires nicht für die Enteignung aufkam, werden 280.000 Pesos Miete von der Kooperative verlangt, obwohl diese kein Mieter ist und in den letzten zehn Jahren Betrieb und Reparaturen am Gebäude selbst bezahlte. Auch andere Kooperativen befinden sich in dieser Situation: sie müssen Miete bezahlen, obwohl sie keine Mieter sind.

Kapitel neun

Unión y Fuerza

Eine Lektion in zwei Worten

Als sie im Jahr 2001 von einem vorbildlichen Geschäftsmann entlassen worden waren, standen die Arbeiter von Gyp Metal unter einer Brücke und beratschlagten sich über ihre Zukunft. Dann besetzten sie die Fabrik und brachten sie wieder zum Laufen. Heute ist Unión y Fuerza („Einigkeit und Stärke") einer der Marktführer. Seine Arbeiter erteilen Lektionen darüber, was Managementkosten für ein Geschäft bedeuten.

Die Arbeiter bei *Unión y Fuerza* steckten in einem Dilemma. „Was machen wir am 1. Mai – wollen wir arbeiten oder nicht? Wir haben eine Versammlung abgehalten, und die Mehrheit stimmte dafür, zur Arbeit zu kommen, um mit der Produktion aufzuholen." So erzählt es Roberto Salcedo, der früher der Elektriker des *Gyp-Metal*-Werkes war. Jetzt ist er der Präsident der *Unión y Fuerza*, der Kooperative, der es gelang, das Werk zu besetzen und es nach einem sechsmonatigen Kampf zu enteignen.

Unión y Fuerza ist darauf spezialisiert, Rohre in allen Formen und Größen aus verschiedenen Legierungen herzustellen, darunter hohle und Vollblech-Messinggröhren sowie andere metallische Nichteisen-Halbzeuge, die von zahllosen Industrien verwendet werden. Es ist einer der ersten instandbesetzten Betriebe in einem Prozess, der in den letzten Jahren zum Symbol für die Widersprüche und Möglichkeiten geworden ist, die dieses Puzzle namens Argentinien durchziehen.

Heute hat die Kooperative 54 Mitglieder und beschäftigt weitere 30 (die aus dem Familien- und Freundeskreis stammen). Sie verdienen inmitten der argentinischen Misere genug, so viel, dass es ihnen unangenehm ist, es öffentlich zu sagen.

Salcedo winkt ab und flüstert: „Wir sagen nicht, wieviel wir verdienen, damit unsere Frauen es nicht erfahren."

Alle Arbeiter verdienen gleich viel. Die Kooperative ist absolut egalitär. Sie funktioniert außerdem horizontal – die Vollversammlung trifft die wichtigen Entscheidungen, die der Verwaltungsrat dann ausführt.

Die Arbeiter übernahmen das Management (die schlechte Wortwahl sei verziehen), indem sie gesunden Menschenverstand anwendeten – die Mechaniker und Metallarbeiter mögen keine Master-Abschlüsse haben und ebenso wenig haben sie die ökonomischen Werke von Peter Drucker gelesen. Trotzdem haben sie es geschafft, einen Betrieb zu retten und wieder profitabel zu machen, der trotz der Mengen von Ingenieuren, Analysten und Buchhaltern, die er einst beschäftigte, pleite gegangen war. Während sie das taten, entdeckten die Arbeiter, dass der finanzielle Krebsbefall der Fabrik weder in den Arbeitskosten (entsprechend der typischen neoliberalen Rhetorik der Zeit) noch in der Krise des ganzen Landes (typische Unternehmer-Ausrede) bestand, sondern in den Kosten fürs Management.

Am 18. August 2000 standen die Männer, die jetzt in Overalls im Direktorzimmer sitzen, unter einer Brücke in Avellaneda, einen halben Straßenzug vom Betrieb entfernt, gerade im Begriff, sich dem wachsenden Heer der Arbeitslosen dieser Zeit anzuschließen. Eine Entscheidung fiel.

„Wir beschlossen, die Fabrik zu besetzen, um die ausstehenden Löhne zurückzufordern und um unsere Arbeitsplätze zu kämpfen", erklärt Salcedo. Sie hatten Beurlaubungschreiben erhalten, und das Unternehmen war bankrott. „Wir besetzten den Betrieb. Wir tricksten den Pförtner aus, indem wir sagten, dass wir nur ein paar Sachen drinnen vergessen hätten. Es stand zwar Polizei am Tor, aber als uns erstmal geöffnet worden war und wir den Laden betreten hatten, haben sie uns nicht wieder rausbekommen."

Kurz darauf stellte sich heraus, dass eben jener Pförtner einer der Strohmänner war und angeblich zu den Besitzern des Betriebs gehörte.

Das Toiletten-Manöver

Worin bestand das Manöver? Es bestand aus drei kreativen Schritten:

Gyp Metal gehörte Herrn „Beto" Wulfman. (Sein richtiger Name ist längst in Vergessenheit geraten.) Salcedo sagt: „Es hat den Anschein, als wollte er leicht an Geld kommen, indem er sich riesige Summen lieh. So häuften sich vier Millionen Dollar Schulden auf. Es gab eine Gläubigerversammlung und Wulfman verlangte die richterliche Genehmigung, den Betrieb verkaufen zu können, um dem Bankrott zu entgehen. Der Richter erlaubte das, und Wulfman täuschte den Verkauf an den Pförtner vor. Der Pförtner war zuvor obdachlos – er schlief in einem 2 x 1,5 Meter großen Zimmer, für das Wulfman sogar noch Miete verlangte. Hätte er nicht als Strohmann unterschrieben, hätte Wulfman ihn rausgeworfen."

Sobald der falsche Verkauf passiert war, wurde dem Richter mitgeteilt, dass das Unternehmen an einen anderen Ort ziehen würde. Das war noch eine Farce. In eine gemietete Garage stellten sie zwei alte Maschinen und eine Toilette, die keinen Wasseranschluss bekam. Sie bauten sie direkt auf den Boden, um den Treuhänder zu täuschen", erinnert sich Salcedo. Auf diese Weise würden nach Einleitung des Konkursverfahrens nur die alten Maschinen und die Toilette versteigert werden, während Wulfman die eigentliche Fabrik behielt, eingetragen auf den Namen des Pförtners.

Die Fabrik könnte später unter neuem Namen wieder eröffnen, schuldenfrei, ohne Konkurs – und der Besitzer könnte sich die Millionen in die Tasche stecken und versuchen, den ganzen Vorgang von vorn zu beginnen.

Der Betrug wurde so schamlos und in der Gewißheit der Straffreiheit durchgeführt, dass die Arbeiter, als sie den Betrieb besetzten (der angeblich verkauft und in die Garage mit dem Trockenklo verlegt worden war), die persönlichen Gegenstände des Vorstands vorfanden – Brillen, Taschenrechner, Terminkalender usw. –, zurückgelassen in der Gewissheit, dass in den gleichen Büros alles ein paar Tage später weitergehen würde. Salcedo erklärt: „Sie haben die Manager nicht gefeuert. Uns haben sie rausgeworfen und ohne die ausstehenden Löhne, Urlaubsgelder und Prämien stehenlassen. Auf diese Weise vermieden sie auch, Steuern, Lieferanten, Gerichtsverfahren, Renten sowie Telefon-, Strom- und Gasrechnungen bezahlen zu müssen – einfach alles." Alles ging mit in die Insolvenz und war der Konkursmasse zu entnehmen, bestehend aus den alten Maschinen und der Toilette. Die neue Firma mit dem neuen Namen sollte mit weißer Weste starten können. Doch an jenem 18. August beschlossen die Arbeiter, die Sache selbst in die Hand zu nehmen.

„Wir wussten, dass es ein Betrieb war, der Gewinn machen könnte, der aber von jemandem ohne Skrupel geführt worden war", sagt Salcedo. Sie begannen ihren Widerstand im Betrieb. Sie sammelten Spenden von Universitäten, gingen zum Gericht, zu Stadtregierungen und Ministerien, um eine Lösung zu finden. Kirchen spendeten ihnen Essen.

Die Idee

Widerstand bleibt begrenzt, wenn es keinen Plan gibt, um sein Potenzial zu bündeln und zu steigern. Sie wollten die Fabrik wiedereröffnen, aber ein Anwalt der UOM sagte ihnen, das sei unmöglich. Salcedo erinnert sich: „Er sagte uns, dass wir nach Hause gehen und unsere Löhne vergessen sollen, weil es während eines Insolvenzverfahrens nunmal keine gäbe. Er sagte uns auch, dass wir den Betrieb niemals wieder zum Laufen bekommen würden, auch wenn wir es versuchten, denn wenn der Besitzer mit seinem ganzen Stab von Fachleuten und seiner ganzen Erfahrung im Konkurs endete, wie sollten dann 50 Arbeiter ohne Managementerfahrung es besser machen? ‚Ihr habt kein Kapital, nichts', hieß es. Es war nicht mal so, dass die Bereitschaft fehlte, denn die UOM hat uns durchaus geholfen. Was ihnen fehlte, war die Idee, dass etwas getan werden könnte."

Der andere Kontakt, den sie während ihrer Besuche in der Stadtverwaltung von Avellaneda geknüpft hatten, war der zur Stadträtin Liliana Caro. Ihr Mann, Luis Caro, war ein Jurastudent. Liliana schlug vor, dass er sich mit ihnen treffen sollte, um zu sehen, ob es eine Alternative zu ihrer Todesvorhersage gab.

Die gab es. Kern der Idee war, die vorübergehende Enteignung der Fabrik zu erreichen, und zwar auf dem Weg eines Provinzgesetzes zur Verteidigung öffentlichen Eigentums – und dann die bankrotte Fabrik wieder in Betrieb zu nehmen, Arbeitsplätze zu schaffen und zu produzieren. Der Jurastudent kam auf eine Idee, die den Politikern, Regierungsvertretern und Gewerkschaftern nicht eingefallen wäre.

DIE BEWEGUNG

Beim *Nationalinstitut für Kooperativen und Sozialwirtschaft* (INAES) sind 970 Kooperativen eingetragen. Die erste, das *José Manuel Estrada Institut* datiert zurück ins Jahr 1953. Seither hat ihre Zahl langsam aber sicher zugenommen – bis zu dem Wendepunkt, den die Bewegung der instandbesetzten Betriebe darstellt. Zwischen 2001 und September 2004 wurden allein in Buenos Aires 290 Kooperativen organisiert – 30 Prozent der Gesamtzahl. Handwerker, Kulturkollektive, Projekte von Volksversammlungen und Basismedien wählten sich die Rechtsform, die ihren Prinzipien am ehesten entsprach – horizontal und autonom. Sie erfüllte auch ihr Bedürfnis, sich eine tragfähige ökonomische und kreative Nische zu schaffen. Diese Kooperativen stellten die knappste Ressource Argentiniens wieder her: Jobs. Um eine Kooperative zu gründen, werden mindestens sechs Mitglieder gebraucht – das bedeutet, dass seit 2001 in Buenos Aires so mindestens 1740 Arbeitsplätze geschaffen wurden.

Die Organisation

Das erste Problem bestand darin, wie die Kooperative zu organisieren war. Für eine Weile war ein Mitglied gleichzeitig Anführer, Schatzmeister und Mädchen für alles, bis klar wurde, dass diese Aufgabenverteilung nicht funktionierte. „Bei der Versammlung hieß es dann ‚Warum hast du das so gemacht?' oder ‚Warum hast du uns nicht gefragt?' Es war nicht so, dass ihm persönlich nicht vertraut wurde, es war nur niemand mehr der Meinung, dass eine Person sämtliche Entscheidungen treffen könnte."

Das Problem war also nicht die Person, sondern der Mechanismus. Sie beschlossen, den Verwaltungsrat umzuorganisieren, und anstatt dass dieser eine Entscheidung traf und sie der Versammlung mitteilte, wurde der Vorgang umgekehrt – Entscheidungen wurden kollektiv getroffen und dann vom Rat umgesetzt. Konflikt gelöst.

Sie wussten schon, was ihr zweites Problem sein würde – sie hatten kein Startkapital. Sie gingen davon aus, dass die Fabrik Gewinn machen könnte, und diese Annahme bestätigte sich, als Bankmanager bei ihnen vorsprachen und ihnen Kredite zur Wiederaufnahme der Produktion anboten.

Gegen alle Ratschläge, die Finanzgurus ihnen gegeben hätten, lehnte *Unión y Fuerza* diese Angebote ab.

Salcedo erklärt: „Viele Firmen nehmen solche Kredite auf und gehören dann am Ende der Bank, nicht wahr?"

Zusätzlich tauchten auch die Kunden der Fabrik wieder auf und boten an, gegen eine Beteiligung Geld vorzuschießen. Sie wiesen auch diese Versuchung zurück. „Wenn es für diese Leute attraktiv wirkte, Geld hineinzustecken und Partner zu werden, warum sollten wir das nicht einfach selbst machen?"

Sie entschieden sich dafür, autonom zu bleiben, investierten einen Teil der Arbeitslosenversicherung, die sie nach ihrer Entlassung ausbezahlt bekamen, und kauften einen Schmelzofen mit einer Art Schuldschein der Stadt Avellaneda, der 60 Tage später zurückgezahlt werden musste. Sie bezahlten ihn nach 30 Tagen zurück, aus den realen Erlösen dieses ersten Arbeitsmonats.

Den Kunden gegenüber ließen sie sich auf diese Abmachung ein: Diese würden Rohmaterial liefern und die Kooperative würde sie verarbeiten und dafür nur die reinen Arbeitskosten berechnen.

Salcedo fasst es so zusammen: „Auf diese Weise konnten wir wieder auf die Beine kommen, ohne auch nur einen Peso an Krediten zu akzeptieren."

Wie haben diese Männer, von denen keiner einen Universitätsabschluss hat und die meisten nicht mal auf der Oberschule waren, in der komplexen Realität der heutigen Wirtschafts- und Finanzwelt einen ganzen Betrieb verwaltet, gemanagt, vermarktet und geführt?

„Wir wollten wie ein Kleinbetrieb bleiben, nichts kompliziertes. Etwas kaufen, etwas verkaufen, etwas übrigbehalten, und das ist alles. Als erstes betrieben wir etwas Marktforschung."

Und haben dabei Buchhalter oder andere Spezialisten geholfen?

„Nein, das haben die Jungs hier selbst gemacht – Arbeiter, Maschinisten, Mechaniker. Zunächst mal mussten wir die Preise festlegen, zu denen wir unsere Produkte verkaufen wollten. Also haben wir die alten Strom-, Gas- und anderen Rechnungen des Vorbesitzers rausgesucht. Wir wussten, wieviele Tonnen wir produzierten und was für Ausgaben wir hatten. Wir haben alles durchgerechnet und wussten schließlich, wieviel uns jedes Kilo Rohr kostet. Wir rechneten zusammen, wie viel wir produzieren konnten und wieviel jeder von uns machen konnte, und so haben wir den Preis festgelegt, wobei wir die Marktpreise im Kopf behielten. Das war alles leicht auszurechnen – die Arbeiter haben das selbst gemacht. Es waren keine Ingenieure dabei."

Auch keine Kostenanalysten, Controller?

„Nichts dergleichen. Wir nahmen den Gewinn, teilten ihn, wenn das ging. Aber Gas, Strom und sowas kam zuerst, damit wir keine Schulden machen mussten."

Die Kunden kamen zurück. Am wenigsten erwartet: José Wulfman, der Bruder des Vorbesitzers. „Ich habe bei meinem Bruder eingekauft, aber wenn er nicht mehr hier ist, habe ich kein Problem damit, bei euch einzukaufen", erklärte der Mann von der Firma Wellman aus dem Stadtviertel Haedo. So wie er beschlossen alle vormaligen Kunden, bei *Unión y Fuerza* zu bleiben.

Der Anfang war schwer. Als abhängige Arbeiter verdienten sie 600 Pesos pro Monat. Die Kooperative konnte anfangs nicht mehr als 200 ausschütten, „zuweilen nicht mal das". Aber die bloße Ansammlung von Aufträgen veränderte die Perspektive: „Wir legten einen Teil des Gewinns zur Seite, um damit Rohmaterial zu kaufen. Auf diese Weise haben wir selbst Kapital gebildet und den Fertigungsprozess komplett mit unseren eigenen Mitteln bestritten."

Die Bücher sahen gut aus. Sie entdeckten, dass einer der Unterschiede zur vorherigen Betriebsführung die Managementkosten waren (obwohl sie selbst vorher in das neoliberale Mantra eingestimmt waren, dass moderne Wirtschaft wegen der Arbeitskosten nicht funktioniert).

Der Besitzer nahm laut Salcedo in schwierigen Zeiten 25.000 Pesos pro Monat mit nach Hause, und wenn er es für angebracht hielt, bis zu 50.000. Dann gab es eine Gruppe von Managern: „Der Ingenieur bekam 6.000, sechs oder sieben andere eine ähnliche Summe, und noch mal 15 Leute, die 3.500 bis 4.000 Pesos verdienten."

Unterdessen führte Wulfman ein sorgloses Leben. Mitten im Insolvenzverfahren leistete er sich importierte Autos. Er kaufte einem seiner Söhne ein nagelneues ausländisches Auto und ein Motorrad für einen anderen Sohn. Salcedo: „Er hatte auch eine verdammt große Hütte, die ich einmal zu sehen bekam, als er mich dorthin holte, um etwas zu reparieren. Und er hatte nicht vor, mich dafür zu bezahlen. Er schrieb mir ein paar Arbeitsstunden auf, Kleingeld."

Er sagt das ohne Groll – und nimmt es einfach als einen weiteren Charakterzug eines Geschäftsmanns.

Nun, da Sie beide Seiten des Jobs kennen – was unterscheidet den Verwaltungsteil von der Produktion?

„Arbeiter in der Produktion trinken Mate ohne Zucker – die Büroangestellten trinken Kaffee. Ich habe feststellen müssen, dass du im Büro nicht deshalb Kaffee trinkst, weil du irgendwie kultivierter wärst, sondern weil du weder die Zeit noch den Platz hast, um Mate zu trinken. Ich würde sagen, dass Büroarbeit weniger erfüllend ist. Du arbeitest mit Papieren statt mit Brennern und Werkzeugen, gleichzeitig hast du andere Verantwortlichkeiten, hast keinen festen Tagesablauf und du bist anfälliger für Fehler."

Salcedos hauptsächlicher Ratschlag für andere Betriebe in dieser Situation ist, dass es keine Diskussion gibt, wenn man nicht im Betrieb ist: „Wenn man erstmal drin ist, kann man darüber nachdenken, was für eine Art von Kooperative es sein soll, was für eine Art von Produktion. Aber wenn du draußen bist, hast du keine Verhandlungsgrundlage."

Ein andere Lektion besteht darin, die Angst zu überwinden: „Du musst durch viele Ängste hindurch, wie die, dass du einen Betrieb wie diesen gar nicht übernehmen kannst. Schließlich lernst du aber, wie es geht. Und dann hast du die Befriedigung, dass du es selbst getan hast."

Er glaubt, deshalb ist die Einstellung der Arbeiter hier eine andere: „Es ist ein Unterschied, ob dir ein Aufseher ständig über die Schulter schaut oder ob du für deinen eigenen Betrieb arbeitest. Es gibt hier Compañeros, die sogar zur Arbeit kommen, wenn sie krank sind. Wenn du faul bist, werden deine Kollegen kommen und dir sagen, dass du mal in die Gänge kommen sollst."

Salcedo erklärt, dass die Fabrik gegenwärtig 60 bis 70 Tonnen Rohre produziert, was sie zum Hauptlieferanten auf dem nationalen Markt macht.

Sie haben eine Bestellung, 150 Tonnen nach Mexico zu exportieren, aber sie können die Nachfrage nicht decken. „Und wir wollen den einheimischen Markt nicht vernachlässigen, obwohl ich denke, dass wir ihn um Exporte ergänzen können. Wir versuchen, mehr Maschinen anzuschaffen, aber wir werden uns für alles die nötige Zeit nehmen und es auch davon abhängig machen, wie der Enteignungsprozess ausgeht."

Erst dann werden die Arbeiter erfahren, ob das Kapital, das sie akkumuliert haben, in die endgültige, gerichtlich bewilligte Enteignung fließt oder ob sie diese Mittel für weiteres Wachstum verwenden können. Für den Augenblick wissen sie nur, dass es am besten für sie ist, wenn sie mehr produzieren. Das Werk läuft 24 Stunden am Tag in drei Schichten, und sie haben beschlossen, auch am 1. Mai zu arbeiten, dem internationalen Arbeiterkampftag. Es war eine Mehrheitsentscheidung, getroffen von der Vollversammlung, in einem Land voller Arbeitslosigkeit, Rezession und Deindustrialisierung. Sie glauben, dass sie auf dem eingeschlagenen Weg einem ökonomischen Modell entkommen können, das sie ins Gegenteil von *Unión y Fuerza* getrieben hatte – Uneinigkeit und Schwäche.

Situation 2014: Das Enteignungsgesetz lief nach zehn Jahren aus, so dass am 27. Juli 2013 das regionale Parlament der Provinz Buenos Aires ein neues beschloss, das Gesetz 14533, das der Kooperative für weitere fünf Jahre das Eigentum am Betrieb gewährt.

Kapitel zehn

Comercio y Justicia

Zukunft und Ruhm

Die angesehene Zeitung Comercio y Justicia *(„Handel und Recht") aus Córdoba wurde von ihren Arbeitern instandbesetzt und organisiert als die Kooperative La Prensa („Die Presse") gekauft. Eine Richterentscheidung ohne Präzedenz umging die Enteignung. Die Arbeiter schafften es, eine erfolgreiche Publikation herauszugeben. Sie taten das Gegenteil von dem, was denjenigen vorgeschwebt hatte, die die Zeitung behalten wollten – sie setzten auf Journalismus, Qualität und ein internes System von Miteinander und Entscheidungsfindung, das sie für revolutionär halten.*

Es ist allgemein bekannt, dass in Argentinien Ruhm nicht ewig währt.

Die Zeitung *Comercio y Justicia* war 60 Jahre lang ein einflussreiches Medium zu ökonomischen und juristischen Themen und beschwor den akademischen Stil einer Provinz herauf, die „la docta" genannt wird.[113] Sie wurde nie an Kiosken verkauft, sondern nur über Abonnements an Fachleute, Unternehmen und Regierungseinrichtungen.

Wie so viele andere war auch diese Zeitung in Familienbesitz, bis die Familie Eguías sie während des allgemeinen Fusions- und Übernahmetaumels verkaufte, der während der Regierungszeit von Menem und de la Rúa die Medien in noch weniger Händen konzentrierte. Eine Unternehmensgruppe aus Córdoba unter dem Anwalt der Eguías, Vicente Aznar, kaufte sie 1996. Aznar verkaufte sie wiederum weiter an die brasilianische Gruppe, bei der die *Gazeta Mercantil* aus São Paulo erscheint, die Nummer fünf unter den meistgelesenen Wirtschaftszeitungen der Welt, und der 40 weitere brasilianische Zeitungen gehören. Jeder weitere Verkauf machte jemanden reich, aber die Arbeiter nicht gerade, und auch den Betrieb nicht.

Zum Beispiel bezahlte *Gazeta* eine Million für 40 Prozent an *Comercio y Justicia*. Als er im April 2001 die Zeitung übernommen hatte, reiste der Präsident

---

113 Ein Spitzname von Córdoba, der sich auf dessen Geschichte höherer Bildunsgeinrichtungen bezieht. Jesuiten gründeten 1614 in Córdoba die zweite Universität Lateinamerikas.

der brasilianischen Unternehmensgruppe, Luiz Fernando Ferreyra Lévy, nach Córdoba, um den hundert Beschäftigten der Zeitung zu versprechen, dass ihr Betrieb eine „ruhmreiche Zukunft" haben würde.

90 Tage später gab es bereits anderthalb Monate Lohnrückstand.

Es wurden allerdings Manager eingestellt (für je 8000 Pesos monatlich) und im Sheraton-Hotel von Córdoba einquartiert. Die übrigen Manager erhöhten ihre Gehälter um 1.000 Pesos, auch das des Chefredakteurs. Unterdessen bezahlten sie die Arbeiter in Raten und führten nichts für Rente oder Gesundheitsvorsorge ab.

Im August wurden die Lohnzahlungen ganz eingestellt. Im September gab es einen seltsamen Raubüberfall – welchen die Polizei von Córdoba inoffiziell für ein Täuschungsmanöver des Unternehmens hielt –, bei dem 45 Computer, Satellitendecoder, Server und Stromgeneratoren sowie weitere für die Zeitung strategisch wichtige Gegenstände gestohlen wurden. Die Ausschlachtung des Betriebs hatte begonnen.

Das Paradox: die Arbeiter brachten ihre eigenen Computer mit, um die Zeitung weiter drucken zu können, aber sie streikten auch, um ihre ausstehenden Löhne einzufordern.

Mit der Einführung des Corralito, den eingefrorenen Konten, war der Zusammenbruch komplett. Die Serie von Versammlungen und Streikaktionen mündete in einen vollständigen Streik am 11. Dezember 2001.

Die Eigentümer brachen einen Management-Rekord – sie schuldeten den Arbeitern fünf Monate Löhne sowie die Jahresend-Bonuszahlungen wegen eines wirtschaftlichen Zusammenbruchs, der schwer zu begreifen ist. Wenn in der Wirtschaft etwas keinen Sinn ergibt, kann die Erklärung oft in einem Begriff gefunden werden, der irgendwann noch eine klare Bedeutung hatte: Geldwäsche. „Es gab viele Fälle von Unternehmen, die in ähnlichen Situationen untergingen, wie etwa die Firmen der Exxel-Gruppe", sagt Javier de Pascuale, Chef der Zeitung und Mitglied der Kooperative.

Einer aus der brasilianischen Geschäftsführung, der Anwalt Ailton Trevisan, gab gegenüber den Arbeitern zu: „Die Existenz der Zeitung hat keinen Sinn mehr." Sieben Monate zuvor hatten sie ihnen Ruhm versprochen.

Am 18. Dezember gab es eine Anhörung beim Arbeitsministerium von Córdoba. Die brasilianische Geschäftsführung kam am Gebäude an, als es gerade inmitten eines Konflikts mit städtischen Angestellten buchstäblich in Flammen aufging, während die Arbeiter von *Comercio y Justicia* auf der Straße mit Feuer-werkskörpern als Hintergrundmusik demonstrierten. Nachdem er die Situation in Augenschein genommen hatte, sagte Trevisan den Funktionären des Arbeits-ministeriums, dass die Vertreter des Zeitungskonzern nie wieder nach Argenti-nien kommen würden.

„In jedem anderen Land wären sie dafür ins Gefängnis gekommen, das di-rekt vor dem Arbeitsgericht zu sagen. Aber hier geschah einfach nichts", sagt de Pascuale.

Sklavenhalter

Inmitten dieser Entwicklungen tauchten die Besitzer einer Veröffentlichung namens *Info-Bae* auf, Daniel Hadad und Sergio Szpolski. Ihr Produkt hatte in Córdoba keinen Vertrieb, und sie schlugen vor, es zur Beilage von *Comercio y Justicia* zu machen, so dass die Hälfte der Arbeiter für die Hälfte des Lohnes bleiben könnte. Das Angebot war nicht attraktiv. De Pascuale sagt: „Der Begriff ‚Sklavenhalter' sollte nicht nur auf die Brasilianer angewendet werden."

Javier erzählt, wie all das vor sich ging, während in den Medien ein Konzen-trationsprozess lief, durch den in Córdoba sowohl den Fernsehsender Kanal 12 als auch die wichtigste Zeitung der Stadt, *La Voz del Interior*, in den Händen von Clarín endete, die wiederum mit *La Nación* in der CIMECO verbunden waren.[114]

Es hatte geheißen, dass die Fortexistenz der Zeitung sinnlos wäre. Die Arbei-ter entschieden, dass es aber sinnvoll wäre, eine Kooperative zu gründen. Es war der 9. April 2002, und sie waren immer noch auf der Straße.

Durch reine Hartnäckigkeit erwirkte die Kooperative die rechtliche Erlaubnis, gegen eine Mietzahlung von 2.500 Pesos pro Monat die Veröffentlichung der Zeitung zu übernehmen. Angesichts des Vakuums, das die Bosse hinterlassen hatten, war Richterin Beatriz Mansilla de Mosquera nicht der Ansicht, dass diese Lösung mehr Konflikte hervorrufen würde.

Im Juni gingen die Arbeiter wieder in die Redaktion. Sie fanden sie verwüstet vor. Die Szenerie: „Die Server waren nicht da, Teile des Rundtisches fehlten, Tele-fon, Strom und Wasser waren abgestellt. Die Antenne für die Telam-Agentur[115] braucht einen Dekoder – den hatten sie auch mitgenommen. Das war alles

---

114 Media Investment Company – gegründet von den zwei größten Medien-Konglomeraten Ar-gentiniens, der Clarín-Gruppe und der Nación-Gruppe, sowie der spanischen Correo-Gruppe.
115 Argentiniens dpa

dazu gedacht, damit die Zeitung nicht mehr arbeiten konnte", sagt de Pascuale.

Sie fingen wieder an, Schritt für Schritt. „Wir mussten zur Telecom (dem Telefon-Monopolisten) und sie bitten, den Anschluss wieder freizuschalten. Das wollten sie erst tun, wenn wir unsere ausstehenden Rechnungen bezahlt hätten. Wir erklärten ihnen, dass diese Schulden nicht unsere wären, und dass der Anschluss für eine Kooperative sei. Sie sagten, nein, es ist die gleiche Adresse. So ging es mit allem anderen auch."

Trotzdem schafften sie es, ihre Versorgung wiederherzustellen, teilweise durch Vorauszahlungen. Wie gelang ihnen das? Im Betrieb fanden sie tonnenweise alte Zeitungen, Materialabfälle und Aluminiumbleche für den Druck. Sie verkauften das alles und hatten den Mindestbetrag zur Anschaffung neuer Papierrollen zusammen. „Aber da trafen wir auch auf ein Monopol und mussten uns auf dem Schwarzmarkt behelfen." Übersetzung: exorbitante Preisaufschläge. Sie mussten die Rollen für mehr als das Doppelte des Normalpreises kaufen. Es war gerade genug für drei oder vier Ausgaben.

In der Nachrichtenredaktion musste in Ermangelung eines Netzwerks jeder Artikel auf einer Diskette gespeichert und zum Lektor gebracht werden, der ihn überarbeitete und dann, wieder auf Diskette, zum Drucker brachte. Altmodischer Journalismus. Das gesamte Fotoarchiv war ebenfalls geplündert worden, so dass sie Bilder aus dem Internet herunterluden.

All dies geschah, während noch Ungewissheit darüber herrschte, wie das ganze Abenteuer enden würde, ohne einen einzigen privaten Anzeigenkunden und unter völliger Funkstille von den Medien – sie brachten nicht einen Artikel über die Lage bei *Comercio y Justicia*: „Sie haben uns auch kaum gratuliert, als wir wieder rauskamen."

Der Relaunch

Am 20. Juni 2002, war die Zeitung nach einer Abwesenheit von 200 Tagen wieder draußen. Innerhalb eines Monats gewannen sie 1500 der 3600 Abonnenten zurück. „Wir sind den Werbekunden nicht hinterhergelaufen, damit sie die Anzeigenfläche für zwei Pesos kaufen. Wir hielten die Preise hoch und setzten auf unser Produkt. Da wir damit erfolgreich waren, kamen die Anzeigenkunden von allein wieder."

Als sie die Rechnungen beglichen, das Papier gekauft und die Miete bezahlt hatten, nahmen die Arbeiter im November 2002 ihre ersten Gehaltsschecks mit nach Hause – 200 Pesos für jedes der 43 Mitglieder der Kooperative. Die Summe stieg später auf 480 und dann auf 600. Sie beschlossen außerdem, etwas zu sparen und mittels Lohnverzicht Kapital zu bilden, um für die Zukunft besser abgesichert zu sein.

Aber alles kann sich wieder zum Schlechten wenden. 15 Monate lang arbeitete die Kooperative in Frieden, bis sie die Nachricht erreichte, dass die Richterin Mansilla de Mosquera beschlossen hatte, die Zeitung öffentlich zum Verkauf auszuschreiben. Das ließ auf wunderbare Weise Hadad und seine Leute, die *Clarín-Gruppe* und die *Vila-Gruppe* wieder auftauchen (der Cheflobbyist von letzterer ist der unvergessliche Minister José Luis Manzano aus der Menem-Ära, der in Mendoza und Rosario ebenfalls Zeitungen und Fernsehsender kaufte, Teil eines Expansionsplans, der oft gegen jede ökonomische Vernunft geht).

Javier sagt: „Sie kamen gelaufen, um eine Publikation für sich auszunutzen, die dank der Arbeiter preisgünstig läuft. Der einzige Vorteil, den wir hatten, war die Gelegenheit, das beste Angebot auszustechen. Der Grundpreis lag bei 1,12 Millionen Pesos. Wenn jemand 2 Millionen bot, konnten wir mit diesem Preis gleichziehen und unser Angebot würde den Vorzug bekommen."

Wie es nunmal so ist, haben Kooperativen üblicherweise nicht den gleichen Zugang zu größeren Kapitalmengen wie Unternehmensgruppen, und daher schien dieser Saga kein klassisches Happy End beschert zu sein.

Ist das, was rechtens ist, auch fair?

Die Haltung der Richterin gegenüber den Arbeitern war laut de Pascuale von offenem Misstrauen geprägt. Als sie sie das erste Mal fragte, wie sie die Zeitung wieder zum Laufen bringen wollten, sagten sie, mittels einer Kooperative. „Sie lachte", erinnert sich Javier, „und sagte, dass die Regierung und nicht Justiz sich um soziale Probleme kümmern sollte." Sie warf den Arbeitern jeden erdenklichen Stein in den Weg. „Es war die Hölle", versichert Javier.

Als die Idee der Ausschreibung aufkam, arbeitete *Comercio y Justicia* bereits mit dem Kammergericht, der Richtervereinigung, der Anwaltskammer und der Provinzregierung zusammen. Zwei traditionell kampflustige Gewerkschaften (die der Drucker und die der Journalisten) waren auch mit von der Partie, und die Kosten dafür, die Arbeiter auf der Straße zu lassen, wurden immer höher. Die Richterin, die gesagt hatte, sie wolle keine soziale Probleme lösen, begann zu merken, dass sie riskierte, welche zu verursachen. Es gibt Hinweise darauf, dass

Amtsstellen in der Justiz und der Provinzregierung die Richterin drängten, von ihrer Neigung abzulassen, Märtyrer zu erzeugen.

„Gleichzeitig begannen wir einen gründlichen Gerichtsprozess, in dem Dr. Luis Caro viel Anteil daran hatte, die richterliche Entscheidung zu kippen", erklärt de Pascuale. Caro ist der Präsident der anderen großen Nationalbewegung instandbesetzter Betriebe, MNFR. De Pascuale erinnert sich an die kaum versteckte Erleichterung und Freude der Richterin, als sie mitbekam, dass Caro die juristische Argumentation lieferte, um aus der Sackgasse herauszukommen, die durch die Ausschreibung entstanden war, die die Richterin selbst autorisiert hatte.

Caros Aussage: „Wir präsentierten der Richterin ein Angebot, die Zeitung direkt zu kaufen. Das Insolvenzrecht verlangt, dass es eine Auktion geben muss. Und wir boten, als Teil der Bezahlung, Kompensation für bereits geleistete Arbeit, in anderen Worten das, was den Arbeitern zusteht. Das sind die Dinge, die wir auch mit Recht von der Reform des Insolvenzrechts verlangen."

Wie haben Sie die Richterin dazu bekommen, ihre Haltung zu ändern?

„Wir stellten ein Dokument vor, in dem es um Verteilungsgerechtigkeit ging. Wir trugen vor, dass eine strenge Auslegung des Gesetzes ungerecht wäre, weil es die Anstrengungen der Arbeiter waren, die die Zeitung wiederbelebt hatten, und dass sie eine Chance verdienten, sie auch fortzuführen. Die Richterin stimmte dieser Interpretation zu und akzeptierte den direkten Kauf durch die Kooperative zum Fixpreis. Viele hatten gesagt, dass es unmöglich wäre, sie umzustimmen, aber es gelang schließlich doch. Es war auch die einzig mögliche Option, da die Provinzregierung von Córdoba nicht enteignen wollte. Die Entscheidung hatte eine enorme Tragweite, da sie eine Präzedenz für andere Fälle lieferte, in denen nun ähnlich verfahren werden konnte."

Javier de Pascuale fügt seine journalistische Betrachtung hinzu: „Mit dem Urteil wird anerkannt, dass es eine Falle und eine Täuschung der Arbeiter ist, wenn sie einen Betrieb aus dem Konkurs retten, einen Wertzuwachs erreichen, und am Ende jemand anders den Betrieb behalten kann, weil er der ganzen Welt zum Verkauf angeboten wird, ohne dass die Kooperative der Arbeiter eine Möglichkeit hätte, mit der Geschäftswelt zu konkurrieren."

Offensichtlicher Schluss: Das Gesetz ist ungerecht. „Unendliche Ungerechtigkeit", sagt Javier.

„Die Richterin nutzte typische Gerichtsargumentationen und sagte, ein Richter sei kein Funktionär, der das Gesetz durchsetzt, sondern ein Magistrat, der

Gerechtigkeit walten lässt. Sie begreife es als ihre Pflicht, gerecht und fair zu sein, und dass es gemessen an dieser Pflicht sinnvoll war, die Auktion auszusetzen und den Betrieb direkt an die Arbeiter zu verkaufen", sagt de Pascuale.

Die Zeitung wurde für 1,4 Millionen Pesos verkauft. Ein Teil wurde mit den Schulden bezahlt, die das Unternehmen noch bei den Arbeitern hatte. „Und wir nahmen für 420.000 Pesos Kredite auf – ein Niedrigzins-Kredit von der *Banco Nación*, ein anderer vom *Foncap*[116], *und ein dritter in der Form von Privatkrediten eines jeden Mitglieds der Kooperative. Wir zahlen sie in monatlichen Raten zu 20.000 Pesos ab, was bedeutet, dass wir Ende 2005 schuldenfrei sein sollten. Aber die Zeitung gehört bereits uns."*

FEHLGESCHLAGENE VERSUCHE

Eine Auflistung einiger Projekte, die es nicht schafften, und der Hürden, vor denen sie standen

– *Cooperpac* organisierte die Übernahme einer Druckerei, wurde aber von einem Richter gestoppt, der die Maschinen beschlagnahmen ließ, um die Gläubiger auszuzahlen.

– Die Mitglieder der Kooperative *La Láctea* in Diego de Alvear in der Provinz Santa Fe konnten die Produktion von Käse und Milchpulver nicht wieder aufnehmen, weil ihnen die wichtigste Zutat fehlte: die Milch. Die Milchbauern wollten sie lieber an die großen Ketten verkaufen. Aus dem gleichen Grund schaffte es auch *La Germaniense* nicht. 2004 wurde sie vom italienischen Multi Parmalat aufgekauft.

– *Cristalería de Cuyo*, eine Glaserei in Mendoza, wurde am Ende von den Cattorini Brothers aus Buenos Aires gekauft.

– Die Arbeiter im Ingenierbetrieb *La Esperanza* (Hoffnung) in Jujuy sind als Kooperative organisiert, aber die Gerichte haben ihnen die Kontrolle über den Betrieb bislang nicht gewährt, so dass sie für die Gewerkschaft arbeiten.

---

116 Sozialkapitalfonds – ein halbstaatlicher Fonds, der Kleinunternehmen Kredite gewährt

Journalismus instandbesetzen

Und was ist mit dem journalistischen Aspekt der Sache? De Pascuale besteht darauf, dass sie nie vergessen haben, wer ihr Publikum war – Fachleute verschiedener Richtungen, Anwälte, Buchhalter, Volkswirte, Architekten, Ärzte und Justizpersonal.

„Wir retteten einen jahrezehntealten redaktionellen Standpunkt, der die Realwirtschaft verteidigt, kleine und mittlere Unternehmen sowie die Alternativen, die sich aus der Krise entwickeln. Die Lösungen der Produzierenden waren die Schaffung von Verbänden, Kooperativen und all der einfallsreichen Vorhaben, die mit oder ohne Regierungsunterstützung aufkommen. Das spiegelt sich in unserem Wirtschaftsteil wieder."

Bevor die Zeitung schließen musste, war der Schlussredakteur ein Cavallist, ein Anhänger von Cavallo, Wirtschaftsminister unter de la Rúa und vorher unter Menem. Ebenso der Hauptkolumnist im Wirtschaftsteil, der der Mittelmeer-Stiftung angehörte.[117] Jetzt ist der Kolumnist ein Mitglied der Gruppe, die den Phoenix-Plan ausgearbeitet hat, einem Konzept für einen alternativen Kapitalismus, dem Neoliberalismus entgegengesetzt, mit Schwerpunkt auf nationaler Produktion, dem Abbau von Ungleichheit und der Umverteilung des Wohlstands.

Es gab auch Veränderungen im juristischen Teil der Zeitung. „Wir bilden die neuen Denkschulen ab, die sich auf verfassungsmäßige Garantien und die Verteidigung von Bürgerrechten beziehen. Das erreicht zwar niemanden beim Obersten Gerichtshof, aber in den unteren Instanzen schon. Die Welt schreitet zu einem immer besserem Schutz der bürgerlichen Freiheiten voran, aber hierzulande gibt es Gerichtsentscheidungen, die vorschreiben, wie ein Artikel zu schreiben ist oder wie Konditionalverben zu benutzen sind." In der Zeitung finden sich auch Abschnitte und Artikel, die sich den neuesten Regelungen zu sexuell, rassistisch und völkisch diskrimierten Minderheiten widmen.

Comercio y Justicia geht als Kooperative den umgekehrten Weg vieler anderer Medienunternehmen. Bei diesen scheint die Auffassung zu herrschen, dass sie mehr Geld dadurch machen können, die Verkaufspreise zu reduzieren, niveaulos zu sein und ihre Kosten zu senken. Javier sagt: „Deshalb ist der Zustand der Medien in Argentinien so beklagenswert. Im Ganzen betrachtet ist als erstes diese Konzentration in wenigen Händen während der 1990er zu sehen. Dann geht das leichtverdiente Geld zu Ende und sie fangen an, die Kosten zu redu-

---

117 Ein ökonomischer Think Tank, 1977 in Córdoba von 34 Unternehmen gegründet.

zieren – die Redaktion wird verkleinert und die Qualität nimmt ab. Die Medien wurden erst konsolidiert, dann zusammengestrichen, und jetzt ist es zum Heulen." Ohne maßlos oder unhöflich erscheinen zu wollen, meint er, der Medienzirkus widert ihn zuweilen an.

„Wir mussten zurückdenken. Wenn jemand eine Zeitung aufmacht, dann stellt er vier oder fünf gutbezahlte Journalisten ein, dazu 15 Kids für Taschengeld, und das ist alles. Aber hier mussten wir überlegen, wie wir einer größtmöglichen Zahl von Leuten Arbeitsplätze verschaffen konnten. Wir zum Beispiel konnten nicht 100 Leute unterbringen. Die ideale Zahl war 50. Konnten es weniger sein? Ja. Würde das gut gehen? Nein. Außerdem wollten wir, dass die Arbeit in einer Umgebung stattfand, die die gute Seite unseres Journalismus wiederbeleben würde – wirklich anders als in anderen Redaktionen. Ein anderer Stil, andere Beziehungen, mehr Menschlichkeit."

Wir sollten anmerken, dass de Pascuale nicht von einer poetischen und philantropischen Frage redet, sondern über das oft vergessene Thema der Zusammenarbeit am Arbeitsplatz. Andere Beziehungen. „Die Sache ist: wir sind alle Besitzer der Zeitung. Die Logik des Jobs verändert sich, und alle tun ihr Bestes. Es gab in den vergangenen Monaten große Anstrengungen, die Qualität unseres Produkts zu verbessern, und wir sehen jetzt langsam die Früchte dieser Arbeit, während andere Zeitungen zumachen müssen oder aufhören, noch als wichtig, repräsentativ oder glaubwürdig zu gelten."

Das Ergebnis, das nicht oft genug wiederholt werden kann, ist, dass sie in ihrem ersten Monat (August 2003) 1500 Abonnements hatten. Im Laufe des Jahres 2004 wurden es mehr als 4000 und die Zahl wächst weiter, obwohl *Comercio y Justicia* eine der teuersten Zeitungen des Landes ist.

FEHLGESCHLAGENE VERSUCHE II

Das regionale Lebensmittellager von Santa Edena in der Provinz Entre Ríos wurde unter Präsident Menem privatisiert und musste bald darauf schließen. Seither haben die Arbeiter darum gekämpft, es wieder zu eröffnen und es zu enteignen. Dadurch stehen sie Sergio Taselli gegenüber, dem Geschäftsmann, der das Bergwerk von Rio Turbio führte, in dem 14 Bergleute umkamen.[118] Die Gerichte wollen Taselli auch die Getränkefirma

118 A.d.Ü. Magui López dazu: „Der Vorfall ereignete sich im Juni 2004 in der von den Kirchners

Concordia Jugos zuschanzen, deren Arbeiter sie ebenfalls selbst betreiben wollen. Den Erzählungen der Arbeiter nach rechnet der Eigentümer auf die deutliche Unterstützung der Führung von Santa Edena und anderen Regierungsvertretern.

La Mendozina war ein Betrieb zur Verarbeitung von Trockenobst und Gemüse, dessen Schließung nur abgewendet werden konnte, als die Arbeiter ihn übernahmen. Um sich über Wasser zu halten, taten sie sich mit der Unternehmensgruppe *San Martin* und deren CEO Mariano Acosta zusammen. In weniger als sechs Monaten war die Arbeiterkontrolle erlangt und *San Martin* hatte sich einen neuen Markt verschafft.

Im Innern der Kooperative

Die Kooperative entschied, nicht allen das gleiche Gehalt zu zahlen, sondern stattdessen differenzierte Bezüge entsprechend der Verantwortlichkeiten (bei den Journalisten) oder der Arbeitsstunden (bei den Grafikern und Druckern) einzuführen. Aber niemand verdient mehr als 30 Prozent über dem Basislohn von 875 Pesos. „Da die Dinge gut laufen, und wir unsere Schulden abbezahlt haben und etwas ansparen können, können wir nun sogar Quartalsprämien von 400 Pesos ausschütten", bemerkt de Pascuale.

Die Manager werden einmal im Jahr bestimmt und die Posten rotieren. Niemand darf länger als zwei Jahre in einer Managementposition bleiben. Alle halten sich an diese Regel – de Pascuale war selbst der Präsident der Kooperative und hat das Amt an Eduardo Pogrobinki übergeben. Die Idee ist, dass sich alle am Management der Zeitung beteiligen. Die Versammlungen sind alle zwei Wochen, und der Management-Rat wurde vergrößert. Statt drei gibt es jetzt sieben Mitglieder.

Am Anfang hatte die Koooperative 43 Mitglieder. 13 neue sind seither hinzugekommen. Javier erzählt: „Es sind Compañeros, die schon bei uns gearbeitet

---

regierten Provinz. Taselli hatte Bergwerke ‚gekauft', als die staatliche Ölgesellschaft YPF sie ‚privatisierte' – er schlachtete sie aus und stoppte die Lohnzahlungen. Alle Beteiligten, Eigentümer wie Kontrollbeamte, waren Kirchneristen. Das Bergwerk fiel in die Zuständigkeit des Bundes, doch die Provinz von Santa Cruz musste sich um die Sicherheit und den Arbeitsschutz kümmern. Es lief wie damals bei Zanón – die Sicherheitsmaßnahmen wurden nicht durchgeführt, alles lief im Sparbetrieb usw. – so dass eines Tages ein Feuer ausbrach und alle Notfallsysteme nicht funktionierten. 50 Bergleute konnten fliehen, 14 verbrannten."

hatten, und wir haben beschlossen, sie zu Mitgliedern zu machen. Einige haben erst gezögert und meinten, ‚Ich hab den schlimmsten Teil des Konflikts durchgemacht, und jetzt kommt jemand und hat die gleichen Vorteile wie ich.' Wir diskutierten darüber auf den Versammlungen, und wir kamen zu dem Schluss, dass alles gut ist, was unserem Wachstum dient. Alle gewinnen, und alle verstehen es."

Comercio y Justicia druckt die zweitgrößte Zeitung von Córdoba, *Hoy Día*, und brachte einige seiner eigenen Zusatzveröffentlichungen wieder heraus, darunter *Factor* (für Wirtschaftswissenschaftler, der Zeitung montags beigelegt), *Semanario Jurídico* (juristische Wochenzeitschrift), *Nomenclador Cartográfico* (Stadtführer für Córdoba) und *El Investor* (fürs Baugewerbe). Die Druckerei ist zur zweitwichtigsten Einnahmequelle für die Kooperative, nach der Zeitung selbst, geworden.

80 Prozent ihrer Kunden sind Gewerkschaften und Menschenrechrsorganisationen wie HIJOS[119], für die sie Magazine, Flugschriften und Plakate drucken.

Die innere Revolution

Manche behaupten, dass Arbeiter, die als Kooperative einen Betrieb übernehmen, einfach die Eigentümer ersetzen, letztlich aber alles beim Alten bleibt. Die Arbeiter beuten schließlich sich selbst aus, im Rahmen der Logik des Kapitalismus.

Wie denkt de Pascuale darüber? „Es mag erworbene Gewohnheiten geben, derentwegen sich jemand abhängig von jemand anderem glaubt. Oder in Managementpositionen reproduziert jemand das Modell vom Boss. Kooperative Bildung sollte das ändern. Aber ich denke, dass es einen Riesenunterschied zwischen Arbeit und Ausbeutung gibt, der damit zu tun hat, wo die Früchte der Arbeit landen. Es hat damit zu tun, dass es zwischen dem Gebrauchswert deiner Arbeit und dem Tauschwert der Produkte deiner Arbeit keine Differenz gibt. Das System der Kooperativen ist völlig fair, da die Erträge an die gehen, die sie erzeugen. Außer man ist der Auffassung, dass es schon Selbstausbeutung ist, viel zu arbeiten. Ich glaube nicht, dass das stimmt. Im Innern haben wir hier einen Aufbau, der gegen die Logik des Kapitalismus steuert. Eine menschlicheres Arbeitsregime, eine Produktionsweise, über die die Arbeiter selbst bestimmen. In den Beziehungen nach draußen können wir uns der Logik der Ökonomie nicht entziehen, aber wir gönnen uns den Luxus, Arbeiten kostenlos zu machen und das zu tun, was wir als Arbeiter beschließen. Im Innern hat die Revolution schon

---

119 Organisation der Söhne und Töchter der „Verschwundenen" während der letzten Militärdiktatur

stattgefunden. Und nach draußen ist der größte Beitrag, den wir leisten können, die Demonstration, dass Arbeiter ein Unternehmen wirtschaftlich führen können."

Nach den vorliegenden Fakten zu urteilen, lagen die brasilianischen Medienmogule falsch.

Die Existenz dieser Zeitung hat einen Sinn.

Vielleicht ist es wichtig, an etwas anderes zu erinnern, das wieder angeeignet wurde – ein Wortpaar, das vor vielen Jahren entführt worden zu sein schien: Arbeit und Gerechtigkeit. Um nur zwei der Worte zu nennen, die diese Geschichte weiter fortschreiben.

Die Bewegung
– Wissen teilen und Kräfte bündeln

Interview mit Eduardo Murúa

Zwei große Bewegungen bringen die meisten instandbesetzten Betriebe zusammen. Sie spielen eine wichtige Rolle bei ihrer juristischen Verteidigung sowie bei konkreten Widerstandsaktionen.

Fast zufällig kamen die Arbeiter der ersten instandbesetzten Betriebe in die Lage, die Maschinen zu retten, die von ihren Bossen zurückgelassen worden waren. Sie wussten, dass sie sie bedienen konnten, aber sie waren unsicher, ob sie es sollten.

Die Föderation der Arbeiterkooperativen war die erste Organisation, die ihnen zur Hand ging und sie ermutigte, einen Riesenschritt zu tun. Diese Vereinigung war jedoch für Kleinbetriebe gedacht und verfügte nicht über die nötigen Mittel, nach denen die neuen Herausforderungen im Argentinien um das Jahr 2000 verlangten. Den alten Regeln des Kooperativismus verpflichtet, konnte die Organisation nicht alle Arbeiter repräsentieren, die es wagen wollten, sich mit dem Prinzip des Privateigentums anzulegen.

Die bankrotten Betriebe wurden fernab des Rampenlichts wiedereröffnet, aber ihre Erfahrungen verbreiteten sich durch Mundpropaganda mit einer Geschwindigkeit, die nur die beteiligten Arbeiter bemerkten. Als sich die Fälle häuften, entdeckten Arbeiter aus verschiedenen Betrieben gemeinsame Probleme und gemeinsame Feinde. Sie fanden im Zuge dessen auch pragmatische und patente Lösungen. Viele selbstverwaltete Betriebe hielten es daher für notwendig zusammenzukommen, um Wissen zu teilen und die Kräfte zu bündeln. Der erste kurzlebige Versuch war die *Nationale Föderation der Arbeiterkooperativen in Zurückverwandelten Betrieben* (FENCOOTER). Dann entstanden die nationalen Bewegungen *MNER* und *MNFR*, beide angeführt von Aktivisten mit peronistischem Hintergrund. Beide Organisation sind darauf strategisch ausgerichtet, den Kooperativen rechtlich beizustehen und gegen Räumungsversuche zu mobilisieren. Sie arbeiten auch daran, den Erfahrungsaustausch zwischen den Kooperativen zu koordinieren.

Zahlreiche Kooperativen entschieden, ihren eigenen Weg zu gehen, ohne sich einer der Organisationen anzuschließen. Und ein paar Jahre lang gab es auch noch eine dritte Gruppe – die *Nationale Sammlung der Kämpfenden Instandbesetzten Betriebe*, in welchem sich Betriebe zusammenfanden, die mit den linksradikalen Parteien verbunden waren und wie diese das Modell der Kooperativen zugunsten einer Verstaatlichung unter Arbeiterkontrolle ablehnten. Diese Gruppe löste sich nach einer Weile wieder auf, besonders nachdem die Arbeiter von *Brukman* entschieden hatten, eine Kooperative zu bilden.

Jenseits alles Trennenden war jedoch der größte rechtliche Durchbruch für die instandbesetzten Betriebe ein gemeinsamer Sieg. Am 25. November 2004 stimmte das Stadtparlament von Buenos Aires den Enteignungsgesetzen für 13 Kooperativen zu, deren Arbeiter ihre Betriebe zum Konkurswert kaufen müssen, in zweijährigen Raten über 20 Jahre nach einem dreijährigen Aufschub. Mitglieder der *MNER* und der *MNFR*, die sich während der Sitzung im Publikum gegenübersaßen, sahen sich nun an und riefen: „Arbeitereinheit! Und wem das nicht passt – drauf geschissen!"[120]

„Besetzung, Widerstand, Produktion" –
Interview mit Eduardo Murúa, Präsident der MNER

- *Wann wurde Ihre Bewegung gegründet?*
- Als Bewegung entstand sie im Jahr 2000, als einige Betriebe, die instandbesetzt worden waren, sich mit anderen Bereichen zusammentaten, die aus der Sozialwirtschafts-Bewegung stammten.[121] Zunächst bildeten wir etwas, das wir schlicht Bewegung für Soziale Wirtschaft nannten, in dem einige Betriebe wie IMPA und Yaguané, einige Kollektive wie die Wohnkooperative von Quilmes und eine Kooperative aus Moreno sowie die Föderation der Arbeiterkooperativen der Provinz Buenos Aires (FECOOTRA) versammelt waren. Dann kamen andere Betriebe auf uns zu, wie die, mit denen sich José Avelli in Rosario getroffen hatte. Dann organisierten wir eine Plenarsitzung bei IMPA und entschieden, die MNER zu gründen. Die Leute von der FECOOTRA beschlossen, nicht mitzumachen, weil wir einen breiteren Ansatz verfolgen wollten, bei dem es darum gehen sollte, wofür wir als Arbeiter stehen, nicht als Mitglieder von Kooperativen.

---

120 Spanisch: „Unidad de los trabajadores! Y al que no le gusta, se jode!"
121 Sozialwirtschaft: Sektor der Wirtschaft, der Unternehmen umfasst, die ohne Gewinn, freiwilligen- und gemeindebasiert arbeiten.

▪ *Worin bestand der Unterschied?*

▪ Wir waren der Auffassung, dass die Bewegung sich nicht nur um die Instandbesetzung von Betrieben kümmern sollte, sondern auch um Gewerkschafts-
kämpfe und politische Diskussionen innerhalb der Arbeiterklasse. Die neuen
Protestformen, die wir in isolierten Fällen angewendet hatten, konnten verviel-
fältigt werden. Es hatte keinen Sinn, einen Teil einer Föderation zu bilden, der
sich nur für die Konsolidierung der Kooperativen einsetzen würde. Wir waren
dafür, nicht nur unseren eigenen Betrieb zu stärken, sondern auch anderen Arbeitern in der gleichen Situation solidarisch zur Seite zu stehen und unsere Erfahrungen mit der Welt zu teilen. Das machte die Bewegung aus. Die Föderation
der Arbeiterkooperativen kommt hingegen auch aus einer anderen Ecke – sie
wurde von Unternehmern gegründet, nicht von instandbesetzten Betrieben.

▪ *Was sind die Leitprinzipien der MNER?*

▪ Von Anfang an haben wir uns den kämpfenden Arbeitern zugewandt mit
dem Programm, dass in Argentinien kein Arbeitsplatz mehr verloren gehen
kann. Und wir schufen das Motto: Besetzung, Widerstand, Produktion. Wir wussten, dass der einzige Weg für Instandbesetzungen außerhalb des rechtlichen
Rahmens lag, da es kein Gesetz gab, das Arbeitsplätze schützte.

▪ *Meinen Sie damit, dass es kein Gesetz gibt oder dass das Gesetz nicht alle im gleichen Maße schützt?*

▪ Für Arbeiter gibt es in Argentinien kein Gesetz. Das existiert nur für die
Mächtigen. Seit der Wiederherstellung der Demokratie richteten sich alle ver-
abschiedeten Gesetze gegen Arbeiterrechte. Die Gesetze, die erst von der Militärdiktatur und dann von der formalen Demokratie erlassen wurden, dienten
dazu, ein globales Wirtschaftsmodell zu festigen, das entsprechend der internationalen Arbeitsteilung organisiert ist. Die Änderungen im Insolvenzrecht
hatten für uns die Möglichkeit einer Abfindung abgeschafft. Dieses reformierte Recht verpflichtete einen Richter zudem, die Assets einer insolventen Firma
innerhalb von 120 Tagen abzuwickeln. Der einzige Weg, einen Betrieb wieder
instandzusetzen, besteht also darin, ihn zu besetzen und erst dem Richter und
dann der politischen Klasse zu zeigen, dass wir nicht wieder rausgehen. Wenn
wir draußen wären und den Richter bitten, den Betrieb nicht zu schließen, kä-
men wir nirgendwohin. Wenn wir die Politiker fragen würden, bekämen wir
noch weniger. Nur durch die Besetzung konnten wir die Arbeitsplätze zurückgewinnen. Nach „Besetzung" sagen wir in unserem Motto „Widerstand", weil

es Zeit dauert, bis Justiz und Politik überzeugt sind. Unterdessen muss man versuchen, nicht rauszufliegen. Und schließlich steht die „Produktion" als Konsolidierung des ganzen Prozesses.

▪ *Einen Betrieb zu besetzen, um sich gegen ein Rechtssystem aufzulehnen – hatten die Leute Angst davor?*

▪ Gewiss. Wenn es nicht so viele Zweifel und Ängste innerhalb der ganzen Arbeiterklasse gäbe, würden schon viel mehr Betriebe instandbesetzt sein. Wegen dieser Unsicherheiten funktioniert dieser Prozess nur an Orten, wo es bereits einen gewissen Organisationsgrad und fähige Anführer gibt. Der letzte Betrieb, den wir hier instandbesetzt haben, war das Textilwerk *Ceres*. Am Freitag hatten wir uns darauf geeinigt, den Betrieb am folgenden Montag zu besetzen, aber als ich auf dem Weg dorthin war, riefen mich die Arbeiter auf dem Handy an und sagten, dass sie doch reingehen wollten. Ich fuhr hin und trat die Tür ein. So sind sie da reingekommen. Manche Arbeiter sind nicht organisiert und es fällt ihnen schwer, gegen den rechtlichen Rahmen zu rebellieren. Sie können nicht glauben, dass das gesamte Justiz- und Rechtswesen des Landes immer gegen sie steht. Sie vertrauen dem System, und manchmal verlieren wir deswegen Auseinandersetzungen.

▪ *Wie schaffen Sie es, in einem Land, in dem Privateigentum als unantastbar gilt, die politische Situation so zu drehen, dass ein Betrieb enteignet wird?*

▪ In den meisten Fällen wurden insolvente Firmen enteignet – also Betriebe in der Hand von Richtern, die sie nur abwickeln sollten. In diesen Fällen sind nicht viele Interessen betroffen. Aber es stimmt, dass wir nicht nur das Privateigentum, sondern das ganze System infragestellen.

▪ *Sehen Sie sich als antikapitalistisch?*

▪ Ich mich selbst, ja. Und die Bewegung auch, weil es die Abschaffung eines Unterdrückungssystems anstrebt, das Arbeitslosigkeit, Armut und Tod erzeugt und das nicht mal die Arbeiterklasse versorgen kann. Aber in den meisten Fällen von Instandbesetzungen berühren wir die Interessen des Privateigentums nicht – wir hatten keinen Gegenwind von den Banken, da sie aus einer Insolvenz meist nichts mehr rausholen können. Und die Zulieferer, die mit dem Betrieb gut standen, arbeiten weiter mit uns. Ich glaube, was die politische Klasse nicht verstanden hat, ist die Notwendigkeit dieser Art von Betrieben. Gäbe es ein Regierungsprogramm für diesen Sektor, hätten wir 200.000 Arbeiter in solchen Betrieben. In einem Land, in dem 90 Prozent des Bruttosozialprodukts durch 500 multinationale Konzerne erzeugt werden, ist es sehr schwer für uns, die Existenz des Privateigentums zu bedrohen.

▪ *Trotzdem scheint es, wenn man die Leitartikel in* La Nación *liest, als stünde eine Revolution bevor...*

▪ Wir sehen uns entschlossenem Widerstand von einigen Dinosauriern gegenüber, aber was uns am meisten ärgert, ist die gespaltene Rhetorik, die von den Progressiven zu hören ist. Zum Beispiel haben wir einige Betriebe zusammen mit Aníbal Ibarra, dem Bürgermeister von Buenos Aires, eröffnet, oder Präsident Kirchner trifft sich mit uns – aber keiner von beiden hat eine Strategie dafür, Arbeitsplätze wiederzubeleben. Und fangen wir gar nicht erst mit Felipe Solá an![122] Bei ihm hatte es sich mit Enteignungen sofort, nachdem alles in die Luft geflogen war. Um heute eine Enteignung durchzubekommen, müssen wir jeden Tag mobilisieren, Druck machen, überall hingehen und jeden Tag für die gleiche Sache streiten.

▪ *Was ist der Grund für diese gespaltene Sicht?*

▪ Das liegt daran, dass sie immer noch am Wiederaufbau des Kapitalismus arbeiten. Sie denken, dass der Markt alles regeln wird und dass der Staat lediglich als Vermittler und Anbieter von Sozialhilfe auftreten sollte. In dieser Stadt gibt es seit sechs Jahren Bestrebungen, Betriebe instandzubesetzen, aber es gibt weiterhin keine handlungsfähige Institution, die den Arbeitern beisteht, um diese Prozesse besser durchführbar zu machen. Es gibt nicht mal Wege, wirtschaftliche Deals zu machen, die für die ganze Bevölkerung von Vorteil sind. Enteignung ist teuer. Wenn die Regierung eine klare Strategie hätte und die Arbeiter in den Insolvenzverhandlungen mit dem Richter und dem Treuhänder begleiten würde, wären günstigere Preise zu erzielen. Regierung und Arbeiter könnten für ihre Schulden abgefunden werden, und wir könnten die Betriebe ohne Enteignung und ohne Ausgabe von Steuergeldern behalten.

▪ *Welches Verhältnis zur Regierung strebt die Bewegung an?*

▪ Betriebe instandzusetzen sollte eine Regierungsangelegenheit sein, und die Regierung sollte eine aktivere Rolle spielen. Aber es wäre dennoch ein strategischer Fehler, der Regierung zu erlauben, Betriebe zu managen, die von ihren Arbeitern instandbesetzt und demokratisiert wurden. Ihnen eine Verwaltung durch die Regierung aufzudrücken, hieße zu sagen, dass die Arbeiter eben nur Handarbeiter sind und vom Management eines Betriebs oder seiner Beziehung

---

122 Gouverneur der Provinz Buenos Aires

zur Gesamtwirtschaft nichts verstehen. In einem instandbesetzten Betrieb beginnen alle, sich mit allem zu befassen, während sie als Regierungsangestellte nur zur Arbeit gehen und bezahlt werden würden – und sich nicht an der Betriebsführung beteiligen.

▪ *Warum machen Betriebe, die unter ihren Vorbesitzern bankrott gingen, wieder Gewinne, wenn die Arbeiter sie übernehmen?*

▪ Aus zwei Gründen. Die meisten dieser Firmen waren profitabel und gingen pleite wegen finanzieller Schwierigkeiten, wegen aufgelaufener Schulden. Ohne die Schulden hätten sie Gewinn gemacht. Wenn der Betrieb dann ohne die Schulden des Vorbesitzers übernommen wird, ist das schon ein wichtiger Schritt. Eine andere Sache ist, dass die Gewinnentnahme des Besitzers wegfällt, ebenso die Managementkosten. Das ermöglicht, ganz unabhängig von den technischen Bedingungen, eine wirtschaftliche Erholung.

▪ *Welche Rolle spielten die Gewerkschaften bei den Instandbesetzungen?*

▪ Die einzige, die eine wichtige und ernste Rolle spielte, war die *UOM* von Quilmes, die formal die Einrichtung von Kooperativen unterstützte. Die meisten Gewerkschaften haben diese Haltung nicht angenommen. Mittlerweile unterstützt die Grafikergewerkschaft den Prozess in einigen Fällen wie bei der *Patricios*-Kooperative (*Conforti*). Die Pharma-Gewerkschaft ist im Fall der Apotheke *Franco Inglesa* ebenfalls unterstützend tätig. Aber im Allgemeinen kämpfen die großen Gewerkschaften nicht für die Arbeiter. So ist das gelaufen: Wenn eine Firma bankrott ging, haben sie ausgerechnet, wieviel Abfindung es geben müsste und ihnen gesagt, sie sollen Gardel was vorsingen gehen.[123]

▪ *Wie ist die Bewegung intern organisiert?*

▪ Die Versammlung, an der je ein Vertreter jedes Betriebs teilnimmt, ist die höchste Entscheidungsinstanz. Bei uns richtet sich die Repräsentation nicht nach der Zahl der Arbeiter eines Betriebs. Jeder Betrieb hat eine Stimme. Wir machen das, weil wir glauben, dass einer der Fehler der Arbeiterbewegung darin besteht, dass die großen Betriebe in den Gewerkschaften mehr Gewicht haben, was dazu führt, dass Streiks durch Verhandlungen mit den Großunternehmen verhindert werden, bei denen dann von den Bedürfnissen der Arbeiter insgesamt abgesehen wird. Wenn wir eine Organisation einrichten, in der die Vertreter aus den Großbetrieben mehr Gewicht haben, wird der Tag kommen,

---

123 Carlos Gardel ist Argentiniens berühmtester Tangosänger aller Zeiten – die Redewendung bedeutet in etwa, sich bei jemandem ausheulen zu gehen.

an dem diese großen Firmen eine Einigung mit der Regierung aushandeln und die kleineren draußen lassen. Wir entschieden: Eine Stimme pro Arbeiter im Betrieb und eine Stimme pro Betrieb in der Bewegung. Wir haben auch Sprecher – diejenigen unter uns, die sich am meisten hervorgetan haben und angefangen haben zu reden. So ist das.

- *Sind die Vertreter abberufbar?*
- Die Organisation ist ziemlich anarchistisch. Wir haben das noch nicht mal diskutiert. Was wir aber auf jeden Fall machen, ist das zu vertreten, was die Arbeiter insgesamt denken. Wir halten alle ein bis anderthalb Monate Versammlungen ab, weil wir geographisch übers Land verstreut sind und nicht über viele Mittel verfügen. Dies ist eine soziale Bewegung, keine politische Organisation im traditionellen Sinn. Es gibt keinen Grund alles festzulegen – nur die Hauptziele.
- *Worin bestehen die?*
- Ein Gesetz über die Enteignungen, 10.000 Pesos Subventionen für jeden wiedergeschaffenen Arbeitsplatz, Bankkredite für die Arbeiterkooperativen und eine spezielle Rentenlösung. Ein weiterer Schwerpunkt ist die Notwendigkeit der Solidarität mit den Arbeitern.
- *Wie gestaltet sich diese Solidarität im Alltag?*
- Durch Teilnahme an den Konflikten, die aufflammen, Beistand für unsere Compañeros, wenn sie von Räumung bedroht sind, Mobilisierung aller Betriebe gemeinsam. Manchmal leiht auch eine Kooperative einer anderen etwas Geld, damit die sich die Mittel fürs Anfahren der Produktion verschaffen kann. Aber es gibt kein Geldverleihsystem. Die Verbindung, die wir zur Regierung haben, ermöglicht es uns, gelegentlich Lebensmittel an kämpfende Arbeiter auszugeben – oder an Arbeiter, die ihren Job verloren haben. Manchmal können wir sogar einen Sozialplan erwirken, also Arbeitslosenunterstützung.
- *Wie sind die Betriebe im Innern organisiert?*
- In den meisten Fällen demokratisch, mit mindestens jährlichen Vollversammlungen und gewählten Räten. Viele Arbeiter sind an den Räten beteiligt. Bei *IMPA* waren im Laufe der sechs Jahre etwa 60 Arbeiter im Verwaltungsrat. Aber es sind die Versammlungen, die wirklich die Betriebe leiten und die über die Verwaltung bestimmen. Der Verwaltungsrat kümmert sich ums Tagesgeschäft. In manchen Betrieben gibt es das Problem, dass Arbeiter die Mechanismen und Hierarchien der Vorbesitzer reproduzieren. Wir mussten einige daran erinnern, dass sie in einem instandbesetzten Betrieb sind, dass es eine Versammlung geben muss und

niemand der Boss ist, der alles allein entscheiden kann. Auch wenn seine Ideen richtig sind, muss alles in der Versammlung geklärt werden. Es gab auch Probleme für Frauen, die für die gleiche Arbeit weniger Geld bekamen.

- *Warum, denken Sie, geschehen solche Dinge?*
- Weil wir noch die Kultur nachahmen, die wir beigebracht bekommen haben. Deshalb ist es uns so wichtig, dass alle das gleiche Geld bekommen. Trotzdem wollen manche Arbeiter Einkommensabstufungen einführen, wie sie vorher üblich waren. Manche Betriebe sind schon einen Monat nach ihrem Bankrott wieder auf den Beinen, andere müssen durch einen härteren Prozess und Kampf hindurch. Dort kostet es mehr Opfer, den Betrieb zurückzugewinnen, aber wenn es geschafft ist, sind die Arbeiter doch stärker vereint und haben eine bessere Moral. In den Betrieben, die schneller wieder weiterarbeiten können, ist das Konzept der Solidarität nicht so sehr verinnerlicht. Jeder Arbeiter tut seinen Teil und denkt, er sollte soviel verdienen wie vorher, entsprechend seiner Position.
- *Können gleiche Löhne in der Praxis aufrechterhalten werden?*
- Bei *IMPA* verdienen wir jetzt alle seit sechs Jahren das gleiche. Wir versuchen, die moralischen Anreize über die materiellen zu stellen. Es stimmt, dass das manchmal unfair aussieht, weil die produktivsten Teams, die am besten zusammenarbeiten, am meisten kämpfen, die besonders viel Solidarität demonstrieren und auf die Straße gehen, genauso viel verdienen wie die, die ihren Job gut machen, aber nachmittags um drei nach Hause gehen. Manchmal sagen die Compañeros, die sich am meisten beteiligen: ‚Hey, machen wir's falsch? Sollten wir nicht mehr bekommen, weil wir die Maschinen bedienen, wenn's mal ein Problem gibt?' Die egalitäre Einkommensverteilung festigt das Element der Einigkeit.
- *Hat die Bewegung eine Position zu Management-Teams in instandbesetzten Betrieben?*
- Wir halten sie für überflüssig.
- *Aber es gibt Betriebe, die sowas haben...*
- Nein, gibt es nicht. Die einzige Erfahrung dieser Art ist *Zanello* – das wie eine Kapitalgesellschaft aufgebaut ist. Dort konnten die Arbeiter nicht mehr tun, als eine Kooperative zu bilden, die sich an der Kapitalgesellschaft beteiligt. Manchmal werden sonst auch Management-Spezialisten fürs Marketing eingestellt, aber nicht oft.

- *Bekommen die dann ein anderes Gehalt als die Arbeiter?*
- Es gibt unterschiedliche Löhne, wenn ein Compañero auf Vertragsbasis arbeitet und nicht Teil der Kooperative ist.
- *Und was geschieht, wenn eine Kooperative feststellt, dass sie ihre Belegschaft vergrößern muss?*
- Wir fordern immer, dass neu eingestellte Arbeiter nach einer Probezeit der Kooperative beitreten. Wir wollen nicht, dass sie lediglich Beschäftigte bleiben, weil das die Abhängigkeit reproduziert, gegen die wir kämpfen. Wir hatten Probleme in Betrieben, wo die Mitglieder der Kooperative der Auffassung waren, dass es besser wäre, Arbeiter einfach einzustellen, statt sie auch zu Mitgliedern zu machen. Wenn man nicht bereit ist, neue Leute der Kooperative beitreten zu lassen, weil es später nicht genug Arbeit geben könnte, ist es besser, das Risiko einzugehen, Leute später feuern zu müssen.
- *Besteht das Risiko, zum Boss zu werden?*
- Das ist ein Risiko. Das ist die Angst, die ich bezüglich dieser Bewegung habe – dass manche Betriebe sich wieder zurückentwickeln und die Arbeiter in ihnen neue Bosse werden.
- *Gibt es einen Weg, das zu verhindern?*
- Die Vollversammlungen – und die Aufrechterhaltung eines ständigen Zustands von Diskussion und Verstehen. Die Sache ist, dass es uns noch nicht so lange gibt. Fürs Erste haben wir ein Erwachsenenbildungsprogramm, an dem einige Arbeiter aus unserer Kooperative teilnehmen. Da gibt es auch einen Kurs zur Gründung einer Kooperative. Aber ich glaube nicht, dass das reicht. Es muss jeden Tag eingeübt werden. Wir sollten in allen Betrieben Führungsgruppen haben, in manchen gibt es sie jedoch nicht.
- *Hat die Schaffung von Kulturzentren in den Betrieben etwas mit diesem Problem zu tun?*
- Durch die Kulturzentren geben wir den Leuten draußen das zurück, was sie uns gaben, als sie uns unterstützt haben. Uns gibt es dank ihrer Unterstützung, nicht nur, weil sie manchmal zu unseren Gunsten mobilisieren, sondern auch, weil die öffentliche Meinung uns zustimmt. Diese Orte sollen von den Leuten genutzt werden – für Kultur, Arbeit, Bildung, Gesundheit... wofür auch immer sie gebraucht werden. Auch das hilft bei der Festigung unseres Projekts. In den meisten Betrieben sind wir immer noch nicht soweit, dass sie den Arbeitern gehören. Jederzeit können wir wieder eine Regierung haben, die uns raushaben

will, oder einen Richter, der uns räumen lassen will – dann brauchen wir die Unterstützung der Leute draußen. Sie sind wie ein Rettungsschirm für jeden Betrieb. Bei *IMPA* schufen wir das Kulturzentrum also aus beiden Gründen – um den Ort zu nutzen und für die Unterstützung.

- *Wie unterscheidet sich Ihre MNER von der MNFR?*
- Am Anfang waren wir alle noch zusammen, auch wenn das schon eine ganze Weile her ist. Sie fanden es nicht gut, dass wir politische Positionen bezogen und uns mit anderen Gruppen solidarisch zeigten, die für andere Ziele kämpften. Zudem waren wir nicht in der Lage, die Verbindung aufrechtzuerhalten, nachdem Luis Caro, der Präsident der *MNFR*, auf der Liste von Aldo Rico[124], der selbst Gouverneur werden wollte, als Bürgermeister kandidierte.
- *Die MNER hat einen gewählten Abgeordneten. Warum hat die Bewegung sich darum bemüht, einen der ihren im Parlament von Buenos Aires unterzubringen?*
- Die Bewegung ist unabhängig vom Staat und den politischen Parteien, aber sie hat einen Abgeordneten, weil wir es für wichtig halten, einen institutionellen Zugang zur Regierung zu haben. Wir waren immer der Überzeugung, dass soziale Bewegungen mit an den politischen Tischen sitzen sollten. Als wir mitbekamen, dass Miguel Bonasso[125], der wie ich von den *Montoneros*[126] kommt, Aussichten hatte, einen Sitz zu bekommen, bin ich auf ihn zugegangen um zu sehen, ob wir eine Allianz bilden könnten. Anfangs war unsere Diskussion sehr gut und wir dachten darüber nach, eine nationale Bewegung ins Leben zu rufen – doch es wurde nichts wegen unserer Differenzen bezüglich Kirchners Regierung. Statt zu einer neuen Kraft zu werden, blieb es ein reines Wahlbündnis, bei dem jeder bekam, was er wollte.
- *Würden Sie das wiederholen?*
- Ja. Aber wir müssten selbst antreten oder zusammen mit einer sozialen Organisation, um den Leuten wirklich eine andere Lösung anbieten zu können. Die

---

124 Oberst Aldo Rico führte 1987 einen Aufstand gegen die Regierung von Raúl Alfonsin an, um ein Ende der Prozesse gegen das Militär wegen der Verbrechen während der letzten Diktatur zu erreichen. Er wurde später in den Kongress gewählt und wurde Bürgermeister des Vorortes San Miguel von Buenos Aires

125 Journalist und Abgeordneter der Offizialistischen Partei für die Demokratische Revolution

126 *Montoneros* war eine Jugendorganisation des revolutionären linken Flügels des Peronismus, offiziell 1970 gegründet. Als Perón jedoch 1973 aus dem Exil zurückkehrte und seine dritte Amtszeit als Präsident antrat, wandte er sich dem rechten Flügel seiner breiten Bewegung zu. Die Montoneros wurden am 1. Mai 1974 zu einer klandestinen Organisation und wurden von der paramilitärischen, regierungsnahen *Alianza Anticomunista Argentina* verfolgt. Schließlich wurden sie von der Militärdiktatur ausgelöscht, die 1976 an die Macht kam.

bürokratischen Apparate der Parteien sind wirklich sehr groß. Und wir haben weder die Medien, noch das Geld, noch die Reichweite, um sowas auszufechten. Wir haben Solidaritätsteams und die Anführer der sozialen Bewegungen, aber es ist sehr schwer, gegen den Apparat der Regierung und des Staats anzukommen, gegen die Parteien und die Prominenz, die sie im Wahlkampf in den Medien platzieren. Es ist ein Riesenaufwand nötig, um an einer Wahl teilzunehmen – wir sind nicht sehr viele, und wir versuchen, das Hauptaugenmerk unserer Organisation auf die Wiederbeschaffung von Arbeitsplätzen zu richten. Gegenwärtig ist noch nichts entschieden. Es wird eine taktische Frage sein – vielleicht treffen wir die Entscheidung zwei oder drei Monate vor der Wahl, wie wir es mit Bonasso getan haben.

Auszüge aus dem Interview mit Murúa für die Übersetzung (IMPA, Oktober 2013):

„Die Bewegung wird immer noch von hier aus koordiniert. Es geht nicht nur um die Produktion, sondern auch um Reproduktion und Konsum. Wir denken, dass die Fabrik der Bevölkerung gehört, und deshalb dient sie auch den Bedürfnissen der ganzen Bevölkerung, nicht nur der Arbeiter.

Heute haben wir hier 250 Schüler, und es gibt 70 Volksschulen im Land. Weitere 180 Studenten besuchen unsere Arbeiteruniversität mit ihren vier Lehrstühlen. Und wir betreiben ein öffentliches Fernsehprogramm – „Barricada TV". Außerdem stellen wir unsere Räumlichkeiten für zwei weitere Kooperativen bereit. Derzeit bereiten wir die Eröffnung eines Arbeitermuseums vor, in dem die 82jährige Geschichte dieser Fabrik, aber auch die Weltgeschichte dieser Zeit aus einer Arbeiterperspektive gezeigt werden soll.

Wir kümmern uns um unsere eigenen Projekte, unterstützen aber gleichzeitig auch andere selbstverwaltete Betriebe. Es sind gerade vier noch im Prozess der Besetzung und Enteignung, und wir helfen ihnen in juristischen und finanziellen Angelegenheiten.

Als Teil der MNER fordern wir von der Regierung die Anerkennung und Unterstützung aller rekuperierten Betriebe. Gegenwärtig gibt es im Verhältnis zwischen Regierung und den Betrieben eine Art Unentschiedenheit. Sie können uns nicht (mehr) aus den Betrieben werfen, aber sie heißen die Besetzungen auch nicht gut. Wir verlangen keine speziellen Regelungen, sondern stellen eine allgemeine Forderung zur Beschäftigungspolitik. Wir wollen rechtliche und finanzielle Unterstützung sowie eine offizielle Regelung zur Umwandlung der Betriebe in Arbeiterselbstverwaltung. Das ist eine globale Angelegenheit und sollte überall auf der Welt diskutiert werden, weil auch die Arbeitslosigkeit ein globales Problem ist.

Das Buch müsste aktualisiert werden – es müsste mehr über die Beziehung der Betriebe zur Regierung gesagt werden. Wir haben eine zynische Regierung, so ist das. Aber alle Staaten versuchen, Bewegungen der Selbstorganisation kaputtzumachen. Sie geben uns ganz kleine Zuwendungen, um Zeit zu gewinnen, und bauen währenddessen Parallelstrukturen auf, die unsere ersetzen sollen."

- *Frage: Wie kam es zu deiner Bekanntschaft mit Hugo Chávez?*
- Murúa: „Das begann 2002, als gegen Chávez geputscht wurde. Vorher hielten wir die Regierung von Venezuela nicht für eine Volksregierung. Aber das änderte sich, als die Eigentümerklasse sie zu boykottieren begann. Nicht nur unterstützte Venezuela instandbesetzte Betriebe hier in Argentinien, auch wir unterstützten die Aneignung einer Papierfabrik dort, in Zusammenarbeit mit dem Arbeitsministerium. Von dieser Zeit an hatte ich eine direkte Verbindung zu Chávez.

2005 versuchten wir die Bewegungen in Brasilien, Uruguay, Venezuela und Argentinien zusammenzubringen und hielten einen Kongreß in Venezuela ab, der von Chávez unterstützt wurde, der die Reisekosten übernahm, so daß je 50 Delegierte aus Brasilien und Uruguay sowie 300 aus Argentinien kommen konnten. Es gab ein wirkliches Interesse, den Willen und die Absicht, uns zu unterstützen. Das Insolvenzrecht in Venezuela war unserem sehr ähnlich, so daß wir mit unserer Erfahrung dortige Enteignungen von Fabriken und Land unterstützen konnten.

Nach dem Kongress entwarfen wir zusammen mit der Regierung von Venezuela einen Vertrag über Hilfeleistungen für die rekuperierten Betriebe, den die Regierungen von Brasilien und Uruguay unterzeichneten, die argentinische Regierung jedoch nicht – sie erzählte verrücktes Zeug über Waffenlieferungen und wollte keinerlei venezolanische Einmischung.

Noch 2004 hatten wir uns mit Präsident Kirchner getroffen und nach einer Rekuperationspolitik verlangt. Danach wurden wir als Feinde der Regierung angesehen. Nun wollten sie den Vetrag nicht, weil es nicht ihrer war – wir hatten ihn ausgehandelt, und die Gelder sollten nicht von ihnen verwaltet werden, sondern von den Betrieben selbst.

Seit Chávez' Tod ist die Beziehung zur venezolanischen Regierung nicht mehr die gleiche, aber wir haben immer noch sehr gute Verbindungen zu rekuperierten Betrieben in Venezuela, Uruguay und Brasilien.

In der vergangenen Woche war ich in Italien und traf mich mit Intellektuellen, Arbeitern und Gewerkschaftsaktivisten von dort, auch mit Leuten von Vio.Me, der besetzten Fabrik in Thessaloniki, und hörte von einer Maschinenfabrik in Frankreich, die in die Hände der Beschäftigten übergehen soll."

- *Frage: Gibt es Verbindungen nach Deutschland?*
- Murúa: „Nein, nichts. Aber das muss passieren! Unser Vorbild muss auch dort verbreitet werden!

In Europa könnte es noch schneller gehen, die Betriebe sind in einem viel besseren Zustand.

Wir können ihnen sagen, dass sie den Produktionsausstoß drastisch verringern und dennoch ihr Lohnniveau halten können – weil die Produktionskosten stark abnehmen, wenn ein Betrieb von den Arbeitern geführt wird."

- *Frage: In Deutschland könnte es ja auch darum gehen, die Produktion von Rüstungs- und Dual-Use-Gütern oder Autos auf andere, nützlichere Dinge umzustellen.*
- Murúa: „Die Selbstverwaltung ist wichtiger. Und vielleicht sollten die Arbeiter auch weiter Waffen produzieren – sie könnten sie selbst gebrauchen. (lacht)

Das Problem ist die politische Klasse, die die multinationalen Unternehmen und die globalen Finanzinteressen vertritt. Dieses System erhält sich durch Lohnkürzungen und Entlassungen. So erzeugt der globale Kapitalismus nunmal seine Profite.

Das Modell sieht so aus: Arbeiter suchen nach Jobs, die es nicht mehr gibt, Unternehmer suchen nach Profiten, wo es keine mehr gibt, und Regierungen suchen nach Steuereinnahmen, die es nicht mehr gibt. Und dieser Teufelskreis erzeugt Krieg und Elend auf der ganzen Welt."

- *Frage: Heute fährst du in die Innenstadt – was machst du dort?*
- Murúa: „Der Nationale Gerichtshof hat das Enteignungsgesetz für IMPA außer Kraft gesetzt. Obwohl das gleiche Gesetz für 27 andere Betriebe gilt, wurde es im Falle von IMPA jetzt als nicht verfassungskonform erklärt. Wir glauben, das liegt an unserer Vorbildfunktion und unserem Einfluss. Unsere Strategie ist nun, ein neues Enteignungsgesetz zu erwirken, indem wir Druck auf den Kongress ausüben."

Es ruft jemand von einer Gebäudereinigungsfirma in San Nicolas (Provinz Buenos Aires) an, wo die Enteignung gerade im Gange ist – Murúa sagt zu, am Donnerstag mit anderen von IMPA dorthin zu fahren und ihnen zu helfen.

Selbstverwaltung und kollektives Management – wie steht es um die Betriebe in Belegschaftshand

von Adrian Mengay, Maike Pricelius, Luciano Tepper

Unter dem Slogan „ocupar, resistir, producir" – besetzen, sich widersetzen und produzieren – trat spätestens 2001 das Phänomen der von Arbeitern besetzten Fabriken in Argentinien in die Öffentlichkeit. Die Sammlung von Besetzungs- und Aneignungserfahrungen, welche das Kollektiv Lavaca mit dem Buch „Sin Patrón" hervorgebracht hat, wurde ein Instrument der Vernetzung und vermittelt noch heute diese Erfahrung einer gemeinsamen Bewegung.

Mehr als ein Jahrzehnt später stellen sich einige Fragen: Waren die besetzten Fabriken nur ein Ausdruck der Finanz- und sozialen Krise in Argentinien 2001 und sind sie auf diese Kontext beschränkt oder stellen sie ein weiterhin wirksames alternatives und erfolgreiches Modell dar? Wie hat sich die Bewegung der besetzten Fabriken weiterentwickelt? Wie sieht eine durchschnittliche besetzte Fabrik aus? Was ist aus dem Ansatz ocupar, resistir, producir – besetzen, sich widersetzen und produzieren – geworden? Wie hat sich der hohe Anspruch der betrieblichen Demokratie und der Arbeiterselbstverwaltung entwickelt? Welche Herausforderungen und Konflikte sind zu diskutieren? Welche Probleme und Perspektiven sind heute wichtig?

Der vorliegende Text dient dazu, diese Fragen zu diskutieren und dem interessierten Lesenden einen Einblick in gegenwärtige Debatten und die Bewegung der besetzten Fabriken begleitende kritische Forschung[127] zu präsentieren.

---

127 Neben den Publikationen die direkt im Text angesprochen werden kann besonders die engagierte Forschung des Gino Germani Instituts der Universität Buenos Aires und im Besonderen, die dort herausgegebene Schriftenreihe des Oberservatorio Social sobre Empresas Recuperadas Autogestionados (OSERA) empfohlen werden. Die Schriftenreihe OSERA ist kostenlos und digital erhältlich unter: http://webiigg.sociales.uba.ar/empresasrecuperadas/Num_Anteriores.html (Stand 02.09.2014)

1.   Besetzte und selbstverwaltete Betriebe nur ein Krisenphänomen?

Sind die argentinischen Besetzungen der Fabriken und Betriebe ein reines Krisenphänomen oder stellen sie eine nachhaltige und vom Krisenkontext unabhängige Alternative dar?

Schon die ersten Fabrikbesetzungen im Argentinien der 1990er Jahre resultierten aus Insolvenzen und Spannungen zwischen (Alt-)Eigentümern und Arbeitern. So zählt man, wenn man Ruggeri (2013: 8) folgt, ganze 36 besetzte und von den Beschäftigen angeeignete Fabriken, die schon vor der Finanzkrise Argentiniens bestanden. Die wohl berühmteste Besetzung bis zur Krise 2000/2001 war IMPA, welche für die gesamte Bewegung bis heute ein zentraler Bezugspunkt und eine nicht zu unterschätzende Ressource und Inspiration darstellt.

Trotz dieser ersten und meist isolierten Erfahrungen der Aneignung begann die erste große Welle der Besetzungen im Anschluss an die Finanzkrise. Durch diese kam es zu massenhaften Insolvenzen, einer sprunghaften Zunahme der Arbeitslosigkeit, einer großflächigen Enteignung der Sparer durch die Banken in Verbindung mit schlimmsten sozialen Verwerfungen und der Verarmung großer Bevölkerungsteile. In diesem Kontext der massenhaften Firmenpleiten bei gleichzeitiger extremer Arbeitslosigkeit verbreitete sich die Idee der Besetzung und kollektiven Aneignung von Fabriken durch ihre Arbeiter als manchmal einzig verbleibende Antwort auf die Krise, wie es das Lavaca Kollektiv (2007:15) formulierte. Dies ist umso bemerkenswerter, als die sonst gut organisierten und schlagkräftigen, allerdings oft auch kooptierten Gewerkschaften selbst von der Krise überrascht wurden und keine strategischen Antworten bieten konnten. Die Krise von 2000/2001 war eine substanzielle Vertrauenskrise in die bisherige Form politischer und sozialer Repräsentation. Ebenso ist sie der Ausdruck des Scheiterns des damaligen Wirtschaftssystems in seiner Form als neoliberalem und postkolonialem peripherem Kapitalismus. Diese grundlegende Vertrauenskrise äußerte sich im Schlachtruf „que se vayan todos" – sie sollen *alle* gehen, also die ganze politische Klasse, die Banken, der IWF, alle überkommenen Institutionen und Formen der korrumpierten und korrupten Eliten. In dieser Situation orientierten sich soziale Bewegungen und die vielen Enttäuschten und Entrechteten an Strategien der direkten Aktion, welche zu neuen Praxen des Widerstandes und der Infragestellung der Repräsentation und Vermittlung führen, wie Calloway/Colombari/Iorio (2013: 3) diskutieren. Dies konnten „piquetes" sein, so genannte Massenblockaden von Betrieben oder zentraler Verkehrsinfrastruktur wie Autobahnen, Verkehrsachsen u.a., aber auch kommunale Formen von Selbstorganisierung in Versammlungen (asambleas) und Austauschnetzwerken, wie gratis Stadtteilbäckereien, Tauschringe u.a., in denen neue Formen der horizontalen Vergesellschaftung ausprobiert und kollektiv organisiert wurden.

Vor diesem Hintergrund erklären sich die Fabrikbesetzungen und der sich daran anschließende Prozess der Wiederherstellung der produktiven Kapazität der angeeigneten Betriebe als zentrale Strategie, um Arbeit und ein Einkommen zu behalten und zu sichern, wie Rebón/Salgado (2009) betonen.

Dabei war der Wunsch, sich die eigene Arbeitsstätte anzueignen, besonders verbreitet unter jenen Beschäftigten, welche auf Erfahrungen von Betriebsschließung und Insolvenz zurückgreifen konnten. Eine größere Bereitschaft zur Fabrikbesetzung war bei länger ausstehenden Löhnen zu beobachten oder wenn schon Anzeichen für Insolvenzverschleppung und Insolvenzbetrug von Seiten des Managements oder der Eigentümer ersichtlich oder bekannt waren. Diese Bedingungen und Erfahrungen multiplizierten das Potenzial für Widerstand und kollektive Aneignung besonders, wenn sie in Verbindung mit einer hochgradig politisierten und organisierten Belegschaft auftraten. Eine engagierte und kämpferische Belegschaft wird auch benötigt, wie die vielen Erfahrungen des vorliegenden Buches zeigen, weil es nicht nur gilt, erfolgreich eine Besetzung zu organisieren, sondern auch im Anschluss, sich gegen Angriffe des (Alt-)Eigentümers, Räumungsversuche der Polizei, juristische Prozesse, Machtverhältnisse in Marktbeziehungen, Verfolgungen u.v.m zu behaupten. Dies war in vielen Fällen nur durch den Aufbau solidarischer Netzwerke, der Einbindung einer politisierten Zivilgesellschaft, kommunaler Unterstützung, politischer Artikulation und Protest bis hin zu internationaler Solidarität möglich. Erst in Verbindung vieler Elemente wurde es möglich, eine von den Beschäftigten selbstorganisierte Produktion in Gang zu setzten, die sich selbstbewusst im politischen Raum der Öffentlichkeit präsentieren konnte und so auch für andere Beschäftigte als eine attraktive Alternative wahrgenommen wurde.

2. Entwicklung der besetzten Fabriken nach der Krise

Die ab 2003 beginnende politische und wirtschaftliche Restrukturierung Argentiniens setzte der Bewegung der besetzten Betriebe kein Ende. Vielmehr begann sogar eine Ausweitung sowohl auf weitere Betriebe als auch auf andere wirtschaftliche Sektoren jenseits des bis dahin dominanten metallverarbeitenden und graphischen Bereichs, wie von Rebón/Salgado (2009) im Programa de Trabajo Autogestionado (2013) und bei Ruggeri (2011) beschrieben.

Viele besetzte Betriebe konnten sich langfristig am Markt behaupten und können auf soziale und wirtschaftlich Erfolge verweisen. Dies zeigt sich auch an einer geringen Quote von Insolvenzen der aus den Besetzungen entstanden Arbeiterkooperativen, von denen über die Jahre nur 33 Insolvenz anmelden mussten (Programa de Trabajo Autogestionado 2013: 3), wobei in den letzten Jahren keine mehr verzeichnet wurde. Dies erscheint umso bemerkenswerter, da die meisten Fabrikbesetzungen aus insolventen Firmen hervorgegangen sind.

So gelang es, viele Arbeitsplätze zu sichern und nach der Umwandlung in Arbeiterkooperativen auch neue zu schaffen. Der Erhalt von Arbeitsplätzen und Beschäftigung ist aber nicht das einzige Ziel. Vielmehr bietet der Ansatz die Gelegenheit, neue Formen der Betriebsorganisation in Verbindung mit vielfältiger Zusammenarbeit von Beschäftigen und Nicht-Beschäftigten, politischen Akteuren und lokaler Gemeinschaft auszuprobieren und so zu sozialer und ökonomischer Nachhaltigkeit beizutragen. Daher seien besetzte Betriebe im politischen und kulturellen Bereich zu bevorzugen, wie Salgado (2011) unterstreicht.

Um es noch einmal festzuhalten, die Aneignung des Betriebs durch die Beschäftigten etablierte sich als sozial akzeptiertes und strategisches Instrument, um der drohenden Betriebsschließung, der Arbeitslosigkeit und der häufig auch missbräuchlich genutzten Firmeninsolvenz[128] samt der damit verbundenen unrechtmäßigen Veräußerung von Firmenvermögenswerten durch die ehemaligen Eigentümer entgegenzuwirken. Die Besetzungen waren auch eine Antwort auf Repression und die Unterdrückung von Arbeitskämpfen.

Die besetzten Fabriken und ihre Bewegung sind in der argentinischen Öffentlichkeit weitestgehend bekannt, wie Umfragen des Instituto de Investigaciones Gino Germani und des Cedesal der Universität Buenos Aires (IIGG 2012) belegen. In der Umfrage gaben 73% der Befragten an, die besetzten Fabriken und ihre Bewegung zu kennen. Jene Umfrageteilnehmer, welche die Erfahrungen der Fabrikbesetzungen kannten beurteilen mit 96,7% diese als positive Erfahrung. Die aus den besetzten Fabriken hervorgegangenen Kooperativen werden von großen Teilen der Bevölkerung als positive Alternative zu rein privatwirtschaftlichen und staatlichen Firmen angesehen, weil sie kollektives Eigentum mit demokratischer Funktionsweise verbinden. Um die 80% der Umfrageteilnehmer sahen die Hauptfunktion der besetzten Fabriken in der Si-

---

128 Um nur ein Beispiel zu nennen um sich von ausstehenden Lohnverpflichtungen durch die Insolvenz zu entziehen

cherung von Arbeitsplätzen. Diese Umfrageergebnisse zeigen, dass es eine positive Bezugnahme in der argentinischen Gesellschaft auf die Erfahrungen der Besetzungen gibt, und ihnen eine gesellschaftliche Legitimation zugesprochen wird (Salgado 2011). Diese Errungenschaften können als Ergebnis der breiten Vermittlung und öffentlichen Artikulation sowohl von den Organisationen der besetzten Betriebe als auch von anderen sozialen und politischen Organisationen interpretiert werden, wie Hernandez und Kasparian (2013) argumentieren.

3. Wo stehen die besetzten Betriebe heute und wie darf man sich diese vorstellen?

Ende 2013, mehr als ein Jahrzehnt nach der großen Welle von 2000/2001, gibt es 311 besetzte Fabriken, darunter auch einige Neubesetzungen. Allein zwischen 2010 und 2013 kamen 63 neue hinzu wie Daten des *Programa de Trabajo Autogestionado* (2013: 1) und Ruggeri (2013: 3) zeigen.

Schaubild 1 veranschaulicht die Entwicklung der Fabrikbesetzungen im Zeitraum vor der Finanzkrise 2001 bis 2013. Das anhaltende Wachstum auch nach dem einsetzenden starken wirtschaftlichen Wachstum um 2004 relativiert die geläufige Meinung, dass die besetzten Fabriken nur ein Krisenphänomen gewesen seien. Ebenso zeigt das Schaubild, dass es nicht zu einer großen Welle von Insolvenzen oder Firmenpleiten kam, was sich sonst in einem größeren Einbruch der Anzahl der bestehende Betriebe widerspiegeln würde.

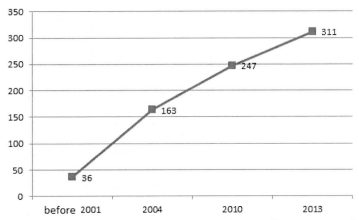

Schaubild 1. Entwicklung der besetzten Fabriken in Zahlen. Quelle: (Ruggeri 2013: 8)

Analog zum Wachstum der Anzahl der besetzten Betriebe entwickelte sich auch die Anzahl der Beschäftigten. Während 2004 weniger als 7000 Beschäftigte in besetzten Betrieben arbeiteten oder Kooperativenmitglieder waren, wuchs die Anzahl an Mitgliedern bis 2010 auf 9400 an und erreichte bis zu den aktuellsten Erhebungen Ende 2013 die Zahl 13.462. Somit kamen gemäß Erhebungen von Ruggeri (2013: 3) allein von 2010 bis 2013 2644 neue Arbeitende hinzu, sei es durch die Aneignung ihrer Betriebe oder durch internes Wachstum innerhalb der bestehenden Betriebe. Die durchschnittliche Betriebsgröße anhand der Beschäftigtenzahl liegt laut dem *Programa de Trabajo Autogestionado* (2013: 2) um die 43 Beschäftigte.

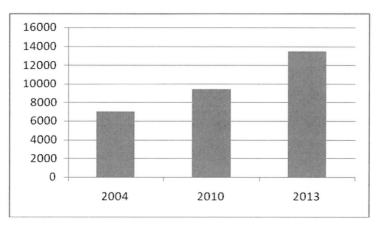

Schaubild 2. Anzahl der Beschäftigten in besetzten Fabriken und daraus hervorgegangenen Kooperativen nach Ruggeri (2011: 61; und 2013: 3)

Was die Verteilung nach industriellen Sektoren und Branchen angeht, ist die metallverarbeitende Branche der dominante Bereich mit ca. 20% der Betriebe, gefolgt von den Branchen der Nahrungsmittel- und Fleischproduktion ebenfalls um die 20%. Andere prominent vertretene Branchen sind die Grafik- und Textilbranche, während die übrigen besetzten Betriebe sich auf eine Vielzahl von Branchen wie Verpackungsindustrie, Handel, Chemie, Holzverarbeitung, Leder, Gesundheit und Erziehung bis hin zu Dienstleistungsanbieter, verteilen, wie es Ruggeri (2013: 9) aufschlüsselt.

Aus den Daten und Erhebungen (2011: 43) lässt sich auch eine idealtypische Beschreibung einer besetzten Fabrik entwickeln. Da die meisten Betriebe aus dem produzierenden Gewerbe stammen, könnte es beispielsweise ein Metallbetrieb sein, der schon seit 40 Jahren besteht. In ihm waren bis kurz vor die Besetzung und Aneignung 45 bis 100 Menschen – in der Mehrzahl Männer (ca.76% gemäß *Programa de Trabajo Autogestionado* 2013: 4) – beschäftigt, welche zum Großteil gewerkschaftlich organisiert und in politische Gruppen eingebunden waren. Diese Betriebe befanden sich überwiegend seit den 1980er Jahren in kontinuierlichem Niedergang. Dies äußerte sich zum Beispiel anhand eines deutlichen Kapitalabflusses bei steigendem Wettbewerb, niedrigen Profitraten oder gar sich schon länger anhäufenden Verlusten, die zu Einsparungen und Entlassungen sowie einem Schrumpfen der Belegschaft führten. Die Eigentümer sind meist keine Großunternehmer, sondern gehören eher zu randständigen Gruppen des unternehmerischen Spektrums.

Rechtliche Struktur der besetzten Betriebe

Nach dieser idealtypischen Beschreibung soll im folgenden Abschnitt die rechtliche und formale Struktur, die die besetzten Fabriken angenommen haben, beschrieben werden. Um die Verfügung über die besetzten Fabriken zu erlangen, galt es gewisse formale Schritte, wie sie Fajn/Rebón (2005) formuliert haben, zu vollziehen. Im Anschluss an die Besetzung des Betriebes galt es eine Arbeiterkooperative zu bilden. Oft war es dafür notwendig, eine Übergangsvereinbarung mit den (Alt-)Eigentümern und mit den dafür zuständigen Richtern zu treffen. Unter dieser konnte die Produktion in einem gewissen rechtlichen Rahmen fortgesetzt werden, die Kooperative durfte die Räumlichkeiten und Betriebsgegenstände des besetzten Betriebes nutzen, war aber nicht für dessen Schulden haftbar, bis die Aneignung durch die Beschäftigten durch die finale Enteignung durch den Staat bestätigt und ein entsprechender Beschluss legalisiert worden war. Bis 2010 hatten 63% der besetzten Fabriken es geschafft, die Kooperativen begünstigende Enteignungsgesetzte zu erwirken, wie Ruggeri (2011: 36) ermittelte.

Die Frage der rechtlichen Absicherung ist ein zentraler Aspekt dieses Prozesses, der auch in Argentinien Gegenstand vieler Auseinandersetzungen gewesen ist. Ohne diesen rechtlichen Schutzschirm sind die Beschäftigten der permanenten Gefahr von Räumung und Übergriffen ausgesetzt. Der ungesicherte rechtliche Status behindert generell die Produktivität und Investitionen von Seiten der Beschäftigten. Aus diesem Grund haben sich um die 95% der Belegschaften von besetzten Betrieben für den rechtlichen Status als Arbeiterkooperative entschieden, stellten Fajn/Rebón (2005) fest. Die Entscheidung für die Arbeiterkooperative kann nach Ruggeri (2011: 33ff.) auch mit anderen Aspekten begründet werden. Wie schon erwähnt, stellt die Kooperative eine geltende Rechtsform dar, welche der selbstorganisierten und kollektiven Verwaltung des besetzten Betriebs entgegenkommt, da eine gemeinschaftliche und demokratische Unternehmensführung anstrebt wird. Die Anerkennung als Kooperative ermöglicht es den Beschäftigten, Begünstigte eines eventuellen Enteignungsgesetzes zu werden und so den Zugriff und die Verfügung über Betriebsanlagen, Maschinen und anderen Firmenbesitz der alten Firma zu erlangen. Kooperativen können darüber hinaus staatliche Fördermittel und Steuererleichterungen oder öffentliche Gelder beziehen. Ebenso kommt die Anerkennung als Kooperative einer Genehmigung gleich, legal wieder die Produktion und die betriebliche Tätigkeit aufzunehmen. Ein weiterer positiver Nebeneffekt, der schon angesprochen wurde, liegt darin, dass die angehäuften Schulden und Verbindlichkeiten der früheren Eigentümer nicht übernommen werden müssen.

Die seit 2011 in Argentinien in veränderter Form geltende Insolvenzverordnung erlaubt es nun Richtern, den ehemals Beschäftigten die Fortführung der Betriebstätigkeit durch die Gründung einer Arbeiterkooperative zu gestatten (Programa de Trabajo Autogestionado 2013: 3). Vor dieser Gesetzesänderung setzten die Beschäftigten besetzter Betriebe vor allem auf das Mittel des sozialen Protests und auf öffentliche Demonstrationen, um Druck aufzubauen und Verhandlungsmacht für Auseinandersetzungen und Verhandlungen mit verschiedenen Instanzen (der Judikativen, legislativen und exekutiven) der Regierung zu gewinnen.

Produktionsvolumen und Kapazität

Wenn man sich die Produktivitätsraten der besetzten Betriebe und der Arbeiterkooperativen anschaut, sind diese meistens gering. Der Vergleich der Produktionskapazität und der realisierten Kapazität fällt deutlich niedrig aus. Wenige Betriebe waren in der Lage, ein Produktionsniveau zu realisieren, welches ihrem Potenzial entsprochen hätte. Für den Dienstleistungsbereich kann in Bezug auf das vor der Besetzung liegende Niveau eine ähnliche Entwicklung beobachtet werden, wie Ruggeri (2011: 45ff.) feststellt. In der Phase der Besetzung und im direkten Anschluss daran waren die Beschäftigten mit sehr ungünstigen Rahmen- und innerbetrieblichen Bedingungen konfrontiert. Die prekäre finanzielle

Situation war den meisten Besetzungen ins Mark eingeschrieben. Um die 90% der besetzten Betriebe kamen aus Insolvenzverfahren und waren so neben großer Verschuldung auch mit einer meist desolaten Infrastruktur konfrontiert. Es gibt viele Fälle, in denen die ehemaligen Eigentümer die Maschinen gestohlen oder absichtlich zerstört haben, wie beispielsweise bei Cristal Avellaneda. Ebenfalls war in den meisten Fällen der technische Stand der Maschinen und Betriebsanlagen veraltet oder gar schon obsolet. Die finanziellen Einschränkungen und die fehlenden Ressourcen konnten durch die Beschäftigten nicht aufgefangen werden, da diese selbst oft mehrere Monate vor der Besetzung keinen Lohn gesehen hatten. Auch hatten sie durch das Insolvenzverfahren ihre Ansprüche auf ausstehende Löhne, Pensionen etc. verloren. Die notwendigen Mittel, um neue Maschinen anzuschaffen oder Investitionen in die Infrastruktur vorzunehmen, konnten so meist von den Arbeitenden nicht erbracht werden. Eine andere wichtige Aufgabe bestand darin, die Mitarbeitenden nun in neue Tätigkeitsbereiche einzuarbeiten, welche das Management und die Verwaltung umfassten. Es gestaltete sich daneben schwierig, lukrative Nischen zu besetzen, in denen die vorherige Firma verankert war. Weil die zur Verfügung stehende finanziellen Mittel enorm begrenzt waren und es fast keine externen Finanzierungsmöglichkeiten über Bank- und sonstige Kredite gab, kam es oft zu Zahlungsschwierigkeiten bei Lieferanten und zu Problemen in der eigenen Wertschöpfungskette. Diese vielfältigen Probleme und Beschränkungen hätten auch bei klassischen kapitalistischen Betrieben größere Investitionen und kompetent organisierte Restrukturierungen erfordert, was im Falle einer durch soziale Kämpfe und gemeinschaftlicher Selbstermächtigung neu geschaffenen selbstverwalteten Firma meist außerhalb jeder Möglichkeit lag (Programa de Trabajo Autogestionado 2013: 4, Ruggeri 2011).

Aus der Perspektive der Beschäftigten erscheinen die Probleme der Begrenztheit der Produktion hervorgerufen durch kapitalistische Rahmenbedingungen wie Absatzmärkte, Verhandlungsmacht auf Märkten, Wertschöpfungsketten, Wettbewerbsbedingungen, fehlende Marktintegration und Rohstoffe und Möglichkeiten der Finanzierung und Kapitalisierung für Kooperativen neben anderen Faktoren wichtig, wie das Schaubild 3 zu einer Umfrage unter Beschäftigten über die niedrige Produktivität besetzter Betriebe von Ruggeri (2011: 48) zeigt. Ruggeri (2011) hat auch darauf hingewiesen, dass die Probleme im Kontext eines kapitalistisch organisierten Marktes und seinen herrschenden Prinzipien,

Wettbewerbsbedingungen und Preismechanismen zu erklären sind, für welche selbstbestimmte Arbeit in solidarischen Betrieben schlicht irrelevant erscheint.

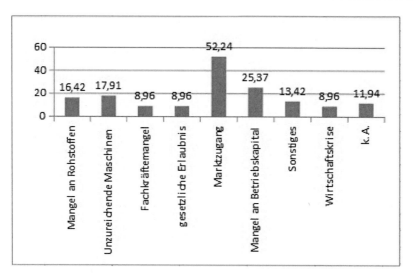

Schaubild 3. Gründe für die niedrige Produktivität besetzter Betriebe
aus der Perspektive der Beschäftigten nach Ruggeri (2011: 48)

Dienstleister oder selbstständige Produzenten?

Besetzte Betriebe erhalten oft ihre benötigten Roh-, Hilfs- und Betriebsstoffe von ihren Kunden. In manchen Fällen gewährt der Kunde auch Kredit, um die Rohmaterialien oder Produktionsmittel zu erwerben. Die besetzten Betriebe funktionieren hier nur als Dienstleister, die das Material durch den Einsatz des eigenen Wissens und unter Nutzung des eigenen Maschinenparks umwandeln. Sie sind nicht richtig im Besitz des gesamten Produktionsprozesses und seiner Produkte. Oft erhalten sie für ihre Leistung neben der Bezahlung andere Produktionsgüter und Betriebsmittel. Das Marketing, der Besitz, der Vertrieb der Produkte und die damit erzielten Gewinne verbleiben so meist nicht bei den besetzten Betrieben, sondern bei den Auftraggebern, wie Balladares (2012: 2) veranschaulicht hat.

Erhebungen von Ruggeri (2011: 52f.) folgend betätigen sich 49% der besetzten Betriebe und Kooperativen als outgesourcte Dienstleistungslieferanten oder als abhängige und größtenteils unselbstständige Zulieferer. Von diesen 49% verfügen 30% nur über diese Form der Betätigung. Für weitere 12% stellt diese

Form mehr als 60% der eigenen Produktion und Betätigung dar. Diese Produktionsweise dient besonders in der Anfangszeit einer besetzten Fabrik und Kooperative als ein Modell, das es ermöglicht, ohne eigene finanzielle Ressourcen die Produktion wieder aufzunehmen. Dies gilt vor allem in jenen Industriebereichen, in denen große Investitionen benötigt werden und wo es kaum Zugang zu Finanzierungsmöglichkeiten gibt. Die Nachteile dieser Produktionsweise liegen in der Abhängigkeit, der Fixierung auf wenige und zentrale Kunden, der geringen Profitmarge, der fehlenden Entwicklung eigener Absatzwege und von Marktnischen. So wird der eigene Anspruch von selbstbestimmter Arbeit und Arbeiterselbstverwaltung beschränkt, da der Betrieb nur noch ein Glied in der Wertschöpfungskette einer anderen Firma ist, welche darüber entscheidet, was, wie und wie viel produziert und wie dieses Produkt abgesetzt wird. Der Auftraggeber wird so zum externen Eigentümer oder Boss (Ruggeri 2011:52).

Marktorientierung und Handel zwischen besetzten Betrieben

Die besetzten Betriebe sind schwerpunktmäßig auf die formelle Ökonomie ausgerichtet und werden meistens in die Wertschöpfungsketten von klassischen Firmen integriert. Die Orientierung am klassischen Markt wurde beibehalten und es gab wenige Ansätze, einen alternativen oder parallelen Markt z.B. zwischen besetzten Betrieben oder anderen Formen einer solidarischen Ökonomie in Wechselwirkung mit lokalen Gemeinschaften zu errichten, wie Ruggeri (2011: 55) feststellt. Um den Grad der Integration in den Markt zu ermitteln, bietet es sich an, die Zulieferer und Kundenseite zu analysieren. Durch die Analyse des Netzwerks von Handel und Finanzbeziehungen kann die Kontinuität oder mögliche Verschiebungen vor und nach dem Übergang durch die Besetzung und der damit verbundenen Selbstverwaltung der Betriebe durch die Beschäftigten beurteilt werden. Auswertungen auf dieser Grundlage zeigen, dass besetzte Betriebe nicht in der Lage waren, solch einen alternativen Markt zu erzeugen. Wie Ruggeri (2011: 56) verdeutlicht, werden nur 16% der Betriebe von anderen besetzten Betrieben beliefert und nur in 13,58% stellen besetzte Betriebe und Kooperativen die Kunden dar.

Ausgestaltung der Arbeitsbeziehungen und Arbeitsorganisation

Durch die Aneignung der Fabriken erlangten die Beschäftigten die Möglichkeit, die Organisation der Produktion selbst in die Hand zu nehmen und diese zum

Gegenstand von kollektiver Aushandlung und Debatte zu machen. Vor der Aneignung durch die Beschäftigten funktionierte die innerbetriebliche Herrschaft meist auf Basis von hierarchischer Kontrolle und Disziplin, welche durch die Eigentümer oder das dazu bestellte Management ausgeübt wurde. Diese Akteure verschwanden mit der Aneignung des Betriebes durch die Beschäftigten und auch viele Elemente der Kontrolle und Disziplin wurden legitimationsbedürftig. Die Form der Arbeitsorganisation und des Arbeitsprozesses blieb dennoch in den meisten Fällen erhalten. Ruggeri (2011: 82ff.) hat darauf hingewiesen, dass es viele Schwierigkeiten gab, die Aufgaben und Positionen der Verwaltung und des Managements neu zu besetzten, da viele Beschäftigte davor nicht mit diesen Aufgaben betraut wurden und entweder nicht über das nötige Wissen der spezifischen Bereiche noch über Kenntnisse der Organisationsführung verfügten. Allein der Umstand, dass nach der Besetzung die Entwicklung und Entscheidung über die Arbeitsorganisation kollektiv gestaltet wird, bedeutet noch nicht, dass damit strategische Positionen mit ihren Macht- und Wissensressourcen zwangsläufig überwunden oder kollektiviert wären. Als Beispiel führt Ruggeri (2011: 82ff.) an, dass 67% der besetzten Fabriken nach wie vor Team-, Abteilungsleiter oder Manager beschäftigten, die aufgrund von Anerkennung besserer Fähigkeiten oder mehr Arbeitserfahrung ausgewählt worden waren.

Gehalt und Lohndifferenzen

Die Frage der Gleichheit oder Formen von legitimierbarer Ungleichheit treten auch in Bezug zu der Verteilung von Löhnen und Gewinnbeteiligungen auf. Ruggeri (2011: 84ff.) konnte bei 56% der besetzten Fabriken, wenn eine ähnliche Arbeitsbelastung vorlag, eine egalitäre Bezahlung der Löhne und Gewinnbeteiligungen feststellen. Für jene Betriebe, die keine egalitäre Bezahlung vorweisen konnten, wurde untersucht, warum Gehaltsdifferenzen auftreten und wie diese begründet werden und inwiefern diese mit Arbeitshierarchien verbunden waren. Was die Differenzen in der Gehaltsstruktur betrifft, konnten nur in 6% der Betriebe größere Gehaltsunterschiede als 75% zwischen den am besten und am wenigsten Verdienenden festgestellt werden. In 53% der Fälle war die Gehaltsdifferenz weniger als 25%. Der durchschnittliche Gehaltsunterschied liegt bei 33%. Als Begründung wurden angegeben mit 41% unterschiedliche Funktionen, die Arbeitszeit mit 27%, Unterschiede in Arbeitstätigkeiten 18%, das Alter mit 17% und andere Gründe (9%).

Kollektive Betriebsführung und Selbstverwaltung

Das wesentliche Kennzeichen besetzter Betriebe ist ihre Form der kollektiven Betriebsführung und des gemeinschaftlichen Managements. Während fast alle besetzten Betriebe sich zu Kooperativen gewandelt haben, werden sie nicht unbedingt wie sonstige Kooperativen organisiert. Die rechtliche Anerkennung als Kooperative bedeutet eine spezifische Regulation, welche die Entscheidungsfindung und Ausgestaltung sowie spezifische Beschränkungen beinhaltet. In dieser Art von Kooperativen wird die Entscheidungsfindung durch zwei Institutionen erbracht, durch den Vorstand oder die Geschäftsführung und die Mitgliederversammlung. Die große Mehrheit der Kooperativen delegiert an den Vorstand operationale und verwaltende Aufgaben, welche wegen ihrer Unmittelbarkeit unpraktisch in der Versammlung zu lösen sind. Ruggeri (2011: 73ff.) hat nur 8% der Kooperativen identifiziert, die fast alle Entscheidungen vom Vorstand entscheiden lassen. Allerdings lassen sich auch einige Kooperativen identifizieren, die nur einmal pro Jahr eine Mitgliederversammlung einberufen. Der Vorstand erfüllt meistens die Rolle einer verwaltenden Autorität, wobei die reine Delegation von Funktionen und Aufgaben den Vorstand einer Kooperative nicht zwangsläufig dem eines privatwirtschaftlichen Betriebs identisch werden lässt. Die Häufigkeit von Versammlungen variiert mit der Art von zu treffenden Entscheidungen und deren Bedeutung. Dabei ist jedoch zu beobachten, dass 88% der Kooperativen regelmäßig Versammlungen abhalten, von denen 44% einen wöchentlichen und 35% einen monatlichen Rhythmus haben. Generell lässt sich festhalten, dass es häufig zu Versammlungen kommt und in diesen die wichtigen Entscheidungen kollektiv getroffen werden. Abgesehen von den vielfältigen Formen und Abstufungen der Beziehung zwischen der Versammlung und dem Vorstand kommt Ruggeri zu dem Schluss, dass die Versammlungen als zentrale Instanz der direkten Demokratie der kollektiven Belegschaft funktionieren und selten nur eine repräsentative Funktion erfüllen.

Ruggeri hat die Zusammensetzung und die Wechselhäufigkeit im Vorstand der Kooperativen analysiert und konnte zeigen, dass es im Untersuchungszeitraum nur selten zu Wechseln in Führungspositionen kam, im Vorstand in nur 33% der Fälle. Allerdings fanden sich in der Zusammensetzung der Vorstände und in Führungspositionen keine direkten Kontinuitäten zu vor der Besetzung existierenden Hierarchien und Führungsstrukturen. Wie Ruggeri ausführt, entstammen nun 63% der Vorstandsmitglieder aus dem Produktionsbereich, während nur noch 19% aus dem Bereich der Verwaltung in den Vorständen der Kooperativen anzutreffen sind. Traditionelle Gewerkschaftsrepräsentanten besetzen nur noch 35% der Vorstände und Führungspositionen und nur 15% der heutigen Vorstände waren Teil der alten hierarchischen Struktur. Aus diesen Zahlen lässt sich der Schluss ziehen, dass ein Wandel in der Führungsstruktur der besetzten Betriebe stattgefunden hat, der es Beschäftigten vom „shop floor" erlaubte an der kollektiven Gestaltung ihrer Betriebe aktiv mitzuwirken, und es lässt sich eine Demokratisierung der innerbetrieblichen Beziehungen und Positionen ableiten.

Für die Beurteilung des Demokratisierungsgrades in besetzten Betrieben muss allerdings geklärt werden, auf wen sich die demokratische Beteiligung bezieht, ob also alle Beschäftigten Mitglied der Kooperative sind und somit volle Rechte und Entscheidungsmöglichkeiten haben oder nicht. Nach dem argentinischen Gesetz sollten alle Arbeitenden einer Kooperative Mitglieder sein. Allerdings lassen sich beim Vergleich der Mitgliederzahlen mit der Beschäftigtenstruktur der Kooperativen 10% der Beschäftigten identifizieren, die keine Mitglieder sind. Von diesen 10% befinden sich 45% im Auswahl- und Eingliederungsprozess, 5% sind Praktikanten und die restlichen 50% sind Lohnarbeiter (Ruggeri 2011: 79). Dies bedeutet nicht zwangsweise, dass damit die klassischen Abhängigkeiten von Arbeitgeber und Arbeitnehmer fortbestehen. Es kann verschiedene Gründe geben, warum es nicht zu einer regulären Mitgliedschaft in der Kooperative gekommen ist. So kann z.B. die normalerweise sechsmonatige Probezeit überschritten worden sein oder die Nichtmitglieder könnten nur vorübergehende Arbeitsverträge haben und Aufgaben ausführen, die nicht dauerhaft benötigt werden oder sie leisten nur bestimmte Tätigkeiten und Dienstleistungen wie Reparaturen, Reinigung oder anderes.

4. Demokratische Selbstverwaltung als Praxis: Herausforderungen und Perspektiven

Um die gegenwärtigen Herausforderungen und Perspektiven für die besetzten Betriebe und Kooperativen genauer zu diskutieren, soll im folgenden Teil auf Fragen der Gestaltung des Arbeitsprozesses und zum Verhältnis zwischen Arbeit und neuen Formen horizontaler Organisierung, im Besonderen zur Demokratisierung von internen Entscheidungsprozessen, eingegangen werden.

4.1 Gestaltung des Arbeitsprozesses

Wie wir gesehen haben, hat der Prozess der Aneignung des Betriebes durch die Beschäftigten und die sich anschließende Fortführung als Kooperative die Weise, wie Entscheidungen getroffen werden, radikal verändert, dennoch sind trotz mehrjähriger Erfahrung von Arbeiterselbstverwaltung kaum Änderungen im Arbeitsprozess oder der Arbeitsorganisation festzustellen, wie einige Autoren (Ruggeri 2011; Fajn / Rebon 2005) bemerken. Fajn / Rebon (2005) argumentieren, dass das Fehlen von Druck und die Abschaffung von Überwachungs- und Kontrollinstrumenten sowie die Auflösung der Position des Ex-Eigentümers und des repressiven Managements zu mehr Umsicht in der Gestaltung von Arbeitstempo und Arbeitsintensität hätte führen können. Da dies selten der Fall war, offenbart sich für die Autoren auch eine meist fehlende Weiterentwicklung im Verhältnis zwischen Beschäftigten und eingesetzten Technologien. Was den Arbeitsprozess angeht, gibt es wenige Unterschiede zwischen besetzten Betrieben und normalen privatwirtschaftlichen Firmen in Bezug auf die Festlegung von Funktionen, der Fragmentierung von Aufgaben, der Wiederholung von Teilschritten und Operationen u.v.m. Diese fehlende Weiterentwicklung der kollektiven Arbeitsprozesse in den besetzten Betrieben wird dadurch erklärt, dass die Anpassung an einen kapitalistischen Markt und die dort bestehenden Gesetze und Bedingungen sich negativ ausgewirkt haben. Die Funktion der besetzten Betriebe als outgesourcte und fremdbestimmte Dienstleister und Glieder in kapitalistischen Wertschöpfungsketten, wo sie oft auch Formen der Selbstausbeutung im Markt unterworfen (Carretero Miramar 2010: 5) werden, haben diese Entwicklung ebenfalls gehemmt. Eine andere Argumentation sieht die bestehende Technologie, welche die Möglichkeiten der Reorganisation des Arbeitsprozesses determiniert, als mitverantwortlich an. Weil die Beschäftigten in den wenigsten Betrieben Zugang zu den benötigten finanziellen Mitteln hatten, um die Produktionsmethoden und die bestehende Technik zu verändern, konnte keine alternative Ausgestaltung der Produktionsorganisation erreicht werden.

Diese Argumente erlauben Fajn/Rebon (2005) den Schluss zu ziehen, dass trotz des Verschwindens von Eigentümern und eines Großteils des Managements und der Verwaltung, welche für das Design, die Aufrechterhaltung und Umsetzung von Kontrollmechanismen über die Beschäftigten zuständig waren, die traditionell vorherrschende Logik der Disziplin und Kontrolle dennoch von anderen Mechanismen reproduziert wird. Das Ziel, eine neue Logik und Gestaltung der Produktion zu erfinden, welche eine neue Form der sozialen Verhältnisse zwischen den Beschäftigten ermöglicht, gilt es somit noch zu entwickeln. Wie Fajn und Rebón (2005) zurecht festgestellt haben, stellt die Starrheit der Organisation des Arbeitsprozesses eine der größten Hürden für die Entwicklung von kollektivem Management und Selbstorganisierungspraktiken dar. Die Veränderung der Organisation der Arbeit wirkt sich direkt auf die Strategien der Kontrolle aus und beeinflusst so die Strukturierung von manueller und kognitiver, also von Hand- und Kopfarbeit und damit die Autonomie der Beschäftigten.

4.2   Management und Demokratisierung

Die Demokratisierung interner Beziehungen ist ein weiterer zentraler Bereich für die Entwicklung der Kooperativen. Dies kann anhand verschiedener Faktoren, die schon angesprochen wurden, beurteilt werden, wie der Einkommensverteilung, der Eingliederung von neuen Mitarbeitern und der Hierarchien in Entscheidungsprozessen. Diese können Anzeichen für Ungleichheit kenntlich machen und so an der Reduzierung oder sogar der Behinderung von Selbstverwaltung mitwirken.

Fernandez und Borakievich (2007: 2) schlagen vor, zur Analyse von interner Demokratisierung die Spannungen zwischen Selbstverwaltung und Delegation/Repräsentation zu untersuchen. Dieses Verhältnis als Spannung zu beschreiben, ermöglicht die kollektive Logik der Selbstverwaltung als verschieden von der Logik der Repräsentation zu erfassen und so auch die inhärenten Dynamiken und Konflikte zu beleuchten. Daraus lässt sich die Idee ableiten, dass die Entwicklung von kollektiver Selbstverwaltung durch das Anwachsen von Delegation und Repräsentation beschränkt wird. Gleiches kann von dem entgegengesetzten Prozess gesagt werden, falls ehemals delegierte Entscheidungen von speziellen Gruppen wie dem Management mehr und mehr diskursiv zurückgeholt werden und in der Versammlung oder in kollektiven Diskursen behandelt werden. Salgado et al. (2012) haben darauf hingewiesen, dass die Repräsentation eingeschränkt wird, wenn es zu einer Ausweitung der kollektiven Selbstverwaltung kommt.

Arbeiterselbstverwaltung, verstanden als eine Weise, einen Betrieb zu organisieren, bedeutet, dass Entscheidungen inklusiv und kollektiv in einer partizipativen Form getroffen werden, bei der alle Mitglieder, Beschäftigte und Betroffene aktiv an einem deliberativen Prozess teilnehmen können, ihre Argumente austauschen und kollektiv bindende Entscheidungen treffen. Ruggeri (2011: 71) hat gezeigt, dass dies das zentrale Element von allen besetzten Betrieben und Kooperativen ist. Allerdings stellt eine demokratische Grundstruktur der Betriebe keine Garantie dar, dass sich der deliberative Prozess auf immer mehr Bereiche und Aspekte der Betriebsorganisation und wichtiger Themen der Beschäftigten ausweitet.

Während Ruggeri (2011: 73) in seinen Untersuchungen die Bedeutung der Vollversammlung als zentrale Instanz, in welcher die wichtigsten Entscheidungen getroffen werden, hervorhebt, weisen die Autoren Salgado et al. (2012) darauf hin, dass es eine wachsende Tendenz von der Delegation hin zu Spezialgruppen oder verwaltenden Strukturen gibt. Für letztere Autoren stellt die Mitgliederversammlung weniger eine Institution der gleichberechtigten Information, Diskussion und anschließender Entscheidungsfindung als zunehmend den Ort dar, an dem Informationen präsentiert werden und schon vorstrukturierte und definierte Entscheidungen, beispielsweise aus den Spezialgruppen oder der Verwaltung, kommuniziert und abgesegnet werden.

Die Delegation von Aufgaben und Tätigkeiten zu speziellen Gruppen erscheint besonders weit verbreitet zu sein in jenen Betrieben, welche für die Beschäftigten nur wenig Rotation der Tätigkeiten und der organisationalen Positionen praktizieren. Das Erfahren und Ausüben von vielfältigen Tätigkeiten, die sowohl manuelle als auch kognitive und planerische Fähigkeiten beinhalten, die sogenannte Arbeitserweiterung und Arbeitsbereicherung mit höherwertigen Aufgaben gerade aus dem Bereich des Managements und der Verwaltung, scheint ein sinnvolles Instrument, um Machtkonzentration und unnötige Spezialisierung entgegenzuwirken. Die wachsende Tendenz zur Delegation von Entscheidungen auf verwaltende Strukturen und Gruppen führt zu einer voranschreitenden Institutionalisierung und etabliert Verwaltungsstrukturen zu den Orten, an denen die Entscheidungen getroffen werden sollen. Salgado et al. (2012) konnten sogar das Auftreten einer neuen Figur, eines „administrador general" oder generellen Verwalters, identifizieren.

Die geringe oder fehlende Rotation in Verwaltungsaufgaben und Positionen begünstigt die Trennung der Beschäftigten in verschiedenen Gruppen. Die eine Gruppe eignet sich neue Kompetenzen der Betriebsführung und über die Organisation des Betriebs an, während die andere Gruppe von diesem Wissen und den damit verbundenen Machtoptionen ausgeschlossen bleibt. Falls das

Organisations- und Verwaltungswissen nicht transparent und offen verbreitet oder durch Rotation multipliziert wird, kann es zum Instrument von sozialer Ungleichheit und zur Etablierung unnötiger Hierarchien, wie Salgado et al. (2012) gezeigt haben, führen.

Die Eingliederung von neuen Mitgliedern in die Kooperative stellt ein weiteres Feld für Analysen von interner Demokratisierung dar. Das Wachstum von Produktion und Umsätzen macht es erforderlich neue Beschäftigte in die Kooperativen aufzunehmen. Allerdings werden nicht immer alle neuen Beschäftigten als gleichwertige Mitglieder aufgenommen. In diesen Fällen gibt es einen Teil der Beschäftigten, die gleichwertige Mitglieder sind und einen Teil, der nicht die volle Mitgliedschaft erhält. Was als Konsequenz manchmal bedeuten kann, nicht an Wahlen und Entscheidungsprozessen gleichberechtigt teilnehmen zu können oder auch nicht in verwaltende oder leitende Positionen zu kommen.

Ein weiterer auch schon angesprochener Indikator ist die Verteilung von Gehältern und Profiten, welche Fernández/López/Borakievich/Ojám (2008) untersucht haben. Die Autoren fanden heraus, dass das Kriterium der gleichen Verteilung von Gehältern und Profiten am meisten in Betrieben mit geringer Produktion und Profiten angewandt wird. Es zeigte sich, dass in Betrieben, welche nur geringen Konflikt mit dem alten Management vor der Besetzung hatten, sich eher geringe organisationale Brüche und Unterschiede zu der vorherigen Betriebsstruktur etabliert hatten und auch bestehende Ungleichbehandlungen in Bezug auf Gehälter (z.B. durch zeitliche Betriebszugehörigkeit etc.) bestehen geblieben waren.

Wenn besetzte Betriebe aus großen Konflikten mit dem alten Management und Eigentümern entstanden sind, wurde die interne Betriebsorganisation häufig stark modifiziert. In diesen Betrieben dominiert eine Tendenz zu gleicher Entlohnung. Dennoch konnten Rebón und Salgado (2008: 17; 2009: 8) zeigen, dass nach einer ersten Phase des Kampfes und der prekären Funktionsweise des besetzten Betriebs in der ein Charakter der sozialen Gleichheit vorherrschte, Mechanismen eintreten können, die zumindest temporär neue Mitarbeiter benachteiligen oder ausschließen.

Somit schützt die Arbeiterselbstbestimmung nicht vor Ungleichheit. Es lässt sich daher festhalten, dass es in besetzten Betrieben Mechanismen, strukturelle Bedingungen und auch konkrete Probleme gibt, die Ungleichheit befördern. Glücklicherweise gibt es auch dem entgegenwirkende Tendenzen, welche ebenfalls nicht unterschätzt oder vergessen werden sollten. Eine egalitäre Ge-

gentendenz lässt sich in der juristischen Form als Kooperative finden, welche die meisten besetzten Betriebe angenommen haben. Eine Kooperative zu sein, stellt dabei nicht nur eine rechtliche Form dar, sondern bedarf auch einer sozialen Validierung und einer organisationalen Kultur und Praxis, welche Beschränkungen für wachsende Ungleichheit oder für eine bloße privatwirtschaftliche Entwicklung darstellen können (Salgado et al. 2012). Der gemeinsame Hintergrund und die geteilten Erfahrungen eines kollektiven Kampfes um den eigenen Betrieb, sowie die bleibenden Eindrücke von Entrechtung, Unterdrückung und Ohnmacht sowie die Erfahrung von Solidarität, Gemeinsamkeit und gegenseitiger Anerkennung stellen ebenfalls Widerstände gegen wachsende Ungleichheit dar. Diese geteilten Erfahrungen des gemeinsamen Kampfes bilden die Gründungsgeschichte der besetzten Betriebe und sind Teil des kollektiven Gedächtnisses ihrer Mitglieder, auch wenn sie nicht immer direkt präsent sein müssen, wie Rebón (2007:100) angemerkt hat. Dennoch können sie Asymmetrien und der Entwicklung von Hierarchien entgegenwirken. Die weiter bestehende Bedeutung von horizontalen Versammlungen ist ein weiterer egalitärer Faktor. In ihnen können Hierarchien und Formen der Ungleichheit zurück in den kollektiven Diskurs geführt werden, bei dem Argumente, Rechtfertigungen und kollektive Deliberation stattfinden. Ungleichheit und Hierarchien werden erklärungsbedürftig und müssen vor den Beschäftigten und den davon Betroffene legitimiert werden. In diesem Sinn können die Versammlungen ein Raum für kritische Reflektion sein, in dem es möglich ist, Macht, Hierarchien, Ungleichheit und Formen der Repräsentation zu hinterfragen und gegebenenfalls aufzulösen. Dies betrifft auch die Frage von transparenter und offener (demokratischer) Zirkulation von Informationen, da die Versammlung der Ort ist, an dem Informationen und Kommunikation ausgetauscht, diskutiert und verbreitet werden. Die Versammlung kann so nicht zu einem Ort verkommen, an dem schon getroffene Entscheidungen präsentiert oder vermittelt werden. Im Gegenteil sollte sie der Rahmen sein, um dies zu hinterfragen, zu kritisieren und einem gemeinsamen, offenen Willensbildungsprozesse zuzuführen. Dieser kann dann kollektive Entscheidungen ermöglichen. In diesem Sinn kann die Versammlung in den Betrieben der Raum für Demokratisierung sein, wie es Calloway/Colombari/Iorio (2013: 41) vorschwebt. Dies knüpft an Überlegungen von Fernandez und Borakievich (2007: 2) an, die darauf hingewiesen haben, dass Versammlungen, in denen Entscheidungen kollektiv getroffen werden, ohne Delegation und Hierarchien eine notwendige Bedingung für Selbstverwaltung sind.

5. Zusammenfassung und Perspektiven

Die besetzten Betriebe und deren Fortführung als Kooperativen sind mit ihrem kontinuierlichen Wachstum ein anhaltender Erfolg, auch gegen den enormen Widerstand von Seiten sowohl der Alteigentümer als auch von der Politik und des Rechtssystems. Die argentinischen Arbeitenden haben ihre eigenen Betriebe besetzt, sie verteidigt und sie wieder zum Laufen gebracht. So haben die Beschäftigten die konkrete Gewissheit gewonnen, dass sie ohne Chefs und Management die Produktion kollektiv und basisdemokratisch organisieren können. Sie konnten in den besten Fällen z.B. bei Zanón, IMPA u.a. die besetzten Fabriken zu sozialen Zentren, mit z.B. eigenem alternativen Radio, einer selbstverwalteten Schule oder auch einer medizinischen Anlaufstelle für die Nachbarschaft der Gemeinde weiterentwickeln und so politische Bildung mit lokaler und regionaler Selbstbildung von unten kombinieren. Dennoch bleiben viele Probleme und Herausforderungen. Wir haben gesehen, wie prekär die Rolle der Kooperativen auf dem Markt und in den kapitalistischen Wertschöpfungsketten ist. Viele Betriebe bedürfen der technischen Modernisierung, was die Ausstattung und deren produktive Kapazität angeht. Das setzt allerdings Investitionen und Finanzierungsmöglichkeiten voraus, welche kaum vorhanden sind. Trotz der widrigen Umstände konnten sich die meisten Betriebe über Wasser halten und in vielen Fällen auch wachsen. Es ist gelungen, eine Nationale Bewegung der instandbesetzten Betriebe (MNER) zu etablieren, die politisch und mittels Aktionen in der Öffentlichkeit die Positionen der Betriebe darstellt und vertritt.

Eine weitere Herausforderung liegt in der weitergehenden internen Demokratisierung und der damit verbundenen Sensibilität und dem Vermeiden von Ungleichheiten und unnötigen Hierarchien. Darin liegt eine Gefahr für den basisdemokratischen Charakter, der den besetzten Betrieben und Kooperativen zugrunde liegt. Strategien der Rotation, der kollektiven Deliberation und der Verteidigung der zentralen Bedeutung von Versammlungen gegenüber Formen der Repräsentation und Delegation können dabei wichtige Punkte sein. Ebenfalls gilt es zu überlegen, inwiefern sich der Arbeitsprozess demokratisch verändern kann, wenn er Gegenstand von Arbeiterselbstverwaltung wird.

Wenn man sich die wenigen Erfolge von Teilen der deutschen Arbeiterbewegung der letzten Jahre ansieht, erscheinen die Erfolge der Bewegung der besetzten Fabriken und ihre Erfahrungen der Selbstorganisation, Selbstverwaltung und im politischen Kampf in Argentinien unglaublich und inspirierend. Für die nächsten zehn Jahre kann ihnen nur das Beste gewünscht werden: dass sie uns als Inspiration und solidarische Begleiter erhalten bleiben und dass wir uns von ihren Praktiken des Besetzens, Widersetzens und Produzierens eine Scheibe für unsere Auseinandersetzungen um Insolvenzen und die Betriebe abschneiden können.

Literatur

Balladares, C. (2012): Sobre el trabajo a façon en las empresas recuperadas. Notas a partir de un caso de estudio. In: OSERA, 7. Retrieved from URL: http://webiigg.sociales.uba.ar/empresasrecuperadas/PDF/PDF_07/BALLADARES.pdf (09.06.2014).

Calloway, C./Colombari, B./Iorio, S. (2013): Invenciones y resistencias: construyendo autogestión en las fábricas y empresas recuperadas. In: OSERA, 8. Retrieved from URL: http://webiigg.sociales.uba.ar/empresasrecuperadas/PDF/PDF_08/Invenciones_y_resistencias.pdf (09.06.2014).

Carretero Miramar, J. L. (2010): „Las Empresas Recuperadas". Hacia una comprensión de la autogestión obrera real. In: Nómadas. Revista Crítica de Ciencias Sociales y Jurídicas, 25 (2010.1). Retrieved from URL: http://revistas.ucm.es/index.php/NOMA/article/view/ NOMA1010140487A/26014 (09.06.2014).

Fajn, G./Rebón, J. (2005): „El taller ¿sin cronómetro? Apuntes acerca de las empresas recuperadas". In: Herramienta, 28.

Fernández, A. M./Borakievich, S. (2007): „La anomalía autogestiva?" In: El Campo Grupal, 92, 2-5.

Fernández, A. M./López, M./Borakievich, S./Ojám, E. (2008): Política y subjetividad: la tensión autogestión-delegación en empresas y fábricas recuperadas. In: Anuario de. Investigación. v.15. Buenos Aires.

Hernandez, C./Kasparian, D. (2013): El derecho al trabajo. In: Página 12. Buenos Aires. Published on 18.08.2013. Retrieved from URL: http://www.pagina12.com.ar/diario/suplementos/cash/17-7032-2013-08-18 (09.06.2014).

IIGG (2012): Encuesta: Formas economicas alternativas. In: Osera 7/2012.

Lavaca (2007): Sin patrón: fábricas y empresas recuperadas de la Argentina. Buenos Aires. Lavaca editora.

Programa de Trabajo Autogestionado (2013): OSERA, 9. Facultad de Ciencias Sociales – Universidad de Buenos Aires.

Rebón, J. (2007): La empresa de la autonomía. Trabajadores recuperando la producción. Buenos Aires. Colectivo Ediciones – Ediciones Picaso.

Rebón, J./Salgado R. (2008): Transformaciones emergentes del proceso de recuperación de empresas por sus trabajadores. International Institute of Social History, Labour Again, Factory takeovers in Argentina. Ámsterdam. Retrieved from URL http://www.iisg.nl/labouragain/documents/rebon_salgado.pdf (09.06.2014).

Rebón; J./Salgado, R. (2009): Empresas Recuperadas y procesos emancipatorios. In: Salazar, R./Salazar, M.: Resistencias laborales. Experiencias de repolitización del trabajo en Argentina; Buenos Aires. Aleph.

Ruggeri, A. (2011): Las empresas recuperadas en la Argentina, 2010: Informe del III relevamiento del Programa Facultad Abierta / Ruggeri, A., with the collaboration of Polti, N. & Antivero, J.[1st] edition. Buenos Aires. Ediciones de la Cooperativa Chilavert Artes Gráficas.

Ruggeri, A. (2013): Avance del IV Relevamiento de Empresas Recuperadas por sus Trabajadores. Programa Facultad Abierta, Facultad de Filosofía y Letras, Universidad de Buenos Aires. Retrieved from URL: http://www.recuperadasdoc.com.ar/Presentacion_IV_relevamiento_completa.pdf (09.06.2014)

Salgado, R. (2011): Las empresas recuperadas por sus trabajadores en Argentina: avances en la institucionalización del proceso. In: Observatorio de la Economía Latinoamericana, 159.

Salgado, R./Kasparian, D./Hernández, M. C./Díaz, M. E./ Ferramondo, M. (2012): „Función de dirección e igualdad en las Empresas Recuperadas de la Ciudad de Buenos Aires". In: La revista del CCC [on line], 14/15. Retrieved from URL: http://www.centrocultural.coop/revista/articulo/331/ (09.06.2014).

Besetzte Betriebe

Ein Dokumentarfilm zu Fabrikbesetzung und Arbeiterselbstverwaltung in Argentinien von [urps] (Deutsch/Spanisch 60 Min)

https://urbanrps.wordpress.com

14 Jahre nach der Krise 2001 in Argentinien sind die damals von den Arbeitern übernommenen Fabriken immer noch in Betrieb. Neue sind hinzugekommen.

Der Film befragt dieses Modell auf seine Übertragbarkeit auf Deutschland und Europa. Er zeigt die Herausforderungen, denen sich die ArbeiterInnen gegenüber sehen. In persönlichen Erzählungen werden an die Geschehnisse bei der Keramikfabrik Zanon/Fasinpat, Impa, Cristall Avellaneda, Hotel Bauen und der Druckerei Chilavert erinnert und die heutige Situation gezeigt.